# 藝衔福速

## 林 公 翔 艺 术 访 谈 录

海峡出版发行集团
THE STRAITS PUBLISHING & DISTRIBUTING GROUP | 福建美术出版社
FUJIAN FINE ARTS PUBLISHING HOUSE

# 目录

意园无恙

林 公 翔

篆刻/苏梦飞

# 自序

## 艺术的气息

时间是一个饶有兴味的话题,它在每一个人的身上都留下印痕,有些成为历史,有些成为回忆,还有些沉潜在人的心灵的某一个安静的角落,它散发着一缕缕恋人般的体香,成为生命充满温馨和美丽的一个所在。这部书便是对我的一段个人时间记忆的链接和记录。

《艺术福建——林公翔艺术访谈录》是我的第一本有关艺术评论的文集,细心的读者会发现,与以往我的其它著作相比,这部评论集充满了迷人的"艺术气息"——这也许是我的"自吹自擂",但从某一种角度而言,这部书确实记录了我个人一段时间对另一种文字的迷恋,同时也记录了我近年来个人兴趣的转变和个人文字风格的转型。

最初写这些文字,没有任何的目的,只因为我主编的《青春潮》杂志开设了一个"当代艺术家专访"的栏目,我每个月固定要采访一位艺术家。

许多文学界和艺术界的朋友都知道,近几年来,我对艺术的兴趣有增无减。 这一方面缘于我在将近十五年的时间里与我的一位朋友共同主持一本美术类学术双月刊,对艺术的各个门类逐渐由陌生到熟悉,对艺术作品

在北京大学塞万提斯雕像前　　在杭州西泠印社　　对弘一法师的书法有特别的迷恋　　与国学大师季羡林先生合影

的品鉴能力和眼光逐步由门外到门内；另一方面，也缘于我近几年来持续不断、不揣浅陋地在全国一些颇具影响的诸如《美术》《美术观察》《艺术界》《美术之友》以及《人民日报》《文汇报》《文艺报》《中国文化报》等报刊上撰写了一批美术评论文章，这些在自己看来并不很专业的文字却得到了艺文界朋友温暖的赞许和热情的鼓励，之后有许多艺术圈内的朋友或朋友的朋友热情地登门拜访，或邀我为他们的作品写一些评论文字。盛情难却，更主要的是经不起他们一番"甜言蜜语"，因此常常在"酒足饭饱"之后便稀里糊涂地答应了。

但令人意想不到的是，一但提笔作文，便一发而不可收拾。

在宁静的夜晚沿着月光小径作美的散步，我始发现原来艺术的气息如此迷人，她催情般的效力令我始料未及。正如西蒙·波伏娃在自传中所写道的：自己跟萨特在伦敦河上，看到美丽的伦敦夜景，受到强烈的刺激，整个人被美所击倒。

两年多的时间，连我自己都觉得惊讶，我竟然断断续续写下如此多的自诩为充满"艺术气息"的文字。

这部书的结集出版纯属偶然。她原先只是一些零散的篇什，是我近年来对福建艺术界一些艺术家所作的专访或对他们作品的评论，但后来发觉这些文章都具有比较统一的文字体例，可以水到渠成地结集出版，于是便顺着这个思路有目的地挑选艺术家，收集资料，展开采访。随着内容的增多，渐渐地便有了本书的雏形。本书只收入我对福建艺术家或福建籍艺术家的访谈，没有收入我对艺术现象、艺术史、艺术理论比较方面的的论述和评析文章，其实，这些文章呈现出更多的理论思考，一俟时间允许，我会很好地加以整理。

与女儿在北京 798 艺术区

在杭州西湖边小憩

于美国白宫前

我的书房一角

我的办公室书桌一角

著名书法家启功先生为我题词

在"大先生"鲁迅故居前留影

在台北故宫前

于母校北京师大校园

在上海美术馆

虽然这是我撰写的第一部真正意义上的关于艺术的书，但严格地说，我对艺术的痴迷却可以追溯到童年和少年时光。

小时候，我就特别喜欢画画，我印象很深的是，上小学时有一次曾经偷偷从母亲的口袋里拿了二元钱去买颜料，结果被母亲发现，母亲还当着我的面在我的一位曾经住在三坊七巷安民巷内的叔公面前狠狠批评了一顿。孩提时代的我是大人心目中少言寡语的羞涩少年，在那一刻真的是无地自容。初中时，我的一幅作品曾经在如今已成为孔庙的福州少年宫展出，作品的内容记忆犹新，是关于"批邓"反击右倾翻案风的，用粗糙的毛笔在粗糙的宣纸上画成的，一位胸前挂着红领巾的少年提着浆糊桶，抱着一捆大字报，少年意气风发，目光炯炯有神。及至高中，我曾由学校推荐，提前一年报考福建师范大学美术系，但高考始恢复，人才济济，千军万马挤在一根独木桥上，我注定作为别人的"垫脚石"这是可想而知。

记忆如长长的时光隧道，至今仍令我有一些迷惑和恍惚。

幸运的是，翌年我便考入北京师范大学，尽管我心已另有所属，但对美术的兴趣依然不减。踏入大学校门时我才17岁，17岁是爱做梦的年龄，按部就班的生活忽然在我面前敞开了一扇尘封已久的朱红色大门，既兴奋又茫然。

青春期是躁动的，隐隐躁动的心却没有发泄的渠道。好在艺术成为可以忘记忧愁和烦恼的青春的私人领地。

我至今不能忘怀的是那些学贯中西的大师的目光。在垂柳依依的未名湖畔，冒冒失失的我曾经拜访过仰望已久的美学大师朱光潜先生和宗白华先生,那时,朱先生和宗先生都年事已高,但对一位无知后学的鼓励直至今日依然让我感动不已。

在年少缺乏自信的时候,我不知道自己的勇气来自何方?楚图南、周建人、赵朴初、雷洁琼、冰心、曹禺、艾青、郭绍虞、黄药眠、钟敬文、陆宗达、舒同、启功、王于畊、廖静文等先生都曾经给我题词或回信。

我至今依然感动的是,德高望重的周谷城先生曾经为我的第一部著作《科学艺术创造心理学》题签。

我至今依然感动的是,"励耘"传人启功先生曾经多次为我题词,他的博大精深让我深深地感受到艺术的魅力和精神的力量。

这似乎扯得太远,但我想要说明的是,艺术永远让我们的生活充满了憧憬,充满了期待,同时充满了感恩。艺术常常会让我有一种醍醐灌顶的觉悟,告诉我在烦琐的生活中应该如何保持一种优雅的姿态并且不要轻易迷失了方向。

这部书本来想请一位名家来写序,但思前想后,最终还是觉得由我自己来写更为合适。因为那样很容易让读者有"虚张声势"之感。

在我看来,这肯定不是一部"精雕细刻"的书,更不是一部"高屋建瓴"的书,她只是以文学的叙事文本对我所敬重的艺术家和他们的作品所做的品评。这里没有高低之分,没有身份之别,其中有在中国艺术界占有一席之地的大家,也有蓄势待发却前程无量的年轻艺术家;有衣食无忧的体制内的艺术家,也有时时面临生存压力的体制外的艺术家。我一直以为,最好的艺术家都是面对苦难的艺术家,没有经历一番挫折和苦难出不了好作品,最好的艺术家都在民间,如同最好的诗人都是民间诗人。我特别欣赏刚刚驾鹤西去的艺术大师吴冠中所说的一句振聋发聩的话:"艺术是自然形成的,时代一定会有真诚的挽留和无情的淘汰。艺术市场是一面镜子。但上帝只会关照一心去创作的画家,而不会是光照镜子的人"。

在本书中,我无意对福建当代美术作一个完整的梳理,也无意对福建当代艺术家进行排序,我既没有这种能力,也没有这种水平。出现在本书中的艺术家都是我熟悉的或者已经采访过的,仅此而已。还有很多艺术家我还没有与他们进行过深入的交流或者还没有机缘与他们相识,但我相信假

和太太在香港

于西藏藏民家

在南京中山陵前

我的书法作品

朋友来了有好茶

以时日，我一定会认识他们并且愉快地分享他们的艺术荣光。我相信过不了多久我会续写另一部书，作为本书的姊妹篇。另外，本书的所有文章基本都保留了原貌，囿于时间和精力所限，我无法对已完成的所有文章进行"大动干戈"或"另起炉灶"式的修改。其实，这样也许更可以清晰地看到我当时的想法和我想要表达的观点。

不少朋友劝我写一部《福建当代美术史》之类的书，但我的兴趣并不在于此。

福建美术应该面向更宽广的天空，福建美术应该呼唤更多元的声音，福建美术应该集聚更和谐的力量。很多年以前，我曾经写过一篇文章，题目就叫"发出福建美术的声音"，我想，这也许正是我撰写本书的目的。福建美术应该大胆地"走出去"，福建美术还应该大胆地"请进来"。锦绣海西不仅仅是一块经济的热土，锦绣海西更应该是一块文化的热土，艺术的热土，心灵的热土。

这个时代是一个拼命发展经济，拼命城市化，拼命追逐GDP的时代，人人都自以为忙得不可开交，有些人甚至把忙当作生活和工作的唯一代名词，然而，他们忽略和忘记了生命中还有艺术，忘记了生命中还有艺术这能打动心灵的生命中最柔软的东西。

衷心地感谢我的这些艺术家朋友，他们与众不同的智慧、才情、天份和对周遭世界的天然敏感让我心多有触动，时常"入芝兰之室"，让我全身上下都沾染了艺术的气息。

衷心地感谢福建美术出版社施群社长，他是我多年的老朋友，感谢总为他人做嫁衣裳的卢为峰先生。

是为序。

并以此书献给我的父母，尽管他们依然健康，但已日渐疲惫。

**2010 年 6 月 23 日于意园**

蔡国强：草船借箭，
脚踏中西

在中国当代艺术家的那份"世界性"名单中,蔡国强无疑是最被关注的一位:他曾经连续多年被英国《Art Review》杂志评选为全球艺术界最具影响力的百大名人之一;他的作品在三十多个国家的一百多个国际大展展出,合作对象包括法国 Pompidou、美国 MOMA、Guggenheim、英国 Tate 等所有国际最重要的美术馆;威尼斯双年展的超国度文化展本尼斯(Benesse)奖、威尼斯双年展国际金狮奖、美国 Aipert 艺术奖……这些令人艳羡的奖项等都已不足以证明他所取得的辉煌艺术成就;更重要的是,他是一位地地道道的福建人,他旅居海外二十几载,始终未变的是浓浓的闽南乡音,中国传统,长久以来都是他身体里奔流的血液和他的艺术永不枯竭的源泉。

"草船借箭",脚踏中西。有评论家认为,蔡国强是一位对"事件"有着特殊"迷恋"和特殊"执著"的人,也是一位将历史思考与强烈的个人风格特征完美融为一体的艺术家。在蔡国强的所有作品中,艺术主题总是被所内涵的激烈、痛楚和尖锐展示为一种精心设计的程序、一种由幽默的诗意造成的审美距离、一种程序化的仪式与解构和转化成这一仪式的主体行动之间的分寸恰当的张力。蔡国强的艺术保持着一贯的流畅、华丽、幽默,即使在表现暴力、恐怖、隔绝的主题时,也不失壮观与优美。他在东京、台中、内华达、纽约、柏林、上海、广岛、金门的序列性的爆破作品别出心裁,让人们在一次次艺术事件中体会到醍畅淋漓的滋味。没有人会怀疑:蔡国强是一个才华横溢、富于想象力的艺术家,一个凭着自己的艺术敏感和本能就能创造奇迹的艺术家。蔡国强艺术的一个突山的特点是对"事件"的关注——他总是通过对"事件"的模拟、复制、颠覆、转化和创造展现出历史的多重意义。历史在事件及其绵延中奔流,而不是事件简单地从属于历史的必然性。人既是事件得以形成的动因之一,也是事件得以绵延的推动者,用蔡国强喜欢引用的古话说:一个事件的构成需要天时、地利、人和,三者缺一不可。事件总是标志着既定航线或积累过程的突变、转折和新的延续,在新的事件到来之前,一切变迁都可以视为前一个事件的绵延。因此,不是已经发生的或正在发生的一切事情都能构成事件。"事件"总是在特定的时刻、特定的条什和特定的能动作用之下才能形成,它永远是独特的、永远发生在具体的历史形势之中。(汪晖语)

在蔡国强看来，"艺术就是好玩"，人们看他的展览不为别的，只为他的作品"好玩"而来。看过蔡国强创作火药草图的过程，确实可以用"好玩，奇妙"这样的词汇来描述，地面铺上特殊的日本麻纸，麻纸的纤维能保留并吸收爆炸的能量，然后按照事先做好的草图，蔡国强或用手把配好的火药撒到纸上，或用扫帚把火药扫开来，扫出草稿上的图案，然后在火药上压上剪好的纸板或者木板图案，上面压上砖头。然后点火，跑开，石火电光后，白烟还未散尽，工作人员就立刻跑上去压灭未烬的余火。去掉覆盖物，火药草图就出来了。你如果真实地目睹那个场境，你一定会为之叹为观止。从蔡国强点火后迅速跑开的身影，那确实令人联想到"玩"。中国人讲"玩火者自焚"，可蔡国强却因"玩火"玩成扬名全世界的中国艺术家，也使其成为西方艺术界里的曾经诞生过火药、造纸、印刷、指南针"四大发明"的中国的"符号"。

蔡国强常常说，"我只是这个时代里面好玩的人群中的一个，哪里好玩我就去哪里"。不少人质疑蔡国强是在用中国元素迎合西方社会，甚至有人对他的批评毫不留情，称他是"一位娱乐性的优秀烟火师"，披着"文化先锋"的"皇帝新装"，放言"东西方文化对话"。无论怎样他都属于娱乐领域范畴，如同杂技、马戏、魔术等观赏技艺，其最大价值就是满足了大众作乐狂欢的感官需要，正如一道娱乐的美味佳肴，永远不能激发人们去思考"为何而活着"的深刻思问。但蔡国强却始终认为，"不要把我想得太复杂了，我只是想简单地、自由自在地创作。"他认为观众之所以喜欢他的作品，终究还是因为他的作品"好玩"。

在大多人的心目中，蔡国强是彻彻底底的"玩火者"。

用火药作为表达观念的手段，是典型的蔡氏标签。无论是1986年初赴日本时的首批成名作品《原初火球》，以火药炙烧麻纸绘成的抽象画屏风，还是1995年刚到美国即引起轰动的第一个作品——在美国内华达州核实验基地爆炸的那个象征人类最大人为破坏力的"蘑菇云"，"玩火"是蔡国强的幸运游戏。

蔡国强与"火"似乎有着不解之缘。

蔡国强出生于福建泉州，这个与金门仅数公里之隔的城市，与中国其

他地方一样有着放鞭炮燃焰火的古老传统,特别是婚丧嫁娶,都要燃放爆竹烟火。早在宋代,泉州人曾公亮就在《武经总要》中记载了世界上第一个火药配方。泉州有不少鞭炮家庭作坊,邻家的小孩们放了学就帮着大人做鞭炮。出生在书香门第的蔡国强家虽然不做鞭炮,但是却爱放炮、玩火药,他把火药撒开成某些形状,发现点燃后就会留下痕迹,这与他现在创作火药草图是何等的相像。玩火药不免会燃了这儿,烧了那儿,奶奶成为他的专职灭火员,不仅灭火,还做公关,逢人便夸"我家阿强会用火药画画呢!"

1986 年,蔡国强通过别人介绍到日本游学。除了简单的行李,他还带去100 多张火药画作品。他越来越了解火药的性能,开始从"纸上创作"进入"爆破"计划。他曾在嘉峪关引燃了铺设在茫茫戈壁中 10 公里长的导火线,营造山"一道火墙",赋予长城新的长度;他曾在日本富士山火山口,扎起帐篷靠热气吹起了一个"金字塔"。德国的美术馆、广岛中央广场等不同地点的大型爆破表演,使他的艺术生涯跃上高峰。2001 年,蔡国强受邀设计了APEC 上海大型景观焰火表演,《APEC 景观焰火表演十四幅草图》以7424.75 万港币成交,创下了当年中国当代艺术品拍卖最高纪录。

2008 年的北京奥运会注定要载入史册,而蔡国强也因开闭幕式的 29个走过北京中轴线的"历史脚印"、2008 张笑脸、奥运五环图案的"视觉盛宴"以及奥运视觉特效艺术总设计的身份而被普通公众所熟知。虽然,作为活跃在当今国际艺术界最具影响力的中国最知名的当代艺术家,蔡国强的作品在艺术圈内早就耳熟能详。

与此同时,在北京奥运会开幕前夕,《蔡国强:我想要相信》个人回顾展全球巡展在中国美术馆拉开帷幕。这次展览收集了蔡国强 40 件代表作品,都没有在国内展示过。展览以年代顺序和不同主题为线索,展示了蔡国强卓越的艺术创造力和出众的视觉及概念语言,体现了其在形式与概念上对国际当代艺术创作及公众参与艺术活动等方面的重要贡献。

为了使观众更加了解自己的作品,蔡国强设计了个人艺术生涯大事年表,详细介绍了自己的成长历程和作品风格。蔡国强因为用火药制作艺术品而著称。本次展览完整地展示了蔡国强运用火药这种具有中国文化属性媒介的成果:火药草图、火药爆破计划、大型焰火景观设计,观众可以看到火药粉末引燃后形成的"火药草图",其中最引人注目的是《历史足迹:为北京奥运会作的计划》,这幅大型火药草图 33 米长、4 米高。这是蔡国强迄今为止最长的火药画作品,也是第一次向公众展出。

在展厅循环播放的影像记录了在特殊场所进行的"爆破计划",让人有身临其境之感。观众可以清晰地看到蔡国强火药画的创作步骤。蔡国强坦言,他童年时有过这样的梦想,在天安门广场燃放一次焰火,如今他的这一梦想实现了。由他创作的《历史足迹》"走"过了天安门广场上空,将梦想变成了现实。

应该特别提到的是,在《蔡国强:我想要相信》个展现场,观众会被一艘插满3000多支箭、悬空而停的船所吸引,这是蔡国强的装置作品《草船借箭》。船是从泉州挖掘出来的渔船,这个借用了与智谋有关的中国古代军事故事,表达了作者关于文化的哲学理念,含有中西文化对抗关系的隐喻。蔡国强说,文化走向开放的时候,别的文化会像洪水一般涌进来,就与以前的价值观和文化精神发生冲突。《草船借箭》表现了借力的力量,我忽略不同文化传统之间的界限,在西方文化和东方文化之间翱翔,我努力从中提取一种文化并置于另一种文化之中,不去管文化的界限和社会结构的制约。

对《草船借箭》,蔡国强有特殊的感情,他坚持要把船运到北京,除了把它视为自己艺术的代表符号,蔡国强甚至觉得这船就像他自己的影子:从一个港口驶到另一个港口,漂泊多年又回到中国。蔡国强从不掩饰他对这件作品的喜爱:"这艘船既有暴力的伤痛,同时又硕果累累,既承重,看起来又十分轻盈"。

而《不合时宜:舞台一》是蔡国强最具代表性的作品。若干辆汽车被悬空吊起,每一辆汽车上都插满了通电的管子,发出闪烁的光芒,观者置身其中便仿佛经历汽车爆炸后火花四射的奇异场面,作品体现的是作者对战争的思考。美国的"9·11事件",2004年马德里火车爆炸事件,2007年伦敦"7·7"地铁爆炸事件,中东的自杀性爆炸,都影响了蔡国强的艺术创作。

北京是《蔡国强:我想要相信》个人回顾展的第二站,而之前的第一站是在美国纽约的古根海姆美术馆。古根海姆美术馆撤掉了包括毕加索在内的所有艺术家的展品,将全部3层空间用于展览蔡国强20余年的作品,这种规模对于中国当代艺术家来说前所未有。《新闻周刊》这样描绘这次展览:"沿着古根海姆美术馆的斜坡向上,透过这些为21世纪所作的梦境,你会感受到庆典与战争、喜悦与毁灭、壮丽与暴力的二元性,在眼前一幕幕揭开。"

蔡国强有一句经典的"蔡氏名言":当代艺术是可以乱搞的。

"艺术可以乱搞",对蔡国强而言有两重意义:一方面让他身与心得到解放,可以自由自在、无拘无束、天马行空地创作;另一方面使他更清楚地认识到,艺术并不是改造社会的工具,不管是体制内还是体制外,把当代艺术当成重大的政治任务,将会淹没个人的感情和创造力本身。

尽管蔡国强针对自己的每一件作品创作都仔细规划、找寻资料,企图与历史文化进行深层次的对话,企图与观众进行心灵的沟通,但他为什么又得出"艺术可以乱搞"的结论呢?这是因为,蔡国强看到太多的艺术家、策展人,读了太多的艺术理念以及创作的企图动机,但是做出来的东西却无法与说的伟大道理相映。同时,蔡国强在他那庞大的艺术计划中总带有点幽默与疏离的意味。"我想说的是,艺术不要光谈那么多伟大理想,艺术要回到'活'本身,把艺术的'活'干好,你要衷心认为艺术是好玩的,才会认真做好。"秉持着这样的理念,我们便不难理解几乎与上海世博会同时开幕的蔡国强的最新个展《农民达·芬奇》为什么引起那么多的"非议"。

于 2010 年 5 月 3 日在上海外滩美术馆开幕的《农民达·芬奇》是作为国际艺术家的蔡国强在中国策划的第一个"非官方"展览,12 位农民发明家以及他们制作的飞机、潜艇、机器人甚至航空母舰,被蔡国强带进了美术馆,他喊出一句对应世博会的口号——农民让城市更美好。

而在次日的北京,另一个展览的开幕又因蔡国强的缺席而引发热议。那是吕澎、朱朱等策划的《改造历史:2000–2009 年的中国新艺术》展,作为一次以权威姿态进行的当代艺术十年总结,它基本邀请了所有和中国当代艺术关系密切的顶级艺术家,包括当代艺术海外四大金刚中的三位:谷文达、徐冰、黄永砯,唯独没有蔡国强。吕澎回应:"在《威尼斯收租院》的巅峰期之后,蔡国强基本上成了一个放烟花的人,从我个人的角度讲,他的学术性得不到我的认可,因为放烟花没有任何意义。"

对于"集中"在自己身上的争议与矛盾,蔡国强倒是很"豁达"地一语带过。"我自己对自己的争议都没有结束。"他承认诸多矛盾的存在,"但我不认为我这个矛盾需要去解决。"对他而言,人生有时就像钟摆,但只要摇摆与矛盾是真实的,他就心安。

此前，蔡国强曾历时半个月，从北京出发，经江苏、安微、四川、湖北、广东、福建、浙江、江西八个省，寻找那些"农民达·芬奇"。

蔡国强用观念包装了这些农民的发明创造。在外滩美术馆外墙上悬挂的标语"不知如何降下"，源于农民杜文达制造飞碟时只专注如何让它飞起来，而不知如何降下，这里显然是为了表达对中国社会高速发展的担忧。在飞机的旁边，有一句"重要的不在飞起来"，这既是对农民创造者精神的评价，也是对现代人梦想淡漠、疯狂追求物质和功利的反讽。

蔡国强一再强调，不必把艺术当成改造社会的工具。"这个展览不是先从社会议题出发，而是先感受到这些农民就像达·芬奇一样应该受到尊重。"

从家乡泉州出发，到上海，到日本，再到美国，又回到北京，他几乎走遍了全世界，而对蔡国强和他的作品而言，这好像就是一个漫长的关于旅行的故事。

对于蔡国强的成功，其实不应该仅仅简单地将其视作是其个人艺术的成功，它同时也是中国艺术的成功。

蔡国强自诩自己是一位农民，他最崇拜的人是毛泽东。毛泽东的许多观点、诗词他都烂熟于心。毛泽东横渡长江，在大风大浪中游泳的气概，蔡国强佩服得五体投地。在蔡国强看来，毛泽东的很多行为都更像一个艺术家，那种浪漫主义对自己有致命的影响。

陈济谋：画有梅花
作四邻

著名女书法家、诗人林岫在《题闽人陈济谋先生作墨梅图二首》诗中这样写道：其一，"种墨南窗喜日新，一年光景壁间春，家风冷淡长相慰，画有梅花作四邻"；其二，"清瘦最宜冷眼观，寻香不到已枝残，谁家矫矫元章笔，又茁新花共傲寒"。在这二首诗中，我最喜欢的便是这句"画有梅花作四邻"，我觉得这句诗恰到好处地表达了济谋先生对梅花的痴爱。

自古以来，骚人墨客对梅花的吟咏绵延不绝，或吟其神姿绰约，暗香疏影；或吟其凝霜傲雪，浓艳瑰丽；或吟其鲜明生动，清新向上；或吟其冰肌玉骨，和平俊逸。但在济谋先生的心目中，他则把画梅当成了他的希冀冥想和自然物我为一的情感追求的一种替代。而在我看来，正是这种情感追求的替代，也就不可避免地把他的修养、学识、志趣和理想带入了他的写梅之作中，使其写梅之作具有了极佳的气韵和深刻的内涵。

士大夫常常把作画谓之写，这是援书法用笔入画的意思。写者，泻(泄)也，取宣泄之意。在传统的士农工商的社会结构中，士大夫一边承担着管理国家(或预备管理国家)的责任，一边为社会良知和道德的牵引者。他们本天生敏感，但在现实生活中又多受压抑，久不得舒，而游戏笔墨成为绝好的宣泄通道。北宋中期以来，文人画大兴，经过元明清数百年的演进，文人水墨大写意几成为中国画的代名词。元代倪瓒说："逸笔草草，不求形似，聊以写胸中逸气。"就是舒胸臆的直白。文人把作画称作写，则挥运之际已脱略物象，只注重当下的笔墨感受。其得在此，其失亦在此。其得乃个体生命律动与幽微意绪泄于笔端，成为一种独特的审美景观，其失乃走笔之际物象不辨，画竹"而类或麻或芦"(倪瓒语)，非解释则不知为何物，正如齐白石所言"不似为欺世，太似为媚俗"，似与不似，极难把握，过犹不及。

文人把画梅喜称为写梅，然真正能做到写梅绝非易事，能写出梅之精神品格则大难。画梅虽肇始于北宋，而宋元尚在物象描摹阶段。至清末海派兴，始可谓之写梅。其以赵之谦、虚谷、蒲华为代表，摈绝描摹，以书入画，不失物象，出新有度，诸人天资性情各异，笔墨风格不同，成为画梅史上一道绚丽的风景。至清末民国吴昌硕、齐白石，写梅能事毕矣，成为一巅峰。由此可知写梅之难矣。

画如其人。读济谋先生的写梅之作，特别是他近期的作品，我们可以强烈地感受到他既能继承传统,又能写出自己的心象,形成一种自己独有的艺术面目。寻到自己的面目并不是一种容易的事,画作能达到有自己的面目,说明了画家除了具有极高的耐心和悟性,还要付出不懈的努力。因为中国花鸟画是一个极具程式化、高度成熟的画种,形成了自己特有的审美体系和固定的形式法则。任何一点创造创新,都有极大的难度。在济谋的作品中,我们可以看到他有意无意地借鉴了西方现代绘画的构成因素,在打破固有视觉习惯、创造新的图式上作出不少新的探索。这些作品有的强调笔墨的皴擦晕染效果,有的凸显形式化的归纳,有的侧重几何形的分割画面,但都有着极为丰富的笔墨表现力。在由中国美术家协会主席刘大为题签的《济谋画梅》一书中有很多这样的作品,像《旧时月色》,像《香雪海》,像《春晴一花新》,像《春寒雪意无》,像《浸月》等等。

陈济谋先生的作品是具有深厚家学渊源的,因为这是他精神的"原乡"。在福建画院陈济谋的办公室,他特意从家中带来了三幅他祖父陈瓒先生的作品让我欣赏。已故著名画家丁仃先生对陈瓒作品褒赞有加,他认为陈瓒的作品无论人物神情、线条、着色、章法、品位都堪称一流。

陈瓒,字少倪,清光绪七年(1881年)生于福鼎,1927年殁于福鼎,仅以46个春秋便走完了他短暂的一生。然而,他却留下了独具特色的作品。他于民间绘画和民间艺术史上留下的作品和影响,使他成为极负盛名的民间绘画大家。

对于自己这位从未见过面的祖父,济谋先生在《济谋画梅》的自序中这样写道:"(祖父)7—8岁时,拜画虎高手梁寿寅先生为师,从著名诗僧智水和尚研习诗文。后因家道中落,十四岁即鬻画俸母,从此终生以画为生。工山水、翎毛、花鸟,尤精人物。晚期喜作大写意水墨人物,笔墨纵横,气韵生动,寥寥几笔,神采飞扬,弛誉闽东北和浙南地区。"上世纪六十年代初,著名艺术教育家吴启瑶教授曾数次到福鼎搜集整理其祖父陈瓒的资料并写出专著初稿,但在"文革"中这些珍贵的文稿资料均丧失殆尽。由于年代久远,陈瓒作品现在已难得一见。福州有一些,主要藏于福建群艺馆、福州博物馆,那是上世纪六十年代文物普查时各地送到省里的。

我有幸欣赏了济谋先生带来的陈瓒的三幅原作,分别是《红袖添香》、《郑昒家婢》和《兰桥仙窟》,尽管这些作品因为年代久远,画面发暗发沉,但画中人物栩栩如生的神态,洒脱灵动的线条,依然让我眼睛为之一亮。这些作品既有形的精妙与入微,又有墨与色的交替中达到某种程度的和谐,可以看出其娴熟的人物形象塑造的基本功,没有旧式人物画的陈腐气息。

　　济谋先生的父亲陈滨兰先生也有着很高的绘画天赋。济谋先生告诉我,他在上中学时,曾经见过父亲读私塾时画在《幼学琼林》空页上的十八罗汉图,造型准确、姿态生动、目光如炬,尤其是面部刻划,非常精到,通过夸张变形,突显罗汉的威严、神秘和不可侵犯,让人很难相信这是出自一位少年之手。在济谋先生的心目中,父亲完全可以成为一位艺坛大家,但因祖父早逝,家庭生活窘迫,父亲未能像祖父那样以画为业,但一手妙笔丹青却伴随父亲的一生。济谋先生告诉我,孩提时代,每逢元宵、中秋佳节,父亲都要亲自动手为孩子们扎花灯,然后信笔挥洒,或山水人物,或翎毛花卉,或蔬果动物。当自己和姐姐提着流光溢彩的花灯走在街头巷尾时,总会牵引众人艳羡的目光。

　　正是这样的家学渊源和艺术熏陶,济谋先生从小就对画画充满了浓郁的兴趣。高中毕业那年,原先打算报考福建师大美术系,但刚好那年师大美术系没有在闽东招生,无奈之下,陈济谋报考了南开大学历史系。但那个美好的画家梦,却长久地在济谋先生的脑海中萦绕,挥之不去。

　　济谋先生特别怀念在南开求学的日子,他特别提到一位叫巩绍英的老师,巩老师喜好书画,对古典诗词、中国古代思想史等都颇有研究,后曾任中华书局党委书记。巩老师后来调到北京,曾有意要陈济谋去故宫博物院,但当时的陈济谋考虑到婚姻等个人问题,最终调回了那个被巩老师称作"地图上都找不到的地方"——福鼎。

　　从最基层干起,陈济谋踏着坚实的脚步一路走来。从最初的福鼎团县委副书记到常委宣传部长,从宁德地委统战部长到霞浦县委书记,从宁德地委宣传部长到宁德地委副书记,从福建省委统战部副部长到福建省文联党组书记、福建画院院长。济谋先生在从政之余,无论职务如何变化,但他

对艺术的热爱却始终如一。

上世纪八十年代初，因为吴进先生的引荐，济谋先生结识了著名画家林锴、周沧米先生，他们一见如故，从此，济谋拜师两位先生门下。

林锴先生是地地道道的福州人，1946年考入福建省立师专艺术科，是谢投八、林子白的学生，他对中西画都具有浓厚的兴趣，学习很认真，后来考入杭州国立艺专，受黄宾虹、潘天寿、吴茀之、诸乐三指点，进步很快。林锴不仅是著名的书画家、篆刻家，也是一位诗人。在济谋先生的眼中，林锴是一位品性高古，学养深厚，诗书画印俱精，造诣极深的当代画坛不可多得的全才。

而中国美院资深教授周沧米先生同样也是一位全能型的画家，他中年以前，致力于人物画创作，是浙江当代人物画创作的探索者之一；50岁以后，他移情山水、花鸟，尤爱家乡雁荡的山水、风物，将其称为"家山"，并以画牛为乐。

正是得益于两位德高望重的先生的传道解惑，使济谋先生常常有"豁然开朗"之感。林锴先生不时为济谋指点迷津，周沧米先生常常为济谋改画，特别是林锴先生晚年，重病缠身，但仍然强撑病体，为济谋倾心以教，这些温暖的细节常常让济谋深深地感动。

济谋先生对艺术的追求，几十年锲而不舍。他能够坦然地面对生活中纷纷扰扰的各种变幻，在艺术上着力营造属于自己的一方净土，这是难能可贵的。在品读济谋先生的写梅之作时，我们可以从中发现，济谋先生在治艺之外，也把大量的精力时间投入到治学上，看他的写梅之作，其文气、书卷气总是在画面上流动。我可以想象济谋先生在明窗静几前拈管挥毫，闻鸡起舞的情景；也可以想象他读书时安然若素、静得远虑的神态。他的书法和诗词也别具一格，例如他的自作诗"三溪行"书法作品："主人情意浓于酒，三溪揽胜互唱酬，宿雨初收山色丽，沿途红紫送行舟。"作品一气呵成，十分讲究回锋，疏密有致，自然酣畅。长乐三溪，好山好水，我也曾去过，我可以从济谋先生的诗中和书法作品中感受到三溪的纯朴的雅韵。

当然，济谋先生不仅只画梅，他也画兰、竹、菊，他觉得在写意花鸟画中，梅兰竹菊往往是最受人喜欢的，受人喜欢是因为它们的自然特点非常适合寄情寓意，抒发情感，但要画好却是很难很难的。

沉静、沉默、简洁、纯粹，这是中国高贵的古典文化精神，正因为如此，它才有了无限丰富的内涵，令人回味无穷。这大概也是济谋先生最为佩服的八大山人的绘画精神：绚烂源于平淡，丰富来自简约。我之所以更喜欢济谋先生的近期作品，是因为我觉得他从领导岗位退下来以后，作品比以前更纯粹，更随意，也更大气。

翁振新的"艺
术苦旅"

十几年前我还执教于长安山下的福建师范大学时,就知道美术系有一个翁振新。

十几年后,翁振新先生有了许多响当当的头衔:福建师范大学美术学院院长、教授、博士生导师、福建省美术家协会主席……。虽然翁振新并不看重这些头衔(因为这些头衔,花去了他太多太多宝贵的时间),但他却无比珍视这些头衔,他觉得既然领导和同事信任他,让他挑起了这个重担,他就要兢兢业业、勤勤恳恳地工作,不仅要"做一天和尚,敲一天钟",而且还要做一个"称职的和尚",敲出"响亮的钟"。

在翁振新身上有着一种苦行僧的气质——对过份的物质享受的淡漠,对艺术的发自内心的热爱,他具有鲜明的他那一代人经历过生活的磨炼而沉积下来的强烈的责任感和使命感。这种责任感和使命感使他能够在光怪陆离的都市艺术乱像中始终没有迷失前进的方向,使他能够始终葆有一种旺盛的发自生命深处来自传统又打破传统的创造力。

翁振新出生于被称之为"海滨邹鲁、文献名邦"的福建莆田。自唐以来的 1200 多年间,莆田涌现出 2000 多名进士、10 名状元、8 名宰相,有 98 人在中国二十四史中立传,有 99 部兴化人的著作被收入《四库全书》。历史上莆仙出的画家层出不穷,其中犹以明代的曾鲸,近现代的李霞、李耕、黄羲等最为出名。曾鲸,明代著名的肖像画大师,承古代人物画大师顾恺之"以形写神"的手法,大胆吸收西洋画法,熔中西于一炉,创造了中华民族特有的"凹凸法",所画肖像,神情生动逼真,如镜取影,前无古人。李霞,被称为"麻姑李",1908 年在北京故宫以《麻姑晋酒图》誉满京城;1910 年,先后在南京、上海等地举办个人画展,轰动一时。李耕是一位在国内外久负盛名的画家,他能吸取唐寅、黄慎诸名家之长,笔法超脱老练,形、神、韵三者兼备,独树一帜,徐悲鸿曾这样评赞李耕:"有奇拙者,首推李耕君,挥毫恣肆,可追踪瘿瓢,其才则中原所无"。黄羲则是著名的美术教育家,少年时拜李耕为师,1926 年考入上海美专,其画既继承传统的国画技法,又吸取民间艺术的气质和特点,代表作有《风尘三侠》、《伯乐相马》、《伏生传经》、《文姬归汉》等,1957 年应潘天寿之邀,受聘浙江美术学院讲授中国古装人物画传统技法,著名艺术大师刘海粟对其作品给予高度评价。

正是自幼受到这些莆仙艺术先辈的影响,翁振新对艺术产生了一种挥之不去的"迷恋"。还是在 5 岁的时候,年幼的翁振新就每天望眼欲穿地等待上学的哥哥姐姐周末给他带回粉笔。小时候家里穷得买不起笔和纸,翁振新就在家里的地板、墙壁和砖头上涂鸦。由于没人指点,翁振新常常信马由缰,也由此练就了他"左右开弓"的本领——他可以轻松自如地左右手都可以画。

翁振新小学一年级时遇到一位好老师,名叫林文煌,上海美专毕业的。有一次林老师到翁振新家,看到墙壁和地上都画满了画,觉得这是一颗好苗子,于是就常常给他一些画报之类的儿童刊物给他看,并鼓励他多多练习。翁振新有了老师了鼓励和指导,越画越来劲。

进入小学、中学,翁振新成了学校里赫赫有名的小画家,墙报、黑板报上的插图全是他的手笔。翁振新十分难忘的是,他的《南瓜丰收图》被当时的《莆田报》登出来。《南瓜丰收图》画面上是一个天真的孩子沿着梯子爬上了大南瓜,充满了儿童特有的想象力。

1966 年,18 岁的翁振新来到莆田县庄边公社一个小山村插队落户。尽管条件艰苦,翁振新始终没有放弃画画,每到晚上他都会在煤油灯下临摹华三川的连环画《白毛女》等。在与当地村民的接触中,翁振新深刻地感受到中国最底层农民生活的艰苦和农民在面对困难时的坚强。翁振新深深地感谢那一段知青生活,这段生活也是他的后来自诩为平民艺术的起点,以至于后来他创作的大量现代人物都会散发出这种独有的艺术气息和艺术美学:艰辛中的执著、苦涩中的隐忍、重压下的担当……

进入福建师范大学美术系学习,是翁振新人生之旅的一个转折点。尽管当年在招生时翁振新也遇到了各种各样的阻挠,但翁振新最终还是被录取。谢投八、杨启舆、谢意佳、高一呼等这些翁振新艺术生命中举足轻重的老师让翁振新感受到艺术迷人的魅力。夏天的长安山蚊子多得像"轰炸机",翁振新就躲在蚊帐里画,他对艺术的钟情达到了痴迷的程度。毕业留校时,有人认为翁振新是五分加绵羊的典型,缺乏反潮流精神,但翁振新最终还是如愿以偿地留在了师大美术系。他还担任过如今已是著名的美术评论家、画家的范迪安、林容生等人的班主任。

留校一年后，翁振新便到当时的浙江美术学院国画系研修班深造。因为当时还没有正规的研究生招生，这个研修班算是高规格的。与翁振新一起在这个班学习的有如今已成为中央美院院长的潘公凯等人。

由于当时的福建现代人物画还比较薄弱，而浙江的李震坚、方增先、周昌谷、周沧米等一批画家早在上世纪六十年代就吸收西方的素描艺术，并结合中国花鸟画等技法，创造了一种新的人物画风格，在中国现代美术史上留下一个中国人物画的高峰。在他们的影响下，翁振新开始刻苦研究，苦苦寻求东、西方审美的交叉点，希望寻找个人性格、气质、艺术内容和艺术风格为一体的最佳结合点，希望寻找自己的语言艺术，创造出不流俗套的人物写意风格。

众所周知，写意人物画，虽与山水画、花鸟画有着千丝万缕的联系，但也与二者有着根本的区别，具有其自身的独特性，需要我们从造型与笔墨、具象与意象的关系中找到认识的切入点。经过多年的探索，翁振新找到了属于自己的绘画艺术语言。他在一篇《关于写意人物画即兴创作的思考》论文中特别指出："写意人物画本应该像写意山水、花鸟画那样以即兴创作取胜，却因一方面要表现人物的某种真实性，另一方面要强调精神和意趣的自然抒发，而处于两难的窘境。当下的写意人物画创作，经常是要先打好素描稿（甚至很精细的），反复推敲、擦改，然后拷贝，再谨小慎微地沿着轮廓线描画，如此这般'九朽一罢'，实际上已经消磨了写意人物画的写意精神。"因此，翁振新认为应该重新审视写意人物画独特的认识方法和表现方法。其一，"意"是写意人物画的内在特质，也是写意人物画的核心。写意人物画重在传神写意，有强烈的抒情性，它不拘泥于诸如比例、透视、结构、解剖、光影、色彩、质地、肌理等的如实描摹，而是特别重视主客观统一的意象表现，即以形写神，情景交融，调动包括夸张、变形、取舍、隐喻等各种艺术手段去强化对象的内在本质。写意人物画具有强烈的创造性。其二，"写"是写意人物画的外在特质。写意人物画有独特的笔情墨趣，追求的是情趣和神韵，有强烈的书写性，强调把书法精神和笔法运用到画法中去。写意人物画主要依靠笔墨变化来表现人物形象，笔墨出神入化，以一当十，除了表现

一定的物象结构，还具有不依存表现对象的相对独立的审美价值，如韵律美、节奏美等，是构成写意人物画韵味情趣的主要因素。线是经过高度提炼了的美的精华，在线中凝聚了大自然的各种美和力的因素，凝聚了画家的情感和气质。写意画的笔墨之所以富有审美价值和感情因素，很大程度上在于它溶入了中国书法艺术之美，吸取了书法艺术的点线结构表现感情的技巧，在描绘客观对象风神骨气的同时传达出画家的主观精神和观念意味。

在这种理论的引领下，翁振新对写意人物画进行了多方面的探索，特别是他的一大批以惠安女为笔墨载体的作品，有着自己独特的理解，发掘出一种深厚的文化内涵和精神意识。在翁振新笔下，惠安女是柔美的，同时也是刚强的,充分体现了惠安女刚柔相济的品格特征;在翁振新笔下,惠安女是现实生活中忍辱负重的可信形象,又是浸染着画家深厚情感和意念的审美对象。《海寂月无声》、《无声的辉煌》、《那一弯浅浅的海峡》、《女人海》等都是翁振新的代表作。

《磐石无语》是翁振新表现惠安女的一幅力作。这幅水墨作品于1997年入选全国首届中国画人物画大展,获得最高奖银奖并且收入《中国现代美术全集》。因了《磐石无语》,在这次展览上,翁振新作了一个典型发言,对自己挥之不去的惠安女审美情结以及对惠安女题材的创作作了深入的分析。何家英等人特别指出,《磐石无语》只要稍略再画一遍,将金奖收入囊中绝对没有问题。但就在翁振新《磐石无语》赢取大奖时,他的夫人却病倒了,并且在几个月后去世。这对翁振新来说无疑是一个巨大的打击。一段时间,翁振新近乎心灰意冷,但他顽强地从巨大的悲伤中走出来。

可以设想,当时的翁振新家里如果没有发生如此巨大的变故,他完全可以"乘胜追击",在一片好评如潮中在北京开拓出一片崭新的艺术天空。

艺术的"苦旅"让翁振新对人生、对艺术有了更深邃的思考。

在我看来,艺术家的创作往往呈现出两种状态,一类是基本保持自己的画风不变,处于相对稳定状态;另一类则是属于不断实验,不断对自己提出新的课题。对翁振新来说,似乎二者都不是,他总是善于对自己的创作进行微调,在保持自己独特的艺术风格和样式的基础上根据自己的体验和领悟不断融入自己的思考。

在西泠印社出版的由姜寿田所著的《当代国画流派地域风格史》中这样写道:"福建人物画可以分两派:一派具有明显的地域风格特征,如何士扬、谢振瓯、罗屏、李文绚等,另一派则靠近画坛主流画风,如翁振新、李弟莘等。翁振新、李弟莘的人物画则表现出新写实风格,融京派新写实主义与传统文人画及现代创作、肌理于一体,表现出当代主流人物画风的宏大叙事风格,其《磐石无语》、《惠安女》等作品,皆体现出这种新写实风格"。

画一幅水墨人物也许并不难,但要在一幅水墨人物作品中融入更多的人生体验就需要深厚的生活积累和丰富的阅历。最初的水墨人物作品,翁振新考虑更多的是笔墨与形的关系,现在则更多注重生存状态的体验。翁振新近来画了很多以渔民作为载体的作品,他告诉我,他想表现人与海之间的关系,人与人之间的关系。大海是强悍的、凶险的,大海又是温柔的、静美的。渔民既有对海的征服的一面,也是对海的温柔的抚慰与依靠的另一面。他要在大的时空背景下表现人与海的三部曲,渔民的苦难史、创业史和新生史。

翁振新搬出十几本他各个时期画的速写本,里面密密麻麻记录了他画的速写,有各类人物,有各种手的细节,有风景写生。特别是各种头像速写成了他创作的重要来源,翁振新告诉我,他的水墨人物作品中的人物每一个"脑袋"几乎都有"出处",这个"出处"就是他的速写本。艺术来自生活,对翁振新而言,丰富的生活阅历是艺术最好的老师。

翁振新很忙,开不完的会,上不完的课,各种各样的展览请他剪彩,许多画家要出版的画册请他写序……,但他并没有因此而飘飘然,他是冷静而清醒的。他知道艺术才是他最后的家园。事务再多再忙,他也要挤出时间创作。

多元化已成为当代水墨发展的主要态势,水墨实验、新文人画、写实主义齐头并进,显示出空前的繁荣。翁振新不属于任何派别,也没有将自己纳入任何风格,他一直坚持自己的信念,坚持自己的探索,始终保持着思考的纯粹性和创作的纯粹性。他不走捷径,而不走捷径者,必定走的是一条"艺术的苦旅"。

作者与翁振新先生合影/阿钟摄

王来文：艺术
就像喝下午茶

文化有正统与民间之分,有雅俗之分。正统文化常常为少数人所掌控,常常因时事、人为而发生流变。民间文化、俗文化来自大众、来自社会,和大众的生活糅杂为一体,和民众的衣食住行混融一气,由此,具有长久的生命力。哪里有生活,哪里有大众,哪里也就有属于大众的俗文化、民间文化。从这个意义上说,茶是属于民间的、大众的,是人间的。正因为茶是人间的,因而茶能舒缓精神,抚慰情感。在月如柔丝的夜晚,茶能平抑白天的浮躁,让心情平和,静品朴素的人生。

作为福建省美术家协会副主席兼秘书长、著名花鸟画家的王来文,做着正统的事情,却对茶充满了迷恋。在王文来的家里和办公室,都置放着一台冰箱,专门用来贮存上好的茶叶,在我认识的许多爱喝茶的朋友当中,喝茶喝到这个份上的好像不多。

艺术是高雅的,茶是人间的,当高雅的艺术与人间的茶结合,让我感受到王来文水墨作品的泥土的气息。

来文送我一本他刚刚出版的《藤情荷韵——王来文水墨作品集》,这本装帧印刷十分精美的画册汇集了王来文近年来创作的一批以紫藤和荷花为主要题材的水墨作品,细细品读,恰似啜饮一杯淡香悠然的闽南铁观音。

在《藤情荷韵》中,尽管题材具有某种限制性,但我在阅读和欣赏王来文的这批新作时仍然感到意外,因为这些作品无论是笔墨语言还是图式结构都已显现出他自己较为明显的特征,既能链接中国传统文化的文脉,又能进入当代文化的语境,体现了继承传统而又能出新的艺术能力。

20世纪以来,传统与创新问题是中国画创作的核心课题,如何继承传统,如何创新几乎困扰着每一位艺术家,黄宾虹、李可染、潘天寿等人之所以成为20世纪最杰出的艺术家,其根本就在于他们很好地解决了这一课题。当代一些卓有影响的艺术家也正得益于他们在这一方面坚持不懈的努力。

王来文也不例外。

历史上画紫藤与荷花的画家多如牛毛,但王来文笔下的紫藤与荷花却画出了自己的品格,他在紫藤和荷花中找到了令他兴奋的美感。王来文对我说,宋元以后的大画家基本上都是集文学家、诗人、思想家、书法家于一身的文人,他们有较高的文化修养和人格品位,在绘画上追求表现中国文化的深厚渊源,他们关注更多的是画家自己的生命体验和内心的自由表述,因此在绘画作品中常常不拘成法又时出新意,使中国画在不断创新中得以发展。直到后来石涛明确提出不为法障的"无法之法,乃为至法"的理论,明确宣布了中国画的创作和品评不是以一技一形、一笔一墨为标准,而是以画家自身的整体修养、人格、画作和生命状态等"浑然天成"为要求来评定绘画的。

看来,王来文苦心经营的正是力图通过自己的笔墨往返于过去与未来,呈现出他对东方艺术的再认识。

王来文是漳浦人。

漳浦属漳州,漳州美术源远流长,并在长期的艺术实践中,形成独具特色的风格和传统,涌现出一批蜚声海内外的美术家。以诏安画派为代表的漳州绘画,以木偶雕刻、木版年画、漳浦剪纸等为代表的漳州雕塑艺术和工艺美术,以闽南海滨居处和寺庙为代表的漳州建筑艺术,都在福建美术发展史乃至中国美术史上写下了浓墨重彩的一笔。

王来文并不是出身在一个美术世家,但他对美术的兴趣,却由来已久。

还在读小学的时候他就酷爱龙、凤、关羽等民间题材,他的家庭在漳浦旧镇是一个大家族,很小的时候他就为他生活的闽南小镇的宗祠、庙宇等画各类民间题材的风俗画,还无师自通地自己调制颜料,用米汤调颜料粉,这样调制出来的颜料敷在墙上不容易脱落。初中的时候,他还学浮雕,漳浦旧镇的许多神庙都留下他最初的木雕作品,那些栩栩如生的人物和花鸟造型,是他的目光和心灵最初被艺术所牵引和征服的有力佐证。

由于父亲是一位在当地颇有名气的能工巧匠的缘故,王来文很小的时候就开始学木雕,直到今天,他的木工手艺与那些专业的木匠相比也不会差得太离谱。

我一直在想,如果从一个大视角来审视王来文的艺术生长过程并作为一个个案研究,不无当代意义。

严格地说,王来文直到中学才开始真正接触素描等美术基本方法,当

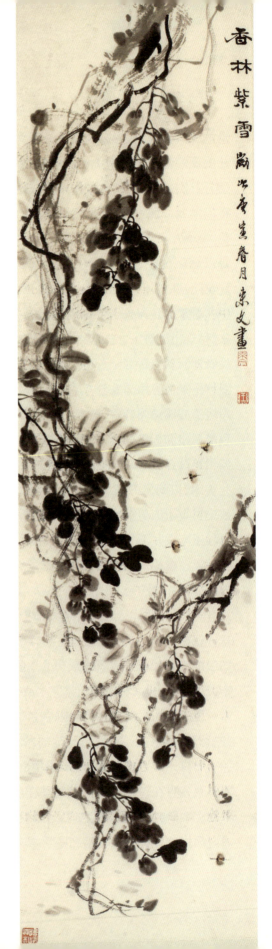

时他考入漳浦三中。当时漳浦三中有几位美术老师颇有绘画天赋，相继考上大学，这让王来文心胸豁然开朗，从农村来的王来文瞪大眼睛发现，原来学美术也可以考大学，他从他的老师身上看到了希望。

1987年，王来文终于考上福建师范大学美术系，圆了自己的艺术梦。

长安山让他如鱼得水，他尽情在艺术的海洋里游弋。

大学四年，他年年荣获国家一等奖学金。1991年，他以第一名的成绩毕业，并荣获"优秀大学毕业生"的称号。

王来文的毕业作品《风展红旗如画》是一幅以山水为主体的作品，其中点缀一些人物，这幅作品来自毛泽东诗词的词意，画面气魄宏大，曾参加过全省美展。大学时代的王来文，人物画画得非常精到，但毕业后他一张人物画也没有画过。他觉得对一位画家而言，每一个时期都有自己特定的想法，经过深思熟虑，他决定主攻花鸟，他觉得花鸟更适合自己。

王来文的花鸟画形神兼备，从容自适，以意为先，重意境、意趣、意味、意蕴。他只画他最熟悉的东西，水仙、海棠、紫藤、幽兰、蒲草、荷花，都是他故乡闽南的常见的花草，特别是鞭炮花和一串红，没有人画过，但王来文却画出了它们特有的神韵，勾花点叶，笔墨清雅灵秀，生动自然，给人以耳目一新之感。

王来文的花鸟画大都构图简约，但我觉得这种简约比繁复更富于表现力。

王来文大学毕业后在福州幼师当过5年的美术教师，之后调到福建省委宣传部。

当时省委宣传部需要一位综合能力强、又有艺术方面才能的年轻人，经考核，王来文幸运地被"点将"。在省委宣传部文艺处的三年，是王来文"长袖善舞"的三年，这三年"重特大事件"特别多，香港回归、澳门回归、建国50周年大庆，他都赶上了，他参与了多项大型活动的组织，各种能力得到了充分的锻炼，这也为他日后的工作奠定了坚实的基础。

之后他调到省文联，担任文联党组秘书。他一直很怀念这十几年的工作实践，能力提高了，视野拓宽了，认识了很大名家，结交了许多朋友。像国内许多大腕级的名家他都有所接触,如王世襄、启功、沈鹏等,他曾多次到王世襄老先生家登门拜访,从这些大家身上他学到了许多东西。他觉得越是大家越平易近人。

这几年,王来文几乎走遍了祖国的名山大川,莫高窟、敦煌等他甚至去过好几遍。每到一个地方,他必定带着两样东西,一是茶,一是速写本。他在茶中静品中国画的沉稳与隽永,生机与境界;他的施朱布白的本子里留下了他的勤奋之旅的足迹。

王来文很勤奋,他一般每天早晨六点就起床开始画画,画画之前先泡一壶上等的铁观音,只有闻着茶香的氤氲,他才可以进入挥挥洒洒的艺术世界,和古人对话,和自然私语。我一直以为,王来文近期的纯水墨作品之所以多了一些书卷气、文人气、自然气,少了烟火气、世俗气、功利气,与他对茶道的追求是有一定的联系的。茶道讲品,艺术也是品;茶道追求平和,艺术也是追求和谐。

王来文告诉我,泡茶的过程就是心境调节,情绪稳定的过程,就像磨墨的过程。

喝茶需要一颗平静的心,艺术也是如此。

其实,人生何尝不是如此。

当你看着从罐里拿出的茶叶,就如母亲体内的婴儿,蓦地到了杯子这个世界,加入复杂的原素,如滚烫的开水,茶便会在杯中翻腾,像个顽皮的孩童快乐地戏耍着。那浮浮沉沉的茶叶,像极了青春期的迷茫,不知未来如何选择,于是犹豫地徘徊在这个世界中。茶叶随着时间慢慢沉入杯底,安安静静地落下,没有初时的动荡和不安,如人,慢慢长大了,有了心的向往,有了目标和方向,心便不再迷惘,渐渐变得成熟起来。

读懂了茶,便读懂了艺术,读懂了人生。

所以,王来文对我说,艺术就像喝下午茶。

郭东健：暗焚
琴木一点香

我与郭东健见面时,郭东健的肤色还没腿去因骄阳的炙烤而留下的黝黑,他刚从狂野的非洲回来。这次他是应文化部的邀请,参加由文化部与解放军总装备部联合举办的一场大型"环球艺术之旅"。文化部在全国挑选了一批有影响的一线画家分十路进行采风写生,有的前往欧洲,有的前往日本、韩国,而郭东健选择的是非洲之旅。待所有的画家写生作品完成后,将连成一幅壮美的长卷,随"神七"上天,进行曼纱的太空飞行。长卷是中华文化中的精华,我写这篇文章时,刚好看完北京奥运会的开幕式,著名导演张艺谋让全世界观众为之惊艳的,正是采用了气势如虹的长卷,把五千年的中华文化娓娓道来。我可以想象,包括郭东健作品在内的这幅长卷在茫茫太空旅行归来后将是如何的与众不同。

郭东健是一位做事非常严谨认真的人,我注意到这样的细节,他知道我要来采访他,为了配合我,他非常认真地拟了一张纸,上面详细记下要和我谈的主要内容,他还特意请来了他的太太充当"助手",给我们沏茶。于是,我开始琢磨郭东健,他的做事的严谨认真,其实从某些方面衬托出郭东健为人的严谨和认真。

这是一个浮躁的时代,在盛产艺术家、诗人和作家的当代城市里,郭东健却在喧闹中保持一份冷静,他是那种能够沉得住气的画家。他很喜欢自己目前的生活和创作状态,始终溯游于自己的艺术脉络里,不受潮流和热点的左右。

不喜欢过度的喧闹和过度的自我炒作是郭东健的个性,这种潜藏的个性其实在郭东健过往的经历中寻找易如反掌。

这要从他的童年说起,他的父亲是参加淮海战役的南下干部,母亲也是军人,但不幸的是,在郭东健只有四岁时,父亲患败血症英年早逝,母亲后来改嫁。他从小是由外婆带大的,外婆家住福州最有文化气息的三坊七巷的南后街。由于父亲是烈士,他和他的两位兄长从小就在军营里长大,部队平时把他们寄养在外婆家,他领取的每月40元的烈士子女抚恤金一直领到他从福建师大美术系毕业走向工作岗位为止。

家庭的变故对郭东健个人未来生活之路的影响是显而易见的,但从小他就喜欢画画,然而没有家传的背景要想脱颖而出不知道有多难,好在他对绘画始终保持着一种执著的热情。他在福州二中学习时就是学校的美术骨干,当时的唐国光老师非常喜欢他画的连环画;他在福州照相机四厂呆过,参加过工人文化宫的工人创作小组,画过很多当时留下强烈时代烙印的宣传画;高考之前,他对速写痴迷得不行,有一段住在外婆家的日子,每天早晨天刚蒙蒙亮,他便骑上自行车走街串巷,挨家挨户叫醒他的一帮画友,到西湖、长途汽车站、菜市场画速写;1977年恢复高考,郭东健没有考上,第二年他再一次参加高考,这次果然梦想成真。

在福建师大美术系学习的四年,是郭东健最为勤奋的四年,艺术的天空一旦在他的面前真正地打开,他就像沙漠上的旅者如饥似渴地吸吮着知识的甘露。在长安山下,他和如今已成为著名画家的林容生上下铺,他的兴趣很多,他对艺术世界充满了好奇,同时他也在积蓄着自己的力量。

时间的脚步如流星一般,四年的大学生活一晃而过。

走出长安山下的福建师大,郭东健被分配至省政协书画室"海云墨会",在这个寻常百姓眼中可以称作为"官府"的地方,郭东健一呆就是23年。

这23年是郭东健艺术的视野不断开阔的23年,也是郭东健艺术厚积薄发的23年。

在这里,他认识和接触到中国许多第一流的画家,像吴冠中、黄胄、朱屺瞻、王个簃、唐云……,这些中国画坛重量级的大师都与他成了莫逆之交。

1984年,他曾陪同黄胄先生两个多月,去惠安等地写生,黄胄先生对福建省政协领导说:"你们不要专程陪我啦,只要一部车子、一位小郭就可以啦"。小郭就是指当时风华正茂的郭东健。

在政协"海云墨会"期间,郭东健策划的"武夷风光展"一时成为佳话。由于邀请到20多位重量级的海派画家来武夷山写生,他们的写生作品作为专题"武夷风光展"展出后引起轰动,使当时还不是特别出名的武夷山水一下子让无数观众为之惊叹,从而强化了人们对武夷山水的认识,让武夷山走进寻常百姓的心中。如今的武夷山已成为福建的王牌名片、令人仰慕

的世界自然文化双遗产，但人们不应该忘记郭东健最初所做的添砖加瓦的努力。

　　到了上世纪八十年代末，慧眼识才的原福建画院院长丁仃"盯"上了郭东健，并不遗余力地将其招至麾下。郭东健是福建画院首批特聘画家之一。刚到福建画院时，郭东健并不适应，他坦诚地说：你总是想要做点事情，但总感觉有一张无形的网罩着你,使你无法伸展腿脚,很难受。"他曾在一个半月内提出辞职,但上级领导一次又一次挽留了他。冷静下来后,郭东健选择了留下。郭东健相信,只要自己没有私心杂念,总是会找到一条突出重围的路。

郭东健为人正直、明亮,口碑好,这应该归功于他生命深处流淌着的北方人的血液。正如中国美院尉晓榕先生所言:与东健交好的人们,都欣赏他处世为人的和煦和儒雅,在很早前,他就是一位手沾墨香而气定神闲的雅士。画里画外,郭东健始终如一。创作,他全身心地投入;工作,他同样百分之百努力。作为福建画院的当家人,他知道首先要懂得自己的角色定位,因为你不仅仅只是一位画家。

这几年,郭东健策划了许多展览,例如"全国画院国画名家扇面艺术邀请展",这个展览汇集了全国99位名家扇面精品,是福建画院第一次动用民间资金举办的画展,80万,对一个省级画院来说并不是一个小数目。正如中国美术馆馆长范迪安所言,这个展览"对于研究扇面艺术的当代存在方式与推动扇面艺术的多样表现有积极的作用。而福建省画院籍此联络全国画院的画家,也是其学术上跨地域交流的画院发展思路的一个方面"。

在郭东健的意识中,始终有一个主导性的观点,画院不能独居一隅,应该加强彼此之间的横向联系,加强画院的学术建设。在今年4月于广东东莞举办的全国画院院长高峰论坛上,他的论文《加强全国画院学术联动的思考》引起了与会者的极大关注。北京画院院长王明明等给予了高度评价,《中国文化报》全文刊登了郭东健的这篇论文。在这篇论文中,郭东健特别指出:长期以来,全国各地画院由于隶属关系不同,缺乏全国画院一盘棋的观念,致使团队意识不强。多数画院自为体系,自给自足;个别画院还互为排斥,互不相容。……全国画院这样一个群体,应强化"大画院"观念,设立相关联络机构,健全有效学术网络,研究解决画院共性问题,共同维护画院声誉;同时要广泛联络全国画院同仁,广开思路,献策献力,用宏观战略的眼光来指导和实现和谐画院的发展目标。

郭东健认为,画院要提升影响力,就要主动出击。他很赞赏中国作协铁凝主席的一句话:社会需要的时候,必须有你的身影。2008年5·12汶川大地震后,福建画院闻风而动,在第一时间主动与新闻部门、红十字会联系,征集了 22 位画家作品进行拍卖,共拍得 52 万 9 千元,给灾区送去了温暖。

郭东健和他的同仁全力策划的"经典海西·改革开放三十年美术文献展"影响深远,"福建,作为改革开放最早的实验区,应该发出自己的声音",郭东健对我说。

这是一个全新的尝试,郭东健和他的策划班子拟就了一份完整的三十年间具有推动福建改革开放进程意义的三十件大事,由福建 30 位画家完成。这些画家各就各位精心创作。郭东健告诉我,已出版的画册记录了每一位画家的创作进程,包括构思、草图、创作中的修改等各个环节,因为我们记录的是一段伟大的历史。

我曾看过郭东健的"古韵清风:郭东健水墨画展",那些古意娇美的仕女画给我留下很深的影响。在他的每一幅作品前,我都驻足了很长时间,我被他作品中如梦如诗的丽人情影所迷惑,站在那些仿佛兼容了貂蝉的柔、文君的质、黛玉的气、薛涛的韵的春吟中的仕女、夏荫中的佳人面前,就好像她们正轻移小步,向你款款走来。

郭东健的水墨仕女画十分引人入胜,他擅用大面积的淡墨涂抹,在画面上形成独具一格的透明感,好像有一层水气笼罩着,在笔墨处理上非常灵动和自由。

中国画在长期的发展中,至元明清形成了以写意水墨画形式为主的文人画派,在中国绘画史上具有深远的影响。文人画的艺术风格,追根溯源,有其深刻的社会原因、哲学原因、美学原因。水墨仕女画实际上是文人画中的一个分支,属于文人画的范畴。如果说工笔的重彩仕女画是远追唐宋那种严密、华丽、端庄的艺术风格,那么,写意的水墨仕女画便不可避免地就近继承了明清文人画洒脱、清淡、隽永的艺术风范,并在文人画这个大的氛围中形成自己的艺术特色。

概括起来,水墨仕女画的艺术特色是:雅、静、清、情、润、洒六个字。它们互相联系,互相生发、补充,是一个完美的整体。我个人以为,郭东健的水墨仕女画在表现这些特色时做到了酣畅淋漓。他的作品中有十分浓重的文人画意味,注重笔墨形式,但在注重笔墨形式的同时,又不拘泥于笔墨,呈现出多样性的个人艺术语汇。墨中见水,水中见韵,画面通灵清润,雍容大度,用笔刚柔相济,方圆转合,错落有致。

在郭东健的水墨仕女画中,视像的焦点除了仕女,那些背景中的廊亭、烛窗、石山、花荫等物象也充满了隽永的美,令人浮想联翩。怡红快绿、爽白黄灿,将观者引入"春色无边尽异彩,丽影高洁满亭芳"的微醉境界,既有"云想衣裳花想容"的李白诗境,又有"薄雾浓云愁永昼"的情境,尤其是作品的题识,充满了深厚的文化品格,这得益于郭东健的审美旨趣和艺术修养。我特别喜欢郭东健作品的题目,像《丝竹邀风自然清》、《心闲临水知鱼乐》、《人随山水幽》,像《步无尘》、《韵入心梦》、《霁日寻芳》等,如一首首淡雅的诗,对画面主旨的生发具有不可替代的作用。郭东健的书法也别具一格,既雄劲飞动,又朴拙自然,与画面浑然一体,在酣畅淋漓的笔墨背后,在物我两忘的字里行间,我们可以看到郭东健多样性的美学素养。


闪亮的黄斗笠,缤纷的花头巾,将眉目清秀的脸庞严严实实地包裹成瓜子形,紧窄的上衣透露出丰腴的青春,宽大的黑色裤筒鼓荡着海风的轻柔,这就是中国惠安女,一个传奇的"部落"。 在与大自然的抗争中,她们那柔软的身躯蕴藏着坚毅刚强的力度,强劲而柔美,成就了咄咄逼人的美学?

在中国,画惠安女的画家不计其数,有的将海风中惠安女特有的服饰作为道具加以夸张式的描述;有的将惠安女作为"美神"来赞美,放大了惠安女风情万种的一面;有的将惠安女作为传统仕女的新时代演绎,成为表现当代线描的新载体……,而郭东健近期的水墨惠安女创作,却突显了水墨的另一面,他以追求个性化独立的艺术感觉,省略了色彩,省略了风情,省略了夸张,透射出一种不局限于材质的水墨精神的表达。

水墨画使用的主要材料是水和墨,水墨的结构化不仅是两种材料的融合,其中还包含这两种材料在中国文化生化过程中的各种观念的融合,水墨画的工具媒介直接影响着"笔综"的形式逻辑,它同墨色结合,利用水的透明性和纸纤维的吸收性,使水墨对撞交流,成为一种可以进行适当叠加绘制的材料,直至纸张纤维的墨色饱和。

在郭东健的水墨惠安女作品中，大胆用水用墨，线面融合，大胆取舍，毫不拖泥带水，强调书写物象精神。好像有一种神奇的生命张力在牵引着，他将水墨最大限度地扩张，卸去了繁杂的服饰，退去了多彩的颜色，线条的凹凸、虚实、转折、节律等完全以水墨的自由行进加以描述，显现出画家创作时精神放松和无我的入境状态。郭东健笔下的水墨惠安女去掉了笔墨中的火气与躁气，他的作品表现的是他眼中和心中平和的惠安女。他眼中的惠安女与其说是阳光下多彩而繁复的服饰，海风中羞答答的神情，略带张力与夸张的婀娜造型，不如说是虽素面朝天但具有审美意味的辛勤劳作的惠安女。

在郭东健的笔下，这是一群任劳任怨的妇女，这里有摆摊的、卖鱼的、挑担的；这里有吆喝的、过秤的、交头接耳的；这里有年老的阿婆，有年轻的姑娘，有琳琅满目的商品……。在郭东健的笔下，这群惠安女的形象都"不美"，甚至显得有些丑陋，然而，正是那一张张饱经风霜和岁月磨洗的粗糙的脸却被赋予了一种特别的美学意义，那些略带些许忧伤的脸庞透散出的却是一种洁净的温暖。这里，不可忽视的就是郭东健笔下的惠安女所表现出来的淡淡的忧伤，如果忽视了这"忧伤"二字，那么我们也便无法理解郭东健水墨惠安女作品对水墨精神的表达，也就可能错过了理解郭东健内心的思考。《白雨斋词话》中说："刻挚非难，幽郁为难。"之所以说"幽郁"有难度，是因为幽郁里隐含了一份清淡而又干净的忧伤。这样的忧伤是"砌下梨花一堆雪，明年谁此凭栏杆"式的，也是"思君如满月，夜夜减清辉"式的。在郭东健的心中，惠安女承载了千钧重量的命运负荷，而这种命运的负荷，对惠安女来说已习以为常。而这正是为什么那片濒临万顷碧波的崇武古城让我们为之神往、趋之若鹜的缘由。

郭东健的水墨惠安女系列更多强化的是墨块而弱化线条，从而使人物造型更加立体，这种带有水墨素描和笔墨趣味结合的探索是一种新颖的尝试。水墨构成的基本单元是点划痕迹，这种点划也称为"笔综"。传统水墨画对笔综形态，具有极强的美学判断和艺术要求，这种判断出自书法，书法中有提按、顿挫、疾徐、裹散等动作，讲求骨法、粗细、浓淡、干湿、刚柔等。在郭东健的水墨惠安女系列作品中，熟练使用了书法意写手法，但他又不是一味重复传统,而是把以书写对象的精神气质作为出发点,力图最大限度地表现人物的内心世界,力图最大限度地表现自己对人物的真情实感。

一般而言,中国的具象绘画不同于西方的写实绘画,西方的写实绘画是对客观事物的真实描绘,而中国的具象绘画的精神是写意性的,所以从本质上说,郭东健的水墨惠安女是一种在我看来可以称之为"写意性具象水墨"的东西。写意性具象水墨除了包含对对象的"具象"塑造和细节刻画的特征之外,还具有书写性,要有流畅自由的笔墨趣味和笔墨质量。创作一幅形韵自如的水墨人物画,不仅需要很强的造型和笔墨能力,还要有真切和敏锐的感受,没有感受,对象的精神气质就捕捉不到,就无法快畅地写意。具象水墨的"写意"就是要表现对象的精神气质,在郭东健的笔下,惠安女的精神气质通过笔墨的书写性和在块面中黑、白、灰的多样性变化中得到了很好的呈现,这里有夸张中的收敛,恣肆中的张力,用笔劲健,用墨爽利,画面紧凑而充实,富有时代感。

应该特别指出的是,郭东健的水墨惠安女系列与他之前的古代水墨仕女系列在形式感上具有很大的不同。古代水墨仕女系列很唯美,线条袅袅,绵绵生韵,构图疏落有致,简约婉转,散发着清雅蕴籍的深邃意境。而水墨惠安女系列则有别于古代仕女系列的笔墨韵味并与之拉开了距离,采用举重若轻的艺术手段,恰到好处地赋予水墨以新的含义。

在郭东健的水墨惠安女系列中,对水墨精神的开放性表达是这些作品的显著特色。就我的理解而言,这种开放性一是体现在图式上的开放性,二是体现在水墨上的开放性。图式上的开放性是指郭东健的这些惠安女与大多数画家笔下的传统的惠安女图式不同,他大胆采用或满构图或大片留白的图式,从而使惠安女与命运抗争顽强坚毅的性格得以深度的挖掘,同时注入了更多属于自己的感受和理解;水墨上的开放性是指郭东健笔下的惠安女没有表现那种浅层的生活现象和民俗风情,而是通过笔墨的再创造使惠安女那种作为女人、母亲、女儿、妻子的内在性格形象获得深度提炼,让人感受到作品中的人物是有血有肉的生命体。

衡量一位画家的作品内涵真实性的一个必要方法是分析其作品中所

包含的情感、理性和形式风格的由来与作者所置身的自然和人文环境及其生活经历、知识架构等诸方面关系的合理性。郭东健近几年的创作充分体现了他多样性的思考。从唯美风格的古代仕女系列到彝族风情人物系列，再到水墨惠安女系列，其情感的转换应该具有其逻辑的合理性。

暗焚琴木一点香，且作春华秋实颂。

对正处于艺术成熟期的郭东健来说，尽管他已经以自己独立的姿态登上中国人物画画坛，但他并没有为此停下自己对艺术探索的脚步，他近期主要以彝族风土人情和市井人物为题材的人物画作品就是他在艺术表达语言探索方面的拓展。在这些作品中，追求笔墨团块的突破，与传统以线条为主拉开了距离，更透气、更空灵，笔墨变化丰富，概括能力更强。正如著名画家吴山明所言："中国人物画的创新是很难的，因为中国人物画的笔墨所受到的主题与造型上的制约要比山水与花鸟画更多，但从东健的现状看，他相对地在笔墨运用上的自由度较好，我相信他一定会在今后的人物画的探索中取得更大的成就"。

用自己的感情去画画，用自己的感受去创造属于自己的艺术世界，在传统水墨方式中寻找诗意和现代图像，郭东健不停地努力着，他的生命也因此而富足。

作者与郭东健先生合影/阿钟摄

郭宁的艺术天空

夜幕降临的时侯，我们去郭宁位于泉州市中心繁华地带的他的画室喝茶。郭宁的画室很大，在泉州的闹市，有这样一片闹中取静的画画的地方，真的让人羡慕；郭宁的茶很好，那是极其上等的铁观音，据说一斤市价七、八千元。好茶的颜色看了都会让人砰然心动，好茶喝起来，更是让人有一丝丝迷离和沉醉之感。

　　郭宁画室的墙上挂满了他的作品，有油画，也有水彩。从他的作品中，你可以感受到他是那种"内心独白"式的艺术家，郭宁的作品大多是风景，但在这些随缘而行、随风而至的风景作品背后，我们可以察觉到画家内心的力量。我惊讶于厚重的油彩与轻灵的水彩，在郭宁的笔下如此转换自如，呈现出多姿多彩的艺术魅力。郭宁的作品有两个最明显的特征：一是他对色彩的敏感，或大刀阔斧，或丰富细腻，极富感染力；二是他那一气呵成和变化多端的表现性手法，他的画绝无千篇一律的感觉，每一幅都是有感而发。

　　在郭宁的画室我看到了他的那一幅获奖油画作品《金色家园》。《金色家园》是郭宁的一幅代表作，这幅作品是郭宁北疆之行的收获。作品以粗犷的笔触描绘了新疆北部哈拉斯河附近的白哈巴村秋天的景色。在白哈巴村，真正的秋天只存在中秋过后和大雪来临之间的十几天，郭宁紧紧抓住了这个难得的机会，截取牧民在金色的阳光中牧羊归来的场景，配以橙、黄、红的色调，淋漓尽致地表现出北疆特有的"金色的秋天"。《金色家园》没有预设的构图，每一笔都饱含着现场感，每一笔都无法重复，似乎从画面上可以听到画家沉醉于北疆秋色的隐隐约约的热烈的心情。

　　这幅跳跃着欢快的阳光、充盈着热烈的喜悦、弥漫着温暖的幸福的作品一举夺得文化部主办的"第三届全国画院最佳作品奖"。

　　在郭宁的画室，我还注意到墙上悬挂着他的另一幅作品《闽海清风》，这是一幅描绘惠安女的水彩画，画面宁静、清新，仿佛是一缕晨风轻轻掠过，三位欲语还休的惠安女在轻轻交头接耳。水彩创作的核心是恰到好处的利用颜料和水制造效果，在《闽海清风》中，郭宁大胆打破传统水彩的审美方式和审美趣味，超越了轻快明亮的单纯地为表现而表现的水彩表现手法，而是尽量让水彩媒材的材料感充分体现出来，他特别强调水彩媒材的偶然效果和作品的偶发因素，让水色的本质真情流露，从而使自己的作品由水彩媒材的单纯的平面视觉向度向立体视觉向度转移,这是十分难等可贵的。由于这幅作品在水彩技法方面的大胆探索而入选中国美术家协会主办的中国水彩人物画展,并获得优秀奖,成为福建省唯一获奖的作品。

游走于油画和水彩之间,郭宁试图打破艺术的人为界限,他认为艺术的真正的美在于它的多元化。他爱油画,他也爱水彩,两者并驾齐驱。其实早在20多年的1984年, 它的油画和水彩就同时入选第六届全国美展,这在当时引起很大反响,因为在年轻画家中是不多见的。

郭宁喜欢经常性地出去写生,他觉得写生是一件很惬意的事情,从日常的惯性生活里"出走",从画室的积习里"逃逸",忘掉平庸的琐事,平静内心的烦躁,让心灵回归自然,乘兴而去,尽兴而返。他对写生几乎到了痴迷的程度,他甚至认为"写生"已成为自己生命中不可割舍的一种生活方式。他的足迹几乎踏遍了大江南北。去年,他还在欧洲呆了几个月。通常,他出去写生时总是背着油画和水彩两套工具,无论路有多远。正如有评论家所言:"对于画家郭宁来说,选择写生除发乎自己天性外,更有着自己对待艺术的策略和方式:他用现场作画的手法对抗当前高科技大有笼罩一切的趋势。他向往未有人工雕琢的自然之景,每每面对它们,他都会有莫名的冲动,不可抑制的激情"。

于是,在郭宁笔下,一幅幅或油画或水彩的风景作品诞生了:鼓浪屿的三月,寂静的山村小路,故乡的渔港,帕米尔高原的石头城,顺德的古桥,金黄色的库车故城,武夷山下的农舍……。

风景是一个永恒的主题,被历代画家所喜爱所描述,几乎每一个画家都会接触到风景。历代绘画大师画风景的很多,但能打动我们的总是各不相同,郁特里罗的忧郁,博纳尔的迷离,基里科的神秘,这些作品都带着强烈的个人印记。由于风景很容易让画家陷入一种"圈套",迷失在共性的感觉里,例如绿色的树总能让人感觉到生机勃勃,阴沉的天气总让人郁郁寡欢,斑驳的阳光总是令人沉醉,落寞的小径总是令人伤感……,所以很多画家由于这种"约定俗成"的原因轻易不敢涉足风景画,因为一旦有了"风景概念",就会很容易被扣在前人的"盒子"里面。

　　但郭宁的油画风景和水彩风景却表现出别样的一番"风景"。他的作品用色大胆，个人语言鲜明，往往在描绘真实的过程中，探寻场景中物象色彩引发的戏剧冲突。

　　在郭宁的风景作品中，能够让人感受到一种内在的冥想般的气质，他的作品不张狂，不躁动，平静中潜藏着一种内在的诉说，从生活的源头出发，去探求一种精神的归宿。我一直以为，任何一件艺术品，它之所以感人，不是因为他展示了给人带来感官刺激的完美的技法、炫目的色彩、宏大的画面，而是因观者可以通过作品感受到画家内在的精神的气质。

　　泉州是一个躁动压过理性的地方，商品经济的高度发达让许多人手足无措，城市快速的变化和快节奏的生活令人们思考的机会越来越少。但郭宁却在物欲横流的城市的喧嚣中寻找到心灵安静的"灵丹妙药"，营造了一种属于自己精神世界的"原乡"——这就是艺术。

　　在郭宁的作品中，融入了内心的向往，这种向往来自天性的纯洁和自由。他的风景不是被定义的，而是接近内心的深处。这种内心的向往只能在某一处、某一时发生。

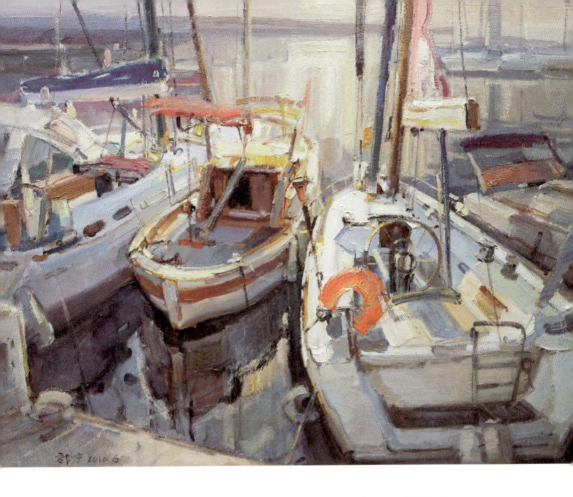

　　郭宁 1982 年毕业于福建师范大学美术系油画专业，众所周知，77、78
级是一个人才济济的优秀群体，这是文革后第一批进入高等院校的大学
生，他们对知识的如饥似渴，他们积淀已久的精英精神的呈现，他们强烈的
责任感和使命感，他们与历史割不断的联系，都是让今天的年轻一代需要
重新理解和认识的地方。

　　长安山给了郭宁最初的也是最完整的学院派的艺术训练，与同届的同
学相比，郭宁应该是属于早慧的那一类。大学毕业后，郭宁先是在泉州一所
高校任教，后调入泉州画院。

　　从某种意义上而言，郭宁亲身经历了中国新时期美术的波澜壮阔的历
史。特别是 1985 年，那一年，一批年轻的画家、评论家提出全新的美术理
念，并开始了在当时看来是离经叛道的美术实践，这就是后来被评论家喻
为一场运动的"85 美术新潮"。在"85 美术新潮"乍起之时，艺术家的内心躁
动前所未有，他们执迷于价值观的追求，难懂的哲学一时成了诉说艺术深
度最好的语言方式，艺术家见面，常常为意义而来，为问题而去。那时，中国
的美术界，风生水起。自 1989 年之后，"85 美术新潮"成为中国艺术史上的

一个"原乡",对其精神内涵的颂扬逐渐成为后来者面对汹涌而来的资本市场的一种深情向往。伴随着"经济大于一切",曾经贫穷的、无名的艺术家逐渐依靠旧作的拍卖与炒作大家身份赢得真实的人民币,"85美术新潮"也逐渐成为一种神话,人们争相在其中赋予其自己欲求的东西,包括权力、金钱以及青春。

"85美术新潮"对郭宁的影响是巨大的,对表现性的探索成为郭宁那个时期作品的明显特征,他的这种风格一直持续到上个世纪90年代初。1994年,郭宁以油画《讨海的故事》入选第八届全国美展,基于写实传统表现地域性生活题材的风格在他的笔下悄然生成,这种风格的形成经过长久酝酿,表明了郭宁作品个人图式开始逐渐形成。之后,他又到天津美院深造,参加"宾卡斯"油画培训班,进入中国水彩人物画高研班学习,在不断的自我充电的过程中,郭宁对绘画语言有了更深切的领悟。

纵观郭宁的作品,我以为他经历了两个阶段,第一个阶段是强调对形式语言的探索与学习,第二个阶段则更倾向于对内容的挖掘与个性化语言的建立。从第一阶段到第二阶段的转化,对郭宁来说是重要的,这是向着内心层面和经验领域的深化,也是向着精神层面的升华。

作为国家一级美术师、泉州市美术家协会主席、泉州画院院长,如今的郭宁不得不面对大量繁杂的社会事务,但他依然对画画充满了发自内心的迷恋。而在我看来,他的旺盛的艺术生命力正是来自他总能面对画布恒久保持一种新鲜的感觉,保持一种生命的冲动。他拥有一片属于自己的艺术天空。

杨挺：始于愉悦，终于智性

杨挺的家在市中心的北边,站在他宽敞的寓所推窗而望,可以俯瞰整个福州城。窗外的世界车水马龙,如蚁般的人们忙碌而又喧闹,而"淳庐"的主人的内心却格外纯静。看有些人的画,像进了生意兴隆的集贸市场,吵杂喧嚣,莫之奈何。而读杨挺的画却与之相反,澄明而又温润,让人内心情不自禁地"对之气静"。"对之气静"是前人评虚谷画的用语,但我觉得用在杨挺身上再恰当不过,因为他的作品同样流露出这样的品性。

　　《晴霞》是杨挺的最新作品之一,收集在《同一个世界》画册中。《同一个世界》是一本制作十分精良的画册,它收集了由国务院、中国文联、中国美协提名的当代中国最杰出的 200 位画家彩绘联合国大家庭的作品,每一位画家彩绘一个联合国会员国的标志性景物,福建提名了三位,杨挺和林容生、谢振瓯入选。我在这本砖头一样厚的画册中看到了黄永玉等大家的作品。这些作品作为中国政府的重要礼品在北京奥运会之前送至纽约联合国总部收藏并长期展出。尽管杨挺所画的国家并没有和中国建交,但由于它是联合国会员国,"同一个世界"却不能缺少它。紫色调的《晴霞》描绘的是一所教堂的风光,画面清新淡雅,层次分明,物象的形、神、光色、体积、质感等以线条加以体现,有强烈的感染力。

　　《杨挺画集》是杨挺对自己山水画技法探索和实践的结晶,这本画集汇集了杨挺自己十分得意的大部分作品,在娓娓道来的技法步骤的叙述之中,实际上呈现了杨挺个人的美学观念和美学原则。这些作品无论是笔墨语言和图式结构都显现出杨挺个人化的笔墨和线条韵味,既链接中国传统文化的文脉,又能进入当代文化的语境,体现了杨挺既能继承传统又能不断出新的艺术能力。

　　我特别注意到杨挺作品的文化品格,这种文化品格突出体现在两个方面:一是杨挺作品的笔墨语言对传统的继承性,一是杨挺作品的图式结构的现代意味。

　　前者,他非常注重传统笔墨与现代图式的渊源关系,将笔墨语言"入"于传统作为一种文化选择,一种观照心态,并以此为基础求一"出"字,通过传统笔墨与现代图式的融合,使笔墨审美趣味的表达合于时代。后者,杨挺的作品常常将传统图式中上留天、下留地的构图打破,给人无限的联想。作品的视觉张力被充分拓展,不仅具有现代气息,也形成了他独具特色的图式结构。我犹其欣赏杨挺式的线条,杨挺作品的线条与众不同,他的画看上去满幅轻松,却埋伏了雄强之骨和深厚的学养。这得益于杨挺也是一位技艺了得的篆刻家和书法家。"中国画的线条,由于吸收了金石、书法的韵味,因而行笔无往而不回,无垂而不缩。运笔多以中锋,以求墨痕线划呈立体感。习常所见,一位成功的中国画家,同时也就是基础深厚的金石书法家,不但强调'线'的造型作用,同时也强调'线'的书法韵味。"这是杨挺说的,在我看来,就好像是在说他自己似的。

我特别注意到杨挺家门口静静躺着的一副折叠起来的轮椅,我没有问杨挺,但我相信这是他为他母亲准备的或使用的。从他的平静的叙述中,我可以想象他是一位孝子。杨挺的母亲是福建师大的退休教师,在《杨挺画集》中,我看到一段感人的鸣谢文字,其中提到"慈祥的母亲谭抒青亲自为画集翻译成英语"。母亲已经80多岁,我仿佛看到夕阳下杨挺推着母亲花园里散步的情景。

杨挺的寓所"淳庐"实际上就是杨挺为纪念自己的父亲而命名的。杨挺的父亲名叫杨淳,杨淳解放前曾就读于上海沪江大学中文系,创办过"美社",也是一位鲜为人知的书法篆刻家。

多年以后的今天,杨挺回忆起小时候的情景,依然十分动情和感念。父亲的一堆古书,一大箱用来篆刻的石头,曾让幼时的杨挺好奇心倍增,对艺术的最初敏感也许正是从这里悄悄萌芽。

那时的杨挺,家住仓山福建师大附近上山路的"坦庐"。上山路是一个长长的斜坡,我也是很熟悉的,从闽江边的龙潭角右拐,便是上山路。二十多年前我经常推着自行车从这里上上下下到师大或从师大回家,但我真的不知道"坦庐"的所在。因为在仓山有太多类似这样的房子。

直到我读了杨挺的同学宋展生的文字,才知道坦庐是有许多故事的,关于杨挺。

宋展生这样写道:"……来到坦庐门前,忽见门内浓荫翳日,楼舍掩映;门前一道云墙锁住绿意,一如苏州怡园'锁绿轩',杜甫'江头宫殿锁千门,细柳新浦为谁绿'的意境扑面而来。过门扉,乃通幽小径,时序暮春,径边花草已绿肥红瘦。小径尽处横亘一座木楼,中间为厅,厢房左右对称,轻履上楼,嘎嘎作响……。"

"坦庐"已不复存在,但从展生兄的文字,可以想象"坦庐"当年的诗情画意。

杨挺的姑丈,著名画家郑乃珖先生也曾住在"坦庐"。杨挺回忆道,在"坦庐"的日子,有一次他一下子画了五、六十张作品,郑乃珖先生不仅非常认真地看了,还一一作了点评,让他十分感动;他也常常站在郑乃珖先生身旁,目不转睛地观摩郑乃珖先生作画。先生习惯手握两管笔,一管点色分染,一管勾染。如今的杨挺,也习惯了手握两管笔。还有书法题款,杨挺也从郑乃珖先生那里学到了很多精到的东西,他觉得郑乃珖先生对自己走上艺术道路影响至深。

"坦庐"也是杨挺爱情的"发源地"。那时候,杨挺的"她",家就住在坦庐的斜对面,中间隔着一条不宽的马路,从小你看她,她看你,相看两不厌,后来就走到了一起。杨挺的太太叫张浈,杨挺一直对我说,自己能够取得如今的成绩,夫人功不可没。我相信他说的话是发自内心的。


杨挺的经历颇为"复杂":他曾上山下乡,在闽北的崇安(现武夷山市)日出而出,日落而息。那时的他,除了干农活,他经常坐在小河边画水彩。他也曾在福州市商业局下属的商店当过营业员,卖过糖果,也当过美工,负责橱窗设计。1978年,一个难得的机遇,宣传部门招考美术、摄影人员,杨挺凭借他的丰富阅历和良好基本功,一举考进福建画报社,在这里,杨挺一呆就是19年。19年的美术编辑生涯,让杨挺认识了许多大家,像一代大师刘海粟、陆俨少、黄胄等,也使杨挺的艺术视野得到充分的拓展。

1993年注定是杨挺的转折点。这一年新年刚过,杨挺在国家级美术殿堂——中国美术馆举办了自己的第一次个展。福州画院院长郑乃珖亲临主持,首都美术界、新闻界、出版界等数百人出席了《杨挺画展》的开幕式,中央电视台专题播发了《杨挺画展》的盛况。中国美术馆收藏了杨挺的展出作品《晨昏线》和《秀野欣逢红欲然》。

个展之后，杨挺并没有沾沾自喜，但他是愉快的。他知道，其实画画就是一种劳动，跟木工做椅子一样，但画画这种劳动比木工愉快。他知道，艺术之路应当是延续性的、积累的，往往不能立竿见影。成功快乐的艺术家的艺术轨迹都是连续性的，这种连续性造就了他们作品中那种自然流露的艺术个性。不为别人而画，不为参展获奖而迎合，而是为了自己一直坚持的喜爱而寻求心灵的表达。

杨挺没有标新立异，没有哗众取宠，而杨挺偏偏是别人眼中的"获奖专业户"，这是他始料未及的。他的作品《芳池曲径惬诗怀》获"第十届全国美展"优秀奖；他的作品《晨光微明》获"第五届当代中国山水画展"银奖；他的作品《嫩晴》获"第二届中国美协会员中国画精品展"优秀奖；他的作品《岚光凝处》获"纪念叶浅予百年诞辰中国画家提名展"优秀作品奖；他的作品《微风吹户牖》获"全国第四届中国美协会员中国精品展"优秀作品奖；他的作品《绿风漫拂》入选"首届中国美协会员中国画精品展"；他的作品《凝晖积翠》获"2006 中国画家提名展"优秀作品奖；他的作品《工笔山水》入选"全国第六届工笔画大展"奖；他的作品《葱茏青翠》入选"第三届中国美协会员中国画精品展"；他的作品《美岭晨曦》《一帘微雨》《汀州牛角屋》等二十五件入选中国美协主办的画展、画集；他的作品《雨滋苔绿》入选 2001 年文化部艺术司主办的"全国画院双年展·首届中国画展"；他的作品《启牖沐清风》入选 2003 年文化部艺术司主办的"第二届全国画院双年展"；他的篆刻作品获"古象杯全国书法大赛"一等奖……。

1997 年，杨挺被慧眼识宝的当时的福建画院院长丁仃"挖"走，成为福建画院的专职画家。

2001 年，杨挺的作品《雨滋苔绿》入选全国画院双年展，这幅作品在杨挺的艺术生命中具有符号性的意义，带来了他的画风的全新转变。他知道自己必须寻找一种新的形式，他在不经意之间找到了。《雨滋苔绿》用点染的方法辅以淡雅的线条，耐人寻味。在这幅画中，杨挺巧妙地运用了银灰的色调制造意境。众所周知，灰色调很难画，画得不好很容易让人觉得"脏"，但杨挺却将灰调画出了层次，画出了趣味，让人禁不住细细揣摩其间的韵味。

就笔墨的意态而言,杨挺的作品从线条出发,完全没有先验的图式,呈现出解衣磐礴的畅快。他作品中的线条似乎信手拈来,却皆得法理,笔笔相连,连接成景致不绝如缕的万千世界,有清晓的幽壑,有多变的顽石,有通意的古藤,有入帘的暮烟,有初霁的积雨,有写意的晨昏……。

我惊诧于杨挺能将极其平常自然的景致画得如此生机顿出,完全没有法度的痕迹。这大概只能归结于他将禅宗的"顿悟"化解于心,将禅机渗透在笔墨线条中。就如同他送给我的作品《安贞堡寻幽》,就连不是很懂画的太太也凭直觉说好。悟道之际,个体生命与外间世界形成了如光闪耀般的感性的直接关系,倏忽之间触及自然世界神秘的精神本体,这种状态不是"顿悟"是什么?

在我看来,杨挺的作品不需要任何语言的转换,每个人都可以凭借自己的阅历和性灵去理解;在我看来,杨挺的作品已形成了自己独特的符号,它还在处于上升期。我一直认为,时间对于艺术家最为公平,大浪淘沙,只有真正留下来的艺术家才是真的成功。

林健：深居简出真雅士

法海路如今有些喧闹,拓宽后的马路车来人往。而在我印象中,当年的法海路并不是这样的。在梵音依稀的法海寺旁、在抬头可以轻触于山的法海路幽静深处,住着一位深居简出的著名书法篆刻家,他就是林健。

一个冬日的黄昏,我去拜访先生。

林健先生是我心仪已久的人,他的篆刻书法作品极具个性,可以说将书法与篆刻的神韵最大限度地完美地融合在一起。无论是他的书法作品,还是他的篆刻作品,都不是通过文字内容来说明什么,他更关注的是书法篆刻的视觉效果,关注的是具有流动般音乐效果的画面组合。他的作品拒绝了习惯的一个字一个字的视读方式,使观者不由自主地从章法全局的角度去关注点线结体的形状及其组合关系。

从本质上说,林健先生的书法篆刻作品所呈现的不是简单的字而是丰富的心灵,是对书法篆刻艺术和时代文化的理解,这样的书法篆刻作品具有类似于西方绘画中的表现意义。

读林健先生的书法篆刻作品,很容易让我想起丰子恺先生在《艺术三昧》一文中写下的这样一段话:"有一次我看到吴昌硕写的一方字,觉得单看各笔划,并不好。单看各个字,各行字,也并不好。然而看这方字的全体,就觉得有一种说不出的好处。单看时觉得不好的地方,全体看时都变好,非此反不美了。原来艺术品的这幅字,不是笔笔、字字、行行的集合,而是一个融合不可分解的全体。各笔各字,对于全体都是有机的,即为全体的一员。字的或大或小,或偏或正,或肥或瘦,或浓或淡,或刚或柔,都是全体构成上的必要,决不是偶然的。"

确实,读林健先生的书法篆刻作品,你既可以读出一种清健潇洒,又可以读出一种风雅古韵,你可以从中发现林健先生对甲骨、金文、简牍帛书、刻石、砖陶等文字遗迹,均有深入的研习和独到的体味。

拜访林健先生前几天,我刚刚在福建省美术馆观赏了《尊古厚今——福建当代书画精品展》,展厅中便有林健先生书写的五条屏《临元人祀三公山碑》,我一下子便被其吸引,端详了很久时间。这幅作品极富情态,用关东羚羊毫书写,纵横有力又法度谨严,结体与章法别具自家风范,错落多姿而又能得简净之趣,隽永、灵动,古风盎然。这与其对传统的尊重和追随精神是一致的。

与林健先生聊天感觉很亲切,这种亲切是我先前从未体验过的——我们完全用福州话漫谈。我发现林健先生对福州话的驾驭已达到出神入化的地步,许多生僻典故、市井俚语,才思敏捷的他都能信手拈来。

真正触及人内心的作品,其作者往往具备将独特的情绪、气息恰到好处地呈现在方寸之间的能力。

写林健,不得不提及他的两位"先生":——艺坛耆宿沈觐寿和陈子奋。

沈觐寿先生是福州当代极具代表性的大书法家,在国内外都有相当影响。他一生精研颜、褚两家书法,九岁习颜,四十岁习褚,一生耽于其间,成就斐然。

提及沈觐寿先生,我的内心常怀一种温暖的感动。

大约20多年前,我还是一名懵懵懂懂在北京上学的大学生,出于对沈觐寿先生的景仰,冒冒失失地写信向他求一幅字。让我意想不到的惊喜竟然一个星期后便发生了——沈先生用一个大信封装着一副他精心撰写的对联从福州寄到了北京,那是沈觐寿先生78岁时的作品。"得三昧画理自神,合六法气韵为用",如今这幅发黄发脆的对联就悬挂在我的书房。

这里的"三昧"与"六法",饱含了沈觐寿先生沉潜书海数十年对艺术的理解。

什么是"三昧"?"一有多种,二无两般"。要统一,又要多样;要规则,又要不规则;要不规则的规则,规则的不规则;要一中有多,多中有一。这便是艺术的三昧之境。而"六法"则出自南朝谢赫的《古画品录》,首推气韵生动,所以沈先生说:合六法气韵为用。而在我看来,其实用什么来解释艺术的三昧之境、六法之用都是可以的,只是看你用什么样的眼光和心态来看待艺术。

林健先生告诉我,他的父亲与沈觐寿先生是好友,他10岁起便开始随沈先生学习书法,专攻颜体。林健小时候就读福州极具文化气息的三坊七巷之一的宫巷的东宫小学,沈觐寿先生是该校的董事,学校里有很多沈觐寿的字,他常常看得入迷。后来一直跟沈觐寿先生学习书法,直到18岁时,沈先生带着林健到西湖的宛在堂去见陈子奋。

陈子奋诗书画印俱精，尤以白描享誉海内外。早在上世纪二十年代末，艺术大师徐悲鸿参加福建第一届美术展览，就对陈子奋作品颇为赏识，曾特地登门拜访，并为陈子奋素描一幅画像。陈子奋也连夜为徐悲鸿治印数方。临别时，徐悲鸿赠《九方皋图》给陈子奋，题跋诸多赞许。此后，在两人22年的交往中，陈子奋为徐悲鸿刻印80多方，徐悲鸿复信24通。陈子奋除了白描极具金石韵味外，他的篆刻从古玺金文入手，融合浙、皖两派风格，雄迈遒劲，既重形式又不苟形式，形成古朴典雅、极富韵味的独特印风。解放后，人民政府在福州西湖宛在堂设立了"陈子奋画室"。

林健先生回忆道：陈子奋先生出生于1898年，1960年沈觐寿先生带他去见陈子奋时，陈子奋已经63岁，而自己当时只有18岁。

对林健而言，认识陈子奋先生完全是一种"缘分"，这种生命中可遇而不可求的缘份使林健先生后来对书法篆刻艺术有了极为深刻的理解。

林健的画室叫"补砚斋"，"补砚斋"得自一方已经补裂过多次的紫端砚，而那方砚台上便有陈子奋先生的刻铭："胆大如海，腕转如天；一以贯之，亦圆亦妍。"

"补砚斋"主人珍藏着无数恩师陈子奋的国画作品，其中有一幅画面上是依依垂柳下的两只白鹅在引颈相望，十分生动传神。画的落款中，陈子奋先生称林健为世侄而不称弟子。林健说出了原委：因为林健面见陈子奋先生时，陈先生已年过花甲，而林健先拜沈觐寿先生为师在先，是沈觐寿先生带林健去认识陈子奋，所以陈子奋只称他为侄而不称学生。名家互相之间的这种尊重让我们感受到一种独特的人格魅力。

1971年春天，陈子奋先生在赠予林健的花鸟画册页上题诗曰："不是画人偏爱画，朝朝画画不题诗。一杯水只何曾值，为尔无求却赠之"，这充分反映了两位师徒之间深厚而真挚的情谊。

师生也好，师友也好，需要性相近，林健觉得自己与两位恩师在性格上有许多相通之处。正因为这种相通，使他们成了"忘年交"。

在两位恩师的循循善诱和精心指导下，林健进步很快，他的作品在气象、格局和境界上逐渐呈现出自己的美学追求。

新春納餘慶

佳節頌長春

二十又　李健
十八　
第一日

每个人都有物质需求，因而才会有市场。对于书画家而言，因为有市场就会有作品润格。但在当代画坛、书坛，很多书画家的润格却有点离谱。有的书画家的艺术水平一般甚至很差，可是市场价格却很高；有的书画家的艺术水平很高，但市场却很差、价格很低。林健直言不讳地把这一现象归结为当代书画市场的混乱和某些人的"作局"和"炒作"。对此，他不屑一顾。

林健从16岁开始随父学医，悬壶济世，46岁提早退休后，一门心思醉心于书法篆刻，他从来没有想到过有朝一日可以用自己的书法篆刻作品获取金钱。但后来市场认可了林健，社会承认了林健。

作为著名的书法篆刻家，林健是当代艺术水平和市场价格都很高的不多的个案之一。

林健治印，初学吴昌硕、齐白石，雄奇恣肆，得其神髓。上世纪八十年代后期弃近代诸家而上溯秦汉。他将秦汉艺术的博大精神、坚定信念、自由想象和浪漫情感与其自身的淳朴、率直、自信、豪放有机地结成一体，形成了独具风姿的林氏风格。尤其是近年来的篆刻作品，臻于炉火纯青，用刀如笔，行云流水，浑然天成。

林健是一位不庸俗的人，他深知在当代画坛书坛，很多买得起书画的人大都不懂艺术，而真正懂书画艺术、发自内心喜欢的那些书画爱好者或年轻的书画家们却买不起。他叹喟道：把自己的作品以很高的价格卖给那些不懂艺术的人，你除了得到钱以外还能得到什么？生活中，他喜欢那种寻找到知音后的激动、忘怀和相见恨晚的感觉。

林健很怀念上世纪五六十年代间的那种"雅集"，他觉得福州是一座具有雅集传统的风雅之城。当年他就经常参加由陈子奋、沈觐寿、潘主兰、谢义耕等福州艺坛耆宿为中心的以书法、篆刻、绘画、文学、诗歌等为内容的雅集，少长咸集，集吟品评，和而不同，君子之风让人印象深刻。前辈的风范和学养，让林健直到今天都受用不尽。他觉得像陈子奋、沈觐寿这些大家，他们都话语不多，也没有整套高深的理论，但你只要站在他们身边，看他们如何运笔、操刀，看他们如何腕走龙蛇，着意经营，便笼罩在一种深深的感染之中，便有一种豁然开朗的笔墨领悟。

林健很怀念那种毫无功利色彩的年代。那时候没有任何书法报纸杂志，借一本书都千难万难，好不容易借到一本书，便用手就着昏暗灯光一个字一个字临写下来。那时候物质贫乏，但精神世界却无比宽广。福建省文物店，一有好东西便会通知他过去看。还有众多的裱褙店，也是他经常光临的地方。他喜欢这些地方，他觉得这些地方有一种特殊的"气场"，在这些地方停留可以与古人接上"气"。那时候，一幅于佑任、郑孝胥的作品只要一两元钱，但家里挂字画是封资修，是很不"光彩"的事情。

　　如今的林健深居简出，深居简出是因为腿脚不方便，他笑说斑马线上的红绿灯不是为他设计的，而是为忙碌的年轻人设计的。

　　但深居简出并不代表林健对周围的世界不闻不问。

　　对于现在的生活状态，"补砚斋"主林健很满足。

　　林健，一位真雅士。

吴秉钧：艺术是破
茧成蝶的蜕变过程

　　吴秉钧是一位不事张扬但却在当代花鸟画创作上有自己的独立思考和选择，能以自己的语言和面貌跳脱出来，作品讲究笔墨，追求意蕴，格高堂正的实力派画家。他的花鸟画作品令人赏心悦目，耐人寻味，自成风范，这在当下花鸟画创作普遍陷于技法单一和面目雷同的大背景下显得十分难得。更难能可贵的是，吴秉钧的花鸟画，不论表现内容，还是形式手段，皆与当下市井化甚至江湖化的写意花鸟画倾向有着明显的区别，体现出一种冲破藩篱另辟蹊径的努力。吴秉钧先生是我太太的老师，他的夫人林丹女士又是我太太的同学，有了这一层特殊的"关系"，吴秉钧先生叫我为他的作品作些点评，我岂敢不遵命。

　　最近，我曾在一篇文章中就中国当代花鸟画艺术的创作与发展这样写道：在中国画艺术的现代发展中，花鸟画是一个比较特别的领域。作为一种传统的视觉样式，无论是在理论还是在实践中，它似乎从来没有像人物或山水一样，承担那么沉重的使命感。这与其说是一种侥幸，倒不如说"花鸟"就其视觉形态而言，与社会历史的进化，存在天然的距离感。在二十世纪初叶汹涌澎湃的实利主义思潮中，花鸟画确曾从近代博物学那里分享到写实主义的经验。从表面上看来，从文明进化的立场强调绘画的认识功能和知识传播功能，乃源自西学的价值观念，但作为推动现代中国画学变革的思想资源，从"多识虫鱼草木之名（《宣和画谱》），这一古典传统中，也能够追

溯到其精神的出处。

　　吴秉钧先生我虽久闻其名,但他的作品我以前接触不多,但看过他的作品后,我便被其作品中无时无刻不流露出的亲和感所迷恋。特别是他出版的几册作为"学画宝典"的中国画技法"鸡""鸽""鹤""水仙花",让人耳目一新。那画面上千姿百态的运动感,那昂扬向上的精神张力,那高贵典雅的神态,都让人过目不忘。

　　在我看来,吴秉钧的花鸟画与众不同之处在于,他在探索中国式的笔墨肌理的同时,又用现代观念总结传统花鸟画的笔墨图式,以西方平面构成为参照,善于强化有笔墨处和无笔墨处的整体感,从而提高了绘画语言的可感性。这是其一;其二,吴秉钧的花鸟画善于营造一种静谧闲适、春深似海的诗化意境和艺术氛围。他的花鸟画在视觉观感上不是错彩缕金,俗丽富贵,而是清润秀雅,自然生动,没有当下花鸟画所常见的火气和躁气,有的是一种扑面而来的清气和雅气,充满生命的活力。其三,吴秉钧的花鸟画有一种写意性因素和笔墨趣味。这种写意性因素和笔墨趣味表现在吴秉钧的花鸟画勾勒工整但不刻板,线条遒劲而不僵硬,既可以玩赏,又耐人寻味。

　　吴秉钧是很有故事的人,其中最为人称道的是,他对酒的迷恋达到了"忘乎所以"的程度。一般而言,他只喝高度白酒。他的夫人是他的专职司机,汽车的后备厢里总是装了一箱又一箱白酒。我曾从一些渠道获得"道听途说"的故事,他曾和一些年龄相仿的画家因斗酒而争得面红耳赤,对方受不了他的"热情"拂袖而去。由此可见吴秉钧的豪放。

　　一般而言,以他这样自由浪漫的性情和个性,很容易给人落下这样一种印象:这是一位仰仗才情而非实学的艺术家。其实不然,在我看来,吴秉钧是有着极强文化意识的人。他于福建师范学院美术系(今福建师范大学美术学院)所受到的传统文化和传统中国画的教育,在他的心目中占有牢固的、不可动摇的位置。在长期的艺术实践中,他不断深入钻研中国画史、画论,全面提高自己的修养,从而进一步体会到承继和发扬中国画传统对中国花鸟画建设的重要意义。

在福建师院美术系的 5 年时光是青年时代吴秉钧最为得意的时期,他原先学油画,师从谢投八、谢意佳等名师,专业课成绩一直名列前茅。

众所周知,谢投八先生是福建美术界的一代宗师,也是我国现代美术教育的先驱者之一。谢投八是我国早期留法的为数不多的老一辈美术家之一,曾与吕斯白、常书鸿、刘开渠等人在巴黎成立"中国留法艺术学会"并发表宣言,为中国现代美术事业进行了早期的探索。解放后长期在福建师范大学任教。而谢意佳则毕业于中央美术学院华东分院(今中国美院)绘画系,曾受业于大名鼎鼎的林风眠先生。正是得益于这些德高望重的老先生的指点,吴秉钧的画艺日益精进,同时涵养了开阔的胸襟和昂扬的豪情。

1963 年暑假,吴秉钧等 10 位同学被福建师院艺术系推荐参加福州市总工会筹办的"阶级教育展览会"美工工作。开学后,所有同学都返校上课,但在福建省总工会的要求下,学校认为吴秉钧学习成绩优异,不影响学业,继续留下筹备展览。其间全国劳模袁福顺逝世,要开追悼会。由于袁福顺没有正面照片,只有全国劳模会上中央领导接见时的集体照,头像仅黄豆大,而且又是侧面像,找了许多画家都不敢画,吴秉钧却初生牛犊,毅然用炭精棒画了一幅一米多大的袁福顺肖像,其家属和单位领导都大为惊讶,直呼相貌神态俱像,给予很高评价,也使得劳模的追悼会得以顺利召开。由此可见吴秉钧的素描功夫确实不凡。

大学毕业分配时,吴秉钧原分配上海教育出版社,但福州市总工会却看上了吴秉钧,并将其"截留"在福州市工人文化宫。

在文化宫的二十余年中,吴秉钧画过油画、装饰画、国画等不同类型作品,但画得最多的,依然是油画。这期间,吴秉钧还同时为工人业余大学、福建师范大学、华南女子学院 3 所学校教授美术。数十年的绘画不缀,为其画技的发展奠定了坚实的基础。当年与他一同工作过的同事笑着说:"当时我们文化宫号称有 8 名画匠,但真正作画的,就数他一人!"由此可见吴秉钧的勤奋。而吴秉钧自己则认为,艺术是破茧成蝶的蜕变过程。做学问是需要循序渐进,厚积薄发的,创新与突破必须建立在完备的学识基础上,是功到自然成的结果。没有文化学养的积淀,艺术创作便会很苍白,人也会越来越麻木。

吴秉钧的画室摆满了宋元明清的陶罐、花瓶、青花盘,还有他早年收集的各式各样寿山石印章以及墙上挂着的一对潘主兰先生写给他的甲骨文对联和两大片出自原国民政府主席林森公馆的湘绣令我印象深刻。

吴秉钧并不炫耀什么,在他的心目中,中国传统文化之所以几千年来生生不息地传承下来,正是因为其自身有博大精深之处。他认为从传统到自我的长成需要经历三个阶段:一是以古为师,首先要学会听懂古代大师的话,也就是看懂他们的画。通过画向古人虔诚地学习,才能听明古人对传统文化提出和造就的诸多美学理念、高标准的审美取向和精神境界,这样才能提高自己的境界;二是与古为友,通过不断学习,自身的境界提高了,古人成了你的朋友,你便可以与之对话,与之交流情感,审美层次自然提高,笔墨修养也自然不凡;三是超越古人,对传统的研究步入高层次后便会具有一双"火眼金睛"和真知灼见,能透彻地看到传统的精华所在,同时也能发现大师的不足,于是,"自我"的确立便顺理成章,而不会成为无源之水、无本之木。

吴秉钧被誉为"东南鸡王",其声名鹊起,得益于 1994 年他的画作《双吉图》,被时任国务院副总理的朱镕基选中,并作为国礼送给当时的日本首相细川护熙。一朝成名天下知,许多人冲着他的"鸡"而来,也使他的作品价格在市场上一路见涨,受到收藏界的青睐;同时,也奠定了他的个人风格。

在我看来,一位艺术家个人风格的形成并不是一蹴而就的,而是一个长期积累的过程。正如吴秉钧自己所说,艺术是破茧成蝶的蜕变过程。有人形象地把"风格"比作是"画家身后的影子,自己往往是看不到的"。诚如人们决不会按照自己的影子的轨迹来行走一样,真正的艺术家也从来不会为形成具体的风格而创作,他只是要把内心的感受和情绪表达出来。也许他觉得在艺术创作中,心灵和情感的表露更为重要,而不是所谓的风格。对花鸟画甚至包括整个中国画艺术而言,最难的还不是对形式和技法的一味追求，难的是对艺术内涵能有自己独到精深的理解和感受。没有内涵的绘画，再有什么所谓的"风格"，也只能是一件没有艺术灵魂的装饰品，不可能达到和体现绘画应有的艺术境界和艺术价值。

多年来，吴秉钧创作了许许多多有关鸡的力作，他曾画过九十多种类不同形态的鸡，且形神兼备。他创作的"百鸡图"，更是别出心裁地融入春夏秋冬四个季节场景，画中百鸡神采飞扬，跃然于纸上。

读吴秉钧笔下的鸡，我总感觉有特别的味道，气势开张，但对于"形"却有着很好的把握。在花鸟画的创作中，能否做到恣肆纵横却不失其形，笔酣墨畅却尽显其态，用充满随机性和富于情绪化的书法笔墨，来体现中国画"妙在似与不似之间"的审美原则，乃花鸟画成功与否的关键。

当下画坛一些缺乏造型能力，不懂笔墨玄奥，却故弄玄虚者，其失足之处正在于此。潘天寿先生说："色易艳丽，不易古雅，墨易古雅，不易流俗，以墨配色，足以济用色之难。"吴秉钧以笔墨为骨，色彩为衣，赋予了当代花鸟画新的内涵，他的作品少了些幽玄神秘，多了些天然机趣；少了些形而上的哲学意味，多了些浓郁的生活气息。我以为，吴秉钧的作品就像他这个人一样，是属于所谓的真性情一路的，既传统又现代。

陈文令:我已习惯了特立独行

我印象中第一次与陈文令见面是在厦门的一家茶馆，在座的有著名油画家徐里等人，时间大约已过去七、八年。那时的陈文令还不像今天这样如日中天，瘦高的个儿，驾着一副黑色眼镜，说话带着浓重的闽南口音，甚至让人觉得稍稍有些木纳。但那时的陈文令已经小有名气，他的"红孩儿"系列雕塑在厦门海边展出后引起了不小的轰动，特别是这组作品在首届广州三年展上展出后，一炮而红。据说当年首届广州三年展参展的雕塑家只有隋建国、展望和陈文令，而隋建国和展望是中国雕塑界的大腕级人物，只有陈文令是唯一入选的新人。他的"红孩儿"系列因此抢尽了风头，可以说是一展成名。

　　"红孩儿"系列表现的是一群瘦体嶙峋、瑟瑟发抖但却发出阳光般灿烂笑容的红色少年，它实际上是陈文令的少年自传，是少年经验和生命状态的体现，这些红孩儿天真无邪，浑身上下洋溢着一种无拘无束的天然之美。

　　众所周知，红色是中国的吉祥色，代表着向上、青春、快乐、阳光。将红色与童年主题相结合，陈文令赋予红孩儿以丰富的社会和历史含义。那时的陈文令住在厦门曾厝垵，他的工作室离海边只有几分钟路程。今天回想起来，他觉得"在厦门的环境里面，肯定会把我用的这个红色逼出来。夏日的沙滩在阳光照耀下金灿灿的，加上绿草地和蓝天碧海，在这里没有什么颜色能够表达出这种野性的东西。艺术一定要给人一种新鲜感，一定要是陌生的，有排他性的。"

　　其实从 2001 到 2002 年，陈文令曾屡次北上，到北京寻找自己作品的出路。但由于既没有经费也没有人脉，再加上当时的艺术界根本没有那么多的画廊和空间，碰得灰头土脸之后他只得又回到厦门。挫折感激发陈文令更大的力量。这时候机遇善待能够坚持得住的人。一个台湾人看完陈文令的作品后，赞助陈文令二十几万，陈文令也卖掉自己的一间房子补贴进去，破釜沉舟之后，他的第一个个展在厦门的海边开幕了。

　　"我把 100 多件红色雕塑铺满沙滩，在当时是非常大胆的。因为当时使用汽车烤漆做雕塑的很少，因为它像塑料制品，而当时流行的是精英艺术，用学院标准来看，我做的是工艺品。我就是抱定了心思，完全是乱来。不管别人怎么说，只要我自己能理顺矛盾解决问题就可以。我请了 30 条船，船头摆满 2 米高的小红人在海边游过。小红人站在船头瑟瑟发抖,这是我儿时的记忆,也带有极大的社会普遍性。"

红孩儿的作品在当时的中国南方引起了相当的轰动效应。很多重要媒体跟踪报道或者转载了这套作品,把它作为当时流行的大地艺术的概念大加赞赏。当时中国一些地区尤其南部富得流油,同时也带来对于物质欲望的无限追求。陈文令的红孩儿正是把当时这一代人带回过去,用每个红孩儿本真但却无奈和瘦弱坚韧的体态,表现了浸泡在物质世界里面的理想冲突和文化差异。陈文令用这种方式获得了成功,也得以参加了广州三年展等全国性重要展览。对陈文令而言,一展成名后名声大振,但处境却更为艰难。"当时一件作品都没有卖。那时候,我已经很拮据了,因为为一个体系完整并且有价值的作品整整'扛'了 4 年,又做了展览,我已经山穷水尽了,很希望有一些经济回报,但是没有。""大概过了一个多月,应该是那年春节前,终于有人来问,看中了一件 1.1 米的《红孩儿》,我记得出价 8000 块钱,那人还吓了一跳的样子。后来手头实在拮据,勉强卖了 4000 块钱,还加送给他一个小件的,真正算起来才卖了 3000 块钱。到现在,我也不知道红孩儿翻了多少倍,最高的在日本拍卖的时候,2.8 米的单件《红孩儿》拍到 37 万元多,由一个韩国人买走。"

好的作品,总是蕴藏着无限的可能性,对陈文令来说,"红孩儿"是他后来一系列不断挑战人们审美趣味,挑战人们审美习惯的作品中最没有争议的作品。


作为中国当代艺术极具代表性的艺术家之一,陈文令对"特立独行"四个字有深刻的理解, 他对安迪·沃霍尔的一句名言十分欣赏:无论你有多棒,如果你不好好推销自己,就甭想被人记住。

特立,就是新锐,就是做别人没有做过的;独行,就是无论掌声还是喝倒采,即便踩着荆棘也要走出一条属于自己的路。

随着当代艺术在一些大城市中蔓延,很多人投入到艺术创作中,而一些成熟的艺术创作方式难免对后来者有所启发。陈文令的"红孩儿"出炉之后,烤漆逐渐成为很主流的雕塑方式,红色随着政治或者艳俗题材的蔓延

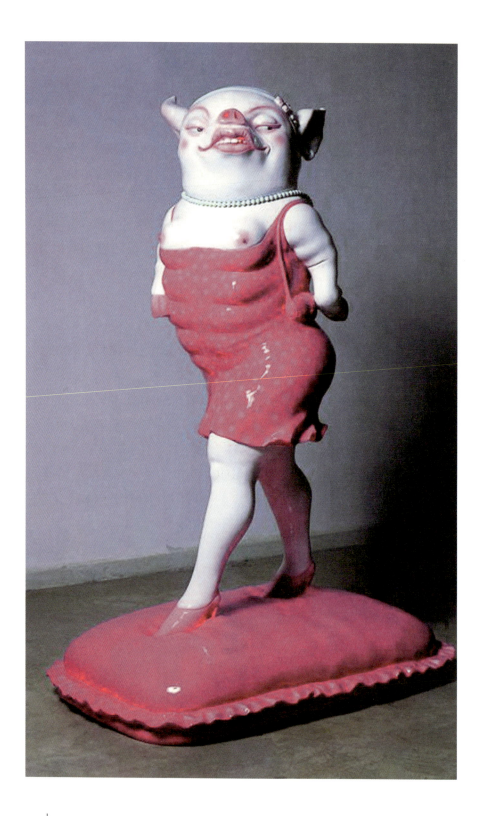

也成为时尚。艺术不应该追随任何市场,而是创造先锋。在参加完上海双年展之后,陈文令基本不再创作"红孩儿"了,而是开始做"猪"的系列。

"我早期的猪的雕塑更像民间的东西,民间是亚文化,是通俗的文化。但当代艺术品价格如此之高,还应当有一些精英性。我的猪正是要把这两点打通,如果将来说到在当代艺术中的地位,我想这就是我的贡献。"

陈文令的"猪"的系列作品在主体上有过三次主要的变化:幸福生活、英勇奋斗和物神。物质生活的不断张扬,使物质生活的合法性成为幸福生活的唯一准则,人的精神生活被贬低,"幸福生活"就是针对上述的问题所产生的作品,是属于解构性的作品,它带有强烈的反讽与批判性,正契合当代艺术主旨的倾向性。而"奋斗系列"反映了更多社会性和普遍性的东西。"物神系列"更加有力,某种程度上呈现出触目惊心和令人不快。

这些惊人的雕塑颠覆了人们心中传统的美学观,在社会中激荡起强烈回响,无论在艺术和商业上都取得了巨大成功。

在陈文令的"猪"系列中,人们熟悉的"红孩儿"时代的陈文令不见了,取而代之的是一系列荒诞、搞笑的人与动物的雕塑。

雕塑中的猪是拟人化的,戴着耳环、鼻环,看起来很欢快的样子。而猪的主人穿西装、打领带、着拖鞋,手上戴的大金戒指上刻着"发"。还有人头鱼尾的女人,人身狗头的男人……作品有着令人忍俊不禁的调侃、诙谐与幽默。陈文令的观点是,艺术作品不一定要正经,只要明辨是非,这是艺术家对社会问题的思考和抽取。

与传统的雕塑不同的是,这些雕塑作品还可以自由拆分组合,有装置雕塑的功能。陈文令用了装置的手段,视觉效果是对生活中场景的艺术转换。

正如著名美术评论家、中国美术馆馆长范迪安先生所指出的那样:可以说,陈文令的艺术透露出一种强烈的新现实主义的特征。他敏感于在一个极速膨胀的消费时代里社会滋生的享乐主义,一直在寻找表达、揭露并批判这种世俗现实的语言,其结果是在人与动物的"生物性"上找到了表达的契机。他的作品首先表现了人处于某种狂喜或者快乐的状态,在极度自我的状态中暴露出物欲的本性,这也可以视为是对物质生活场景的艺术放大。他也将人与动物塑造在一起，表达了人与动物、人的行为与动物的行为界限消失的情形，在形象的精神状态上，人的表情如动物般的简单和痴迷，而动物则有着拟人式的心境和欲望。而无论是人或者动物，都是那样精神异常，幸福亢奋。这是一种"拟人化"和"拟物化"并置的方法，陈文令在探索的过程中获得了这样一种方法，也按照这种方法在不断的作品系列中使语言获得增值与繁衍，由此形成一种自足的具有内在驱动力的发展态势。

对于自己的"猪"系列，陈文令也有自己独到的见解，他认为美可以是多样性的，有时候弄得很丑也是美，暴力也是美，一点色情也是美。美的力量永远不会消亡，只是美变得更加多样。与他的开放的美学观一样，他的艺术观和人生观也是开放、自由的。在陈文令看来，艺术与商业、个性与共性、痛苦的精神追求与享乐的物质生活、沉默地创作与巧舌如簧地推销，那些让无数艺术家勇于矛盾着、难以选择的问题，在陈文令那里都迎刃而解。答案很简单：一切都可以融合共存。"你想成为一只快乐的猪，还是一个痛苦的哲学家？"


2010年4月底，我受邀赴上海出席一个友人的画展，在多伦美术馆又一次碰见陈文令。从上海回来后不久，便收到陈文令从北京寄来的他的画册《紧急出口》。

《紧急出口》是陈文令经过近一年的缜密思考和精心准备后向观众呈现的一个令人惊叹的大型个展，由著名策展人黄笃策划，这次展览在北京著名的798卓越艺术空间开幕。该展览分别在卓越艺术空间大小两个展厅展出两件大型雕塑：《你看到的未必是真实的》（1100×580×300cm）和《如何逃离》（480×200×200cm）。与以往展览模式颇为不同的是，他此次个展的关注点更多聚焦于观念和现实，而所开辟的新的雕塑——装置的展示方式突显了陈文令艺术观念的转变。

在这两件最新的雕塑中，尽管陈文令保持了以往某些充满力量和动感的夸张手法，但他还是在创作的整体思路上进行了大胆的调整。首先是他在观念、语言和风格上以"超真性"（Hyper-Reality）来塑造一种鲜明的个性化的艺术语言，从而超越了那种被认定的民俗性、波普性、艳俗性符号的语言系统。其次是他的政治经济学观点的转变，即从相对地域性的文化问题转向很具国际性的经济政治问题——把全球金融危机案例作为视觉文化的聚焦点和分析对象。艺术家选择了华尔街上竖立的著名"金牛"雕塑和"庞氏"金融骗子麦道夫作为创作对象，讽喻了当代资本社会中人和金钱之间的复杂关系以及资本主义的自由经济体系给人类带来巨大的损失和伤害。

陈文令介绍说，观众可以在《你看到的未必是真实的》这件雕塑作品中看到，麦道夫被一头放着爆炸式的屁的牛顶在墙的中央，戏谑性地刻画了麦道夫处于走投无路的窘迫、无奈、痛苦之状，那种带有腾云驾雾的动感"牛屁"不仅暗喻了人过度贪婪"吹牛"的结局，而且象征了国际金融中心虚拟泡沫的危险。"正像作品命名那样，'你看到的未必是真实的'，这是一个非常具有社会批判性的寓意，同时也折射出很多国家的人们在金融危机下的普遍困境。"

《你看到的未必是真实的》是有"出处"的，这个"出处"来自陈文令有一年回福建老家真实的体验。陈文令的老家在福建安溪乡下的一个镇里面，从一位朋友那儿借的车，朋友随行。车开到一个镇的村口，一队长长的出殡队伍挡住了去路，他们只能在路边等并且很有礼貌地目送他们。当陈文令看到灵柩过来，很多人趴在棺材上哭，哭得昏天黑地，涕泗横流，陈文令顺口说道，这个主人做人很成功，他的子孙后代对他非常孝道。身边的朋友马上"纠正"他：时代变了，你看那些哭得死去活来的人全部是请来的，他们一天 500 块钱。在一个市场化的世界里，他哭得很悲很痛主人才会加钱，哭得很悲很痛，其实他内心非常开心。所以，你看到的未必是真实的。

与之前"物神"系列相比，陈文令的新作转向更具观念性和社会现实批判性，这是一种建立在真实与超真实、现实与超现实、日常与超日常关系之上的艺术语言，他紧紧抓住了雕塑语言的运动感置于思想之中的理念，并将经典雕塑进行了观念转换，从而创造出了一种新的雕塑—装置语言。事实上，他并不是追求为观念而观念或为新而新，而是使观念和语言服从于表现和形式的需要。他的艺术与其说是生动而形象地再现了人和资本之间的复杂博弈关系，倒不如说深刻分析和揭示了视觉表征背后的人类的道德危机、信誉危机和信仰危机。这是陈文令的艺术观念核心，即以视觉语言向为观众提供一种新的观看方式和理解方式。

《紧急出口》获得了很好的口碑，在学术上也得到广泛的认可。这一切充分证明，陈文令与同时代的艺术家相比，有更清醒的艺术自觉以及对当代社会犀利的洞察。对于《紧急出口》，陈文令同样对自己具有清醒的认识。"经过金融危机和北京艺术家工作室的大拆迁后，我们会发现英雄气短的比英雄气长的多得多。这是一场雪上加霜的双重创伤。大多数的中国当代艺术家都要经历这场暴风骤雨的洗礼。我想真正强悍的艺术家一定是愈挫愈勇的。在不景气的冬天，我们更应该磨刀霍霍，待到春天之时定有用武之地。这是最严峻的年代，我以'紧急出口'呈现我的艺术立场。"

这就是陈文令，一位习惯了特立独行的艺术家，这位喜欢读《杜尚访谈录》、《安迪·沃霍尔的哲学》，喜欢到东田造型做发型，喜欢穿 Armani、Gucci 时装，喜欢戴名表、开凯迪拉克的从福建山沟里走出来的具有传奇色彩的年轻人，尽管功成名就，但对于未来依旧有很多激情与梦想。

作者与陈文令先生合影/黄秋华摄

唐明修：生命因漆而变得富足

大约二十年前，我曾经和唐明修一起吃过饭，在座的还有画家卢清等人。地点是福州最繁华的东街口上海西餐厅，那时的上海西餐厅俨然是福州的一张名片，终日人声鼎沸，食客如过江之鲫。如今的上海西餐厅已不复存在，取而代之的是东方百货。唐明修那会儿刚从扶桑之国日本东渡回来，我印象中从那个时候开始，他就是以光头示人，说话轻声细语，温文尔雅；多少年过去，如今的唐明修光头依旧，轻声细语依旧，温文尔雅依旧。

但温文尔雅的唐明修却是一个极有个性的人。据说，他在日本上课的时候，有日本老师赞美富士山的举世无双，唐明修听后大为不满，便和邻座的台湾同学私下说富士山和我们的珠穆朗玛峰相比不过是一堆牛大便，日本老师问台湾同学唐说什么，老师脸色霎时大变，唐明修也从此开始了在异国他乡的流浪。

唐明修在日本打工多年，很幸运地在日本举办了个人漆画展，又很幸运地卖掉了所有展品，掘到了他生命旅程中的"第一桶金"。当许多人刚刚尝试"下海"甜与涩的滋味的时候，"腰缠万贯"的唐明修回到了故乡福州。

1992年，诗人画家吕德安从美国回来。吕德安也是一位极有故事的人，他半年在纽约，半年在福州，他在福州及中国的身份是诗人，而在纽约的身份则是眼睛只盯着盛钱的帽子的街头画家。夏日的某一天，吕德安忽然想在福州买一套房子，唐明修建议他别买了，"我们到郊外去看看"。于是，两个单身汉从城里出发，来到了北峰宦溪，他们一起都喜欢上了一个叫五路溪的地方。

于是，两个人开始圈地，亲手修建自己的家。

没过多长时间，山上飘起了两缕轻烟。与诗人画家吕德安的家遥遥相对的那段日子，是唐明修最快乐最幸福的时光。那时唐明修兜里怀揣的钱，足以投资一个房地产公司，但唐明修却用那些钱买回了各式各样的石磨啊，碑刻啊，水缸啊，柱础啊，窗格啊。房子终于盖好了，叫"漆园"，"漆园"二字是中国著名学者王世襄的手笔，在春夏秋冬的印证下，"漆园"蔚为壮观，特别是在春天的时候。唐明修说，雾海沿山谷倾泻而下，将房子所有的窗户全部打开，雾就像柔软的绸带穿窗而过……

我的朋友，中国美术学院的王鸿教授曾写过一篇颇有意思的文章，题目就叫《云过五路溪》，他从《闽都记》的诗文中对"宦溪""北岭"作了一番考证，然后开始写人，其中写到唐明修的，有如下的文字：

"……在中国，看得见风景的房间越来越多，能体验到一阵白雾穿房而过的房间至少在五路溪存在，只是，十几年间，能够长期在这个远离城市的山谷里生活、工作的好像只有唐明修。我相信唐在漆园大有机会'临流独坐'，聆听映带左右的涧流和渠水的合奏，感受山水间具有宋人'可居可游'特征的意韵……

'漆园'的出现有着相当的合理性，在明清时期(1368–1910)就成为中国漆艺中心之一的福州，这合理性还包括福州的2000多年的文化积淀。

在唐进入之前，五路溪已有的人为痕迹是上个世纪五、六十年代中国战天斗地的狂热中留下的没有太大意义的水渠，四十公分宽的水渠从山顶蜿蜒而下，与山谷并行。唐没有截断水渠，在房屋的底部留下通道，使水穿屋而过，建筑与水渠竟然形成一组颇具意味的文化层，山高水长。

'漆园'是唐明修一个人的'漆园'，所谓一个人，在我看来，可以从两个方面理解，第一，这是唐的体力行为，包括对物质的寻找、发现和位移的过程，漆园的一砖一石，一花一木，均出自唐个人之手。我曾经随之到拆迁工地搬运明代建筑天井中的石条，工人很不情愿，显然不相信地面这东西居然还有利用价值，唐不着声，自己动手，将条石一块块撬起，招呼工人往拖拉机上搬，工人这才相信，合力将石条装满了一车，此时的唐俨然一个民工头，就是这个民工头，将数以百吨的民居建筑的相关物件搬进了'漆园'，那些记录着时间的石头和陶瓷如今掩隐在花木之中，而不少的花木也是唐从城市的废墟中移植进山的。第二个理解的角度与唐在漆园十几年的生存直接相关，所谓生存，大可将其在山间所有行为进行概括，那是一种与漆的精神息息相关的生存方式，或者，干脆就是一种漆的生存方式，这是一个关于媒介和中国文化的理解的漫长而渐进的过程……"。

作为国内为数不多的漆画家之一，唐明修一直坚持用大漆从事各种实验美术。

众所周知，现代漆画具有绘画与装饰的两重性。漆画明显区别于其它

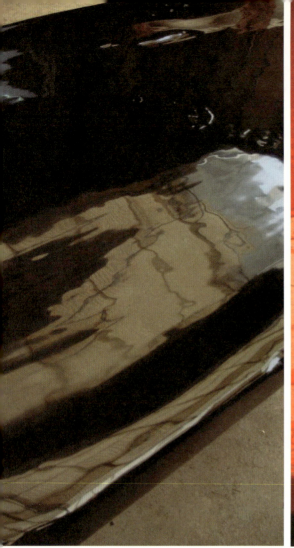
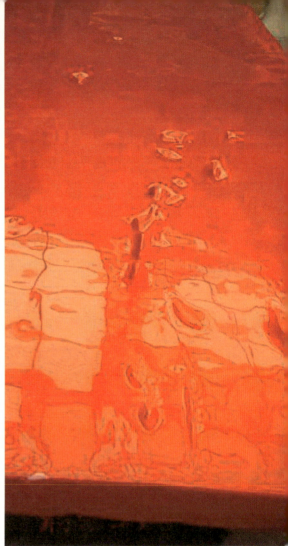

画种的独特面貌及使用材料的新颖性能够适应现代人审美心理的变化,因而受到了人们的瞩目和关切。现代漆画应充分发挥其材料的长处,在保持漆画的特点及特定的工艺制作的前提下,注重绘画性与装饰性的结合。在我看来,漆画的特性不在于绘画性和工艺性的孰轻孰重,而在于是否创造性地运用了漆画语言;漆画创作的成功与否,除了掌握材料性能和工艺手段外,更在于作品是否有内在的生命和意蕴。忽视艺术的精神内涵,让创作停留在事物的表面,陶醉于一技一得而无所表现,是某些惟美是图、媚俗作品产生的原因。这是由于作者的主体意识淡薄,不是在艺术的范畴里驾驭材料去构成作品,而是技法和材料的堆砌,缺乏精神内涵。

传统漆艺的装饰工艺是现代人难以穷究的宝库,漆画正是从这个传统之中脱颖而出,并从漆器上分离出来的画种,由"漆"走向"画"。无疑,漆器错彩镂金的雕琢美和繁复堆砌的装饰风对漆画的影响很大。人们对漆画有很多赞美之词，但大多是对其材料和工艺而言的。的确，漆画的材料富有表现力，工艺技法也非常高超，但绘画不仅仅只为表现和炫耀技法，而是通过将材料、技法与表现主题完美结合，更好地表现人的情感与意趣。固然，中国传统的工艺技法要继承，但不能囿于纯粹的技术层面，重要的是不断融入现代艺术观念，积极反映当代人的生活状态和人生感悟，这样才能彰显现代漆画旺盛的生命力和强大的表现力。

福州是具有 2200 年历史的古城，也是漆的重镇。唐明修善于将前人的装饰性技巧加以改造，通过自己独特的思想，创造性地表达出独一无二的艺术灵感；同时，唐明修在他的作品里小心翼翼地保存了古老的技艺和天然的原料。在唐明修看来，大漆是一种独特的活材料，它不断变化，永不固定，随着时间的推移其色彩越发深邃而透亮。

唐明修最有影响的作品之一是一个巨大的漆碗，这个大碗直径 6.7 米，高度 1.8 米，当年，许多艺术爱好者被这个巨大的碗所吸引，纷纷上山来一睹大碗的"芳容"。法国驻中国大使也慕名而来，唐明修不厌其烦地告诉法国人他的环保意识，大碗是用山上的竹子编成框架，是用天然漆制成内胎的。大碗让人们对漆产生了巨大兴趣，不同的人有着不同的解释，有朋友说出生于六十年代的他被饿怕了，有人说他想表达"民以食为天"的观念，学哲学的说中国的先哲早在几千年以前就用碗来说明"有"和"无"的辩证关系，唐明修不过是"克隆"一个哲学命题。有个孩子说：这个大碗怎么搬出房子呢？的确，这是一个很现实的问题，这个大碗如何搬出去呢？"漆园"山门的宽度只有 2 米，这是一个注定无法完整移出"漆园"的大碗。

据说大碗最终也许会被打碎。一拨朋友聚在一起喝酒，有人灵机一动，建议唐明修将大碗搞成一个行为艺术，将破碎的碗运到珠穆朗玛山下，让冬天的第一场雪覆盖它，并等到大雪消融；还有人建议将大碗拉到世界各地，漂洋过海，然后到美国纽约联合国总部前作为终结。

我没有真正目睹过那个硕大无比的漆碗，只在照片上看过，但我相信唐明修对漆的理解超越了一般的艺术家。他一直在试验漆的不同表达方式，一直在寻找漆的真正内涵。

唐明修曾就读于厦门工艺美术学校(现福州大学工艺美术学院),学校坐落于天下无双的"钢琴之岛"鼓浪屿,它是中国最早设立漆画专业的学校之一,也是中国南方漆画的一个中心。唐明修后来到过中央工艺美术学院进修漆画,并且他的作品在官方的全国美展中获奖。但他最终发现,漆画绝对不应该模仿油画,必须独辟蹊径,凸显自己的个性。从此,他走出学院派的巢臼,终于发现了漆的真形,完全摒弃了图案表达方式,将一种极具创造性的漆语展示在世人面前。

　　对唐明修而言,艺术是一个造梦的过程,也是一个圆梦的过程。

　　在漆艺的路上,唐明修一步步走来。在唐明修的艺术道路上,2005年注定是他生命的转折,他先是在上海刘海粟美术馆举办了"漆语"漆画个展,后应邀中国美术学院,担任公共艺术学院壁画系漆画中心主任。第一批本科学生只有20几个,现在有40多名本科生,还有9个研究生。这让唐明修感到十分欣慰。

　　唐明修说:"他们都学得非常认真,并且很快就热爱上了漆艺,一两年后出作品了,还参加了全国美展,入选率很高,并得了奖。说实话,他们很有进取精神,我从他们身上学到了很多东西,也得到了莫大的安慰,并看到了中国漆艺复兴的曙光。""中国漆文化的根在这里,余杭河姆渡文化遗址发掘的第一只漆碗,昭示天下:中国是漆的故乡。现在中国第一个漆艺专业也设在这里,这是一次文化上的回溯。事实上,早在美院创办时,校长林风眠就提及要重视大漆艺术。"许江院长创建中国第一个漆艺专业具有战略眼光和国际视野。他还认为,中国的三大媒材,除了水墨、陶瓷,就是漆艺。恢复了漆艺,就等于修复了中国文化的完整性。

　　而学生也对老师唐明修投去敬佩的目光。他们对漆,对唐明修,对唐明修的作品都给予了极高的评价。

　　一位同学在看完唐明修的四联漆作品《"和"的状态》后这样写道:

　　初见这件作品是在07年刚入校时的美院教师作品联展中,我几乎是径直奔向了唐老师的几张漆画作品,驻足停留,观看触摸,不舍离去。可以说,这是我第一件亲眼见过,并且亲手摸过的漆艺作品。说它是漆艺,不单单是传统手法的漆画,是因为唐老师使用的媒材是老衫木板,并且是未加修饰的纯天然拥有自然形体以及纹路的实木板,这种在实木上上漆并保留实木纹理的做法,让两年前的我非常震撼,当时是不懂何为胎体、何为髹涂的，只是接触到那光泽如玉石的光感,时而凹凸粗犷、时而细腻波澜的漆质,已经使我着迷……这足以让我对漆有一种醍醐灌顶的直观感受。我认为唐老师的作品具有一种漆语言的纯粹性,当他年过半百,日日与漆相伴之后,他将这种漆语言从繁复的传统漆艺框架之中提炼、衍化出来,让漆如生长般布满这实木板之上,即使是对漆艺不了解的人,也可以让我们感受得到,不仅是色彩、肌理、形体,而是漆的语言本身在说话!可以说,是这件作品打开了我"看"漆的眼,使我伸出了"触"漆的手,跨进了漆的世界……

老师曾说起过这张画的灵感来自于麻将,唐老师不会打麻将,但是却试图用漆来表现麻将的"糊"与中国文化中的"和"这两种状态的关系,于是创作了这张作品。漆、麻将、糊与和,而我想,这些元素融合到艺术中,就是一种大智若愚的"和的状态"。

2010年8月,唐明修代表中国去美国国会图书馆作一个为时3小时的学术报告,专门介绍中国漆文化。其中2件作品被国会图书馆和美国亚洲文化学院收藏,美国国会图书馆还给唐明修颁发了亚洲艺术成就奖。专家组委会认为这次唐明修的演讲是中国漆文化向西方世界传播的一项极具历史意义的活动,具有7000年历史的漆文化通过美国最高学术殿堂向全世界展现了中国漆艺独特的魅力。在此之前,国会图书馆曾派出专家到日本、韩国和越南等漆文化发达的国家考察,最后选中了中国美院。他们发现中国的漆艺至今仍恪守坚定不移的文化态度与立场,坚持用天然大漆创作着精美的作品。而唐明修正是其坚定不移的实践者和创造者,而他的生命也因为漆而变得无比富足。

胡振德：艺术家
需要一颗沉静的心

香江红海园在金山公园后面，傍着一条美丽的流花溪，多年前我和太太曾经去看过那个楼盘，并交了订金，说不清是什么原因，总之后来没有买那里的房子。直到在香江红海园六号楼的顶层和福建师范大学美术学院副院长胡振德教授喝茶聊天，才后悔与胡振德教授失去了一次做邻居的机会。

胡振德教授的家兼画室是香江红海园一期的一个单元，上下两层，装修朴实无华，无论是客厅，还是楼梯的转角，都挂满了他的作品，以风景居多，还有一些肖像和女人体。家是安身立命的所在，想象在这样有鸟语花香的安宁洁净的画室画画，是多么惬意的事情。对胡振德而言，也许艺术也是他安身立命的所在。一套21件的花梨木家具摆满了客厅、书房、卧室和画室，极具中国传统美学的意趣。

与胡振德作访谈之时，他刚从山东风尘仆仆地归来，在青岛、烟台旅行的几天时间，他画了六张画，连同带去的一些油画作品，总共十几幅，悉数被山东的一些极具艺术投资眼光的企业的总裁、董事长"截留"。总算带了一幅回来，胡振德指着画架上的一幅油画对我说："就是这幅"。这是一幅描绘烟台老房子的作品，浅红色的西洋旧楼，葱郁的绿树，宁静的街道以及矗立于街角的电线杆，令人联想到一个悠静的下午，一段慵懒的时光，又仿佛让人读到画家内心的平静。

有人说，看胡振德的画，繁复喧嚣的内心会立即平静下来，他的画，给人以一种沉静之美，从画幅中可以看出他对事物的观察非常之敏锐。特别是他的油画作品中的树，非常富有创造性，他借用了中国画的手法，线条的勾勒不仅轻松自如而且流畅稳健。他认为阳光给予树以色彩和存在的理由，并赋予它们以各自的面貌，就像塞尚所说的："一棵树，如果我要画它的话……它难道不是静静地躺在我们的眼前的大自然借助一幅画向我们展示着自己吗？那是一棵有知觉的树。"为了表现出有知觉的树，胡振德用心灵向自然提问，在向自然的学习中揣摩和追问心中的树。在胡振德画室、客厅悬挂的油画作品中，你会看到他对树的不同的处理方法，或勾勒，或拖拉，或皴擦，或点染，极尽树的千姿百态。他调动绘画的各种和谐要素，结合现代主义绘画中理性、唯美、自我的绘画理念，进行由内而外的情感表达，

通过极具形式感的构图和有意味的色块线条构筑出充满诗意的画面空间，表达了画家在理想与现实之间游走的内心体验。

胡振德的大量作品都是有关风景，"行走"的风景其实也是他沉静内心的写照。正如著名美术评论家、中国美术馆馆长范迪安在为《胡振德画集》写的序中所提到的："风景画在胡振德的作品中占有很大的比重，这类作品或采自南方乡村、渔港的所见，或记录着他远行的游踪，都是一幅幅人在旅途、面向自然的会心之作……面对自然风景，他调动了多种技法去表达物象的形与质。凭借创作上的经验，把结构处理得有张有弛，重点刻划与概括提炼相辅相成，在每幅作品中形成不同的节奏韵律。有时候，他在对树木的刻划或近景的表达中，采用了活跃的笔触，制造出光影闪烁的效果，让人联想到法国印象派绘画的优长；有时候，他用平整的色层和整体的色调表现宽阔的云天，用块面塑造画中的山石、建筑，则让人看到来自俄罗斯油画的影响。他的画风虽然是写实的，但在写实的框架中已经将多种借鉴融汇在一起，渗透着抒情写意的性质"。

胡振德一直认为，作为一位艺术家，必须有一颗沉静的心。没有一颗沉静的心,在喧嚣的、充满功利的现实世界中便会迷失方向。而我一直认为,像胡振德这样的人,基本的东西都有了,有房子住,有车子开,所以内心不会去羡慕那些奢华的东西。这可能与他从仙游度尾公社那个知青农场走出来的生命经历有很大的关系,他相信即使自己手中握有一块泥土也是很愉快的。

胡振德从小就喜欢在课本上乱画,也不知道画些什么,他对课本上的东西毫无兴趣,也听不进老师在讲什么,但对画画却有无比的兴趣。胡振德的祖父胡友梅,是一位晚清秀才,也是一位著名的老中医,曾任福建中医学院院长,与著名画家陈子奋等交往甚笃。胡振德小时候经常随祖父前往陈子奋家作客,祖父到陈子奋家,陈子奋便会搬出许多名家名作让其欣赏,胡振德从小便领略到中国花鸟画大家的真迹神韵。

胡振德家中有七个兄弟姐妹,他最小。"文革"期间,他本可以名正言顺地留城,但他决意要回仙游老家插队,他觉得有山有水的地方真好。那个叫度尾的知青农场是他生命中安放寂静灵魂的一个美丽所在。他曾经固执地相信,自己一辈子肯定当农民了,于是他天天锻炼身体,将自己练得虎背熊腰。送甘蔗,从知青农场到目的地,足足 20 华里,他每天可以三趟来回;提

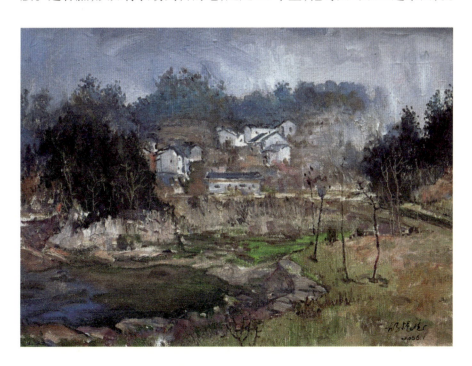

起300斤石碾子,许多知青都不行,只有他行,仅仅为了比一般知青多拿2个工分……

胡振德至今认为度尾知青农场非常非常美,那里有阳光下泛着粼粼波光的水库,有漫山遍野的树,有一望无际的甘蔗林,更有纯朴的山民。在那里,他兴致勃勃地给农民画肖像,画完画,农民则会给他一个荷包蛋。后来,公社发现这个来自省城的知青会画画,就推荐他到仙游农业学大寨展览馆画画。在那里,第一次发现画画可以颜料不花钱,胡振德高兴得不得了;再后来,军代表又介绍胡振德到度尾中学当民办教师,他顺风顺水,因为教体育、教美术,这些都是他的"强项"。他画大礼堂中间的毛主席标准像,他写大操场上巨大的"团结紧张,严肃活泼"油漆字,表现得与众不同,让同事学生佩服得不行。

我一直以为,胡振德后来画那么多风景油画,与他这一段难忘的"知青"情结有很大关系。那里的山,那里的水,是他生命最初出发的地方。那些从未磨灭的知青生活印记常常从胡振德的作品中经意不经意间流露出来。

再后来,胡振德被推荐上福建师大,这是他人生的一大转折——这位插秧绝对不会输给农民,肩扛装着稻子的木桶跑得飞快的"知青"终于踏入高等学府的大门,真正拿起了画笔。


胡振德来到长安山下的福建师大时,师大是与世无争的,那时还不知道市场经济为何物。一个班只有16个人,许多或下放或蹲牛棚的老教授从四面八方调回,手把手地教他们,高一呼、林以友、谢意佳、叶淑华……,这些名家让胡振德找到了艺术和生活的目标,他如鱼得水。毕业后留校,他便带77级,作为班主任,这是最强的一届学生,李晓伟、陈宗光、陈北辰等等,后来都成为福建美术界赫赫有名的教授和画家。

1982年,胡振德赴浙江美术学院(现中国美术学院)进修素描半年,积淀了良好的造型功力。1985年,胡振德入中央美术学院第二届油画高级研修班学习,中央美院有一个"148教室",这里是中国油画界顶尖人物成长的摇篮,詹建俊、靳尚谊等都从148走出,胡振德幸运地成为走进148教室深造的14名幸运儿之一。当时他的同学中有吴云华、朝戈、洪凌、苏笑柏等,许多已经声名在外,如班长吴云华,曾画过《毛主席视察抚顺》,现在是辽宁画院院长,有的获过全国美展银奖等等。与这些人成为同学,胡振德感到压力很大,他开始埋头拼命地画,去缩短与同学之间的距离。在北京两年,他什么地方都没有去,甚至连长城也顾不得去。当时,中国油画界的几乎所有德高望重的前辈名家都给他们上过课,靳尚谊、朱乃正、赵友萍、钟涵等等,钟涵先生是他们的班主任。在这些名家的悉心指导下,胡振德进步很快,他对油画的艺术感悟力突飞猛进,他的毕业创作《惠安女》等五幅作品在中国美术馆展出时获得一片好评,甚至连朱乃正先生看后都觉得十分惊讶。

在福建,胡振德是最早画惠安女题材的油画家之一,从中央美院回来后,他痴迷于"惠安女系列",一共创作了近20幅惠安女作品。在胡振德的惠安女系列中,不歌颂苦难,不去强调他们社会性的一面,而是让惠安女融入大自然,那被浪花打湿的衣裤、那海滩上的惠安女倒影、那渔家女编织渔网时的漫不经心的神情、那撬贝壳的少女不确定的眼神……都让人产生无限的联想。

胡振德从北京回来后,当时许多人都在想方设法走出国门,胡振德内心也跃跃欲试。偶然的等待,一个机会来临了。1991年,他从福州到了北京,孤身一人坐上了开往莫斯科的国际列车,他要到欧洲去,寻找心中的艺术之梦,因为油画的故乡在欧洲。在刚刚经历了苏联和东欧剧变的莫斯科,他心烦意乱,但莫斯科地铁的宏伟让他叹为观止,阿尔巴特街的五花八门让他着迷。此后三年,他流连于布达佩斯、维也纳、汉堡、法兰克福……饱览当地各大博物馆、美术馆的珍藏,通过对西洋油画艺术语言的博采和吸纳,胡振德牢固树立起了自己的艺术语言风格。一次偶然的机缘,他在奥中友协举办一个小型个展,一位台湾老板看到他的画很是喜欢,这位做文具生意的台湾老板在中东生意做得很大,他告知胡振德阿联酋迪拜艺术中心急需老师,如果有兴趣可以帮胡振德办理签证,抱着试试看的心理,胡振德来到了迪拜。迪拜是一个融合了阿拉伯文化、西方文化和南亚文化的中东商业中心,其阿拉伯神话般的富有、奢华和神秘让胡振德怦然心动。又是一个很偶然的机缘,在迪拜,胡振德与一位皇室摄影师不期而遇,经过他的牵线搭桥,胡振德在迪拜举办了多场个人展,画展很轰动,价钱卖得非常高。之后,胡振德还前往阿布扎比，进入皇宫为皇室成员画肖像，一位中国画家进入阿联酋皇宫为皇室成员画肖像，这是前所未有的。当时的《海湾时报》以"胡振德：推动中阿文化交流的使者"为题作了大篇幅报道，让许多人对这位来自东方中国的油画家刮目相看。众所周知，阿联酋是遍地黄金的国家，当时，有许多石油富翁、总裁都对胡振德的油画感兴趣，"只要随便捣鼓捣鼓，便可以赚很多钱，可惜自己没有经济头脑"。胡振德说这些话时并没有一丝后悔。出国几年，光光机票都飞了几万美金，但胡振德最终还是选择了回国。两次美国签证，他都放弃了。该看的东西都看了，该办的展览都办了，该赚的钱也赚了，胡振德感到心满意足，他觉得该是回去的时候了。

时光总是迈着让人毫不察觉的步子，悄然逝去。岁月在胡振德脸上留下了一些印记，但不变的是胡振德对艺术的信念和豪情。只要谈起艺术，胡振德便滔滔不绝，眼睛里立刻闪现出异样的光芒，他觉得艺术可以很张扬，但艺术家需要沉静。

林容生：从三坊
七巷走出的画家

时光飞逝,常在于人的不知不觉之间。

回忆起十三年前,和舒婷、容生等一批福建青年的"精英"一起跨越台湾海峡,踏上美丽的宝岛作"台湾海峡东岸行"的难忘经历,仿佛历历就在昨天。那时的容生,还很年轻,风华正茂,目光炯炯有神,精力旺盛充沛。

十几年后的今天,当我第一次和容生两个人面对面(以往都是在公众场合见面)地交谈聊天时,我发现容生变得"成熟"许多,"成熟"的标志之一是他的头发比以前留得更长,更像一位事业有成的大艺术家,一眼望去,夹杂着的许多白发显而易见,而且我发觉他近距离看细小的文字类的东西时,还需要借助"老花镜"。

时光无知无觉地从身边流走,年岁悄无声息地增加,世事沧桑,这是任何人都无法加以挽留的。于是想起和容生等几位朋友今年春节一起吃饭时容生说过的一个饶有兴味的故事:容生大学毕业后曾经短暂地在福州最名牌的中学福州一中担任过美术老师,今年春节,当年的一班学生盛情相约毕业后已多年未曾谋面,如今已经名满天下的大画家老师一起聚会,师生相聚,把酒言欢,场面定当其乐融融。容生按约准时到达某某餐厅某某房间,但当他推开学生预订的厅房时,里面欢声笑语,但竟然没有一个学生认得出大画家老师,学生以为是哪位陌生人走错了房间,而在那一刻,感慨万千的容生则轻轻合上房门,悄然离开。岁月不饶人,我们只好一起"安慰"容生。

这是容生生命"成熟"的一面。

伴随着容生生命"成熟"的还有他的艺术之树的累累硕果的"瓜熟蒂落"。

这几年,在福建的中青年画家中,容生始终是一面飒飒作响的"旗帜",他是福建为数不多的身居福建,却名声在外的全国性的大画家,他的作品的价格年年攀升,洛阳纸贵,是目前福建中青年画家中价位最高的画家。他被画界一致认可的"现代青绿"以其独创性的风格和个人艺术语汇深受藏家喜爱。

容生的画室叫"卧云堂",位于市中心的"卧云堂"闹中取静,是一处可以静品午后时光的清悠之处。门口的箭竹轻搅时光的碎影,门内新种的黄花梨的树叶碧绿如洗。"卧云堂"共有三层,一楼有一间专壁的茶室,由五六米长的上等木材加工的桌子非常气派,这里常常是朋友们聚会聊天的场所,墙面挂满容生的作品。

那天容生带我到他三楼的画室。旧式的古钟整点时敲出的清脆的钟声让人留恋,而墙上挂着的仿古的八大山人的作品则在诉说着画家为艺做人的内心的向往。

用心画画是林容生一以贯之的追求,用心画画说起来容易,但要真正做到却要用一生去践约。在容生看来,用心画画,要有一颗对自然对生活的感悟之心。这种感悟之心建立在我们亲近、关怀自然与生活的过程中对大千世界至善至真至美的体验和接纳之上;在容生看来,用心画画,还要有一颗对生命与个性的珍爱之心。这种珍爱之心建立在我们艺术与人生的旅途中和有缘有情的一切真诚相重和欢喜相待之上,它可以使我们的心灵更加具有包容性;在容生看来,用心画画还要有一颗清静之心和平常之心。清静之心可以让我们在画画时去除急欲与纷扰,身心处于宁静清安的状态,一心一意地乐享笔动墨流之趣,平常之心则可以让我们尊重理性的同时也尊重感觉,面对功利而不执著于功利。


三坊七巷对于林容生来说不仅意味着她是他生活了三十四年的地方——塔巷52号(现为36号)院落是他呱呱坠地的地方,他一直在那里居住到儿子读小学,那里留下他无数儿时的梦和成长的记忆;三坊七巷对于林容生来说更意味着她是他艺术与精神的"原乡"。只有家园才可以成为一个人精神的归属,只有家园才可能成为一个安静而又诗意的栖居。

三坊七巷是福州的一处古民居,也是不可多得的"明清建筑博物馆"。许多外地人到了福州都会感觉这是一座悠闲安逸的城市,这里少见步履匆匆赶路的人。随便推开一扇深宅大院吱吱嘎嘎的木门,都会看到老人与旧物安祥地融为一体,四时的花开花落、不变的天井门窗以及小桥流水、十足乡土味的评话伬唱。即便是远游的年轻人回到这里,原先浮躁的心境也会随着上世纪的老木钟不慌不忙的摆动而安静下来。走在三坊七巷,注视着寻常的街景,你实在很难把历史的风云变幻和现在的寻常表情联系在一起。唐末草莽英雄黄巢、宋代国子祭酒郑穆、明代抗倭英雄张经、清代禁毒先驱林则徐、船政大臣沈葆桢、台湾总兵甘国宝、近代启蒙思想家严复、著名文人陈衍、何振岱、黄花岗烈士林觉民、现代著名作家冰心、庐隐等,他们都与三坊七巷有着千丝万缕的联系。

三坊七巷对容生的影响是潜移默化而又显而易见的,三坊七巷对容生心灵的触动是持续不断而又漫不经心的。我曾经写过一篇获一等奖的散文并列为福州十大名片之首的《三坊七巷,福州衣襟上的美丽翡翠》,但当我读完容生写的《天光塔影》、《过去的记忆》、《关于〈三坊七巷〉系列》等小文后,我发现他比我写得好。在《过去的记忆》中,容生这样写道:

"那时候,我还住在福州三坊七巷的一处老屋里,从我自己出生到我的儿子出生,前后三十四年。我们家的屋子是三进后面的木结构楼房,因为有了一些年头,已经开始有些倾斜。南面的窗,对着别人家的后花园,园里有一棵老桑树,在春天的时候,常常探着新枝嫩芽,伸进我的屋里。到了秋天,枝头上会结出许多暗红色的桑籽。童年的我,很羡慕邻居的后院里有这样一棵桑树,因为他们家的小孩,春天的时候摘下叶子喂蚕,秋天里还有那些桑籽可以吃。到了夏日的晚上,凉风习习,月光透过摇曳的枝叶洒在白色的院墙上,那景色美极。在这小小的窗口,我得以欣赏和感受生命在大自然之中一年四季不同的韵致与情境。

东边的窗望出去,不同斜面的大屋顶一片连着一片,错落间嵌着曲线流畅的山墙有节奏地起伏。天空是兰色的,屋顶是黑色的,墙是白色的。屋脊墙边几棵细弱的小草随风飘摇,在其间形成了线与面、静与动的对比与和谐。古民居的形式构成透过这个窗口传达出一种典雅的气息。"

毕竟三坊七巷是容生生于斯、长于斯的地方,能写出这样的文字看来也是一种"水到渠成"。

"水到渠成"的还有容生画的那些关于三坊七巷的系列作品。画于1999年的《逝去的风景》系列,画于2000年的《三坊七巷2000》系列都是容生对三坊七巷所进行的文化思考,这些作品不仅仅只是一种对远古历史的怀旧,而是一种独特的审美发现,一种对家园的无法注释的宿命般的依恋。画《逝去的风景》系列时,三坊七巷正处于旧城改造所引发的存废之争的关键

三坊七巷是福州市内一条古民居街区，始兴唐朝闽王王审知所建的罗城，明清时期形成规模，荟萃着大量名牌名人故居而有代表性的古建筑是千年古城

之时，这一系列是对三坊七巷可能面临景象与实体消亡的关怀。而《三坊七巷 2000》系列则从写实的角度叙述时光定格在 2000 年的瞬间三坊七巷出现的当代生活景象的细节。

　　林容生笔下的三坊七巷宁静而又平和，含蓄而又优雅，如同从三坊七巷走出的画家林容生一样，内敛而不张扬，平实而不做作。

　　当今的画坛，已非往昔可比，没有固定的准绳限制个人的创作，从而在较大程度上实现了开放与自由。画家们可以用古典画风作白日梦想，也可以用抽象色彩来表现世态万相。但异常的热热闹闹背后,未免显得有一些浮躁。这时候,对于有个性的画家而言,需要有一个安顿灵魂的僻静之所。我以为容生正是从这里找到了通向艺术深邃之门的钥匙。

容生的作品,给我留下最深的印象有两点:一是作品浓郁的个人样式,二是作品深厚的文化品格。

容生作品的图式在很大程度上摆脱了那种从临摹大师原作获取图像资源的一贯做法,画面体现出来的风格和特征,具有十分典型的个人化的视觉体验和空间感受。他以清冷而略带孤独感的方式诉说着梦里家山的故事。

山水画本质上体现的是人与自然的审美关系,是人对自然山水审美认识的绘画形式表现。在林容生的现代青绿山水中,对画面的控制恰到好处,空间表达独特而又从容。在他作品的画面中,建筑虽然是平面化的,但通过面积大小和前后遮掩的启承转合,形成了错落有序的远近空间感。一石一草,一山一树,白墙黑瓦,山岚云霭,笔墨所到之处,似乎有一种极为透明的东西在弥漫。尤其是容生作品在色彩方面的追求让人过目不忘。他往往在作品中稳定地选择一两种色彩作为画面的主基调,以单纯来烘托意境氛围,从而将色彩引入冷静理智的布局,看似简单,却意味深长。在他的每一幅作品中,色彩都不一样,他极其注意在每一块简洁的平面中色块视觉上的丰富性。

众所周知,传统青绿山水的用色,大都施以高纯度的原色,让人感觉艳俗。容生巧妙地避开了传统青绿山水华丽有余沉稳不足的色彩定式,融入了自己对现代青绿山水色彩的理解,从而拓展了现代青绿山水的表现空间。

印象派大师雷诺阿曾经说过:我最喜欢的作品是能给人以永恒的色彩美感,而不是处处向人炫耀某种色彩的美感。这是一种对色彩把握的境界,我觉得容生正在接近这种境界。

我尤其喜欢容生作品中的题识,诗一般的语言娓娓道来,有许多就像在画面上留下的栩栩如生的心灵散步的足印。如在《闲窗袖手》中他写道:"思绪在山水间飘荡,梦中的一切已经遥远,星光里花在开着,有一种清晰的笑容";又如在《新的一天》中他题道:"夜的潮渐渐地退了,在星光中留下梦的清影,树上的鸟和水里的鱼低吟着黎明的歌声,在山水间快乐地迎接新的一天"。甚至还有这样的题识:先是"上山赏云卷云舒,水边看花开花落,卧云堂主人林容生",后又题:"上山应为山上,容生改错又题"。这种错敷衍过去也是可以的,但容生却非常较真,而在我看来,这种"补题"不仅不影响画面的纯净,而且凭添一种说不出的美妙。

这里我还要特别提及容生的书法和篆刻,容生的书法别具一格,具有浪漫不羁的情性,充满了书卷气。他曾拜师已故的福州艺坛耆宿谢义耕先生门下学习书法篆刻,其实这也是得益于三坊七巷的缘故。容生曾经有过这样的回忆:

我外婆的娘家姓龚,在解放前是福州颇有名气的官宦家族,在北后街有一处很大的园林式住宅。外婆会做诗,小楷字写得很好。小时候外婆常带我去仙塔街、朱紫坊、旧米仓这些地方走亲戚,他们住的也大都是深宅大院。有一位舅公,是五六十年代福州书画名家,擅画山水,我第一次看大人用毛笔画画,就是在他家里,那时我大约五、六岁,我还记得他的画案上有许多五颜六色的瓶子和碟子。我的邻居也有喝了许多墨水的人,楼下的六叔公、后落的林伯公,毛笔字都写得极好,只是都上了年纪,印象中他们在过年节的时候用大红纸写春联和柱联,抓笔的手总是颤悠悠的。前院的李家婶婆,看到我平时喜欢写写画画,就介绍我到谢义耕先生门下学习书法篆刻。那时候,我刚上初中二年级。

我以前不知道容生还会篆刻,一日在一位经营寿山石的朋友开的会所中读到一本《福建印人》的书,里面居然看到林容生的条目,后来又听一位画画的朋友说,十多年前他曾到过三坊七巷容生家并爬上嘎嘎作响的木楼梯到楼上的阁楼,容生给他刻过一枚印章。

记忆早已经发黄、陈旧,三坊七巷也已经消失了旧时模样,而在福州二中学习过、在福州钢管厂当过工人,后来考上福建师大美术系,最后从三坊七巷走出,如今又正式走进国家画院的林容生以他在艺术上独立的姿态让我们感受到艺术的无声的力量。

白磊：绘画的最高境界是"随心所欲"

尽管我和白磊先生相识的时间不长，但从与他交往的那一刻开始，我的内心便有一种"一见如故"的感觉。白磊是地地道道的闽南人，他的老家安溪是名闻海内外的铁观音的故乡，但白磊却"南人北相"，有着北方人器宇轩昂的体格和单纯奔放的豪气，爽朗、热情、坦诚，就像一壶弥漫着淳香的铁观音，让人回味无穷。

我第一次看到白磊的大写意花鸟作品，是在一位朋友的家里，印象很深的是画面上的两只依偎的白鹭，活灵活现，走笔流畅自如，满纸水气氤氲，虚虚实实的用笔强调对象的骨气，每一根线条，每一处墨痕仿佛都是一种自然的水到渠成。后来，我陆陆续续读到白磊的一些作品，无论是在画廊还是展厅，远远地站在远处，我就能够一眼辨认出那是白磊的作品。创造出一种独特的个人艺术语汇，这是每一位画家都梦寐以求的境界，白磊以其率真旷达的个性和不拘成见的视野，为自己的作品的强烈的"个性"开辟了广阔的空间。

中国传统美术批评理论中有一个标准与西方大相迳庭，那就是强调作品与画家的人品，所谓"画如其人"。对待绘画的基本品质和要求，也应该是画家自身品质的体现。对于国画家素养最值得重视、最直截了当的要求，就是要读书、写字、作诗、作文与交游。而这几点，在我看来，白磊都做到了。

作为一位极具创造性的花鸟画家，白磊的探索是多方面的，这种多方面的探索归结于他对人生和美学的深度思考和不懈实践。中国花鸟画的历史虽然漫长悠久，但前人在题材上留给当代人的依然跳脱不出花草鸟禽，要想在创作上有所突破，困难可想而知。但纵观白磊的大写意花鸟画，之所以让人耳目一新，我觉得其中一个很重要的原因是他大胆采用了不少独特的技法，特别是在创作中对水的运用。白磊自己曾经这样写道："也许是南方多水的缘故，我对水有特别的兴致，树因水而苍葱，石因水而润滑，花因水而明丽，鸟因水而欢唱，草因水而清翠……将自然界的生命之水注入画笔，墨则雨润，彩则露鲜，更能真挚地表达对自然的感受。基于这个原因，我较注重花鸟画水的运用，喜欢将水用足。"

水墨水墨，二者相辅相成。用水的经验显示着画家的基本功，石涛有云：作画有三胜，一运于水，二运于墨，三受于蒙。白磊深谙此道。在白磊的大写意花鸟画中,水的运用可以说达到了淋漓尽致的程度。我特别喜欢他的几幅作品,例如作于2006年的《秋塘》,展现在观者面前的仿佛真的是一片湿漉漉的秋塘,莲蓬在诉说着光阴的故事,归鸟扇动着轻灵的翅膀,一股水气弥漫卷外,秋意浓浓。在这幅作品中,用笔大胆,用水老到,无论是点擢还是涂抹都恰到好处。例如作于2002年的《墨团团里天地宽》,构图与众不同,作为视觉焦点的两只金鱼悠然放纵,蓝色的水波静中有动,动中有静,而在墨的处理上由于运用了大量的水呈现出变化多端的层次,以湿破枯,以枯破湿,变幻莫测。再如作于2000年的《湛露蒙蒙湿未消》,从题目就可知见这是一幅关于水的作品,大量的用水使画面产生令人意想不到的朦胧效果。笔条墨色似断断续续又藕断丝连,浑然一体,又变化多端。

笔墨之道本乎性情,凡能涵养性情者则高之。孔子云:仁者爱山,智者爱水。而在我看来,对水情有独钟的白磊定是一位心闲意定的智者。

我特别欣赏白磊先生的《笔墨难写是精神:白磊书画理论与作品选》一书,淡雅的封面、丰富的内容、与众不同的编排方式一下就吸引了我。这本由厦门大学出版社出版的著作是白磊生动的创作实践和丰富的创作理论的全面总结。朴实无华的语言,深入浅出的论述,充满个性的理论见解,让人为之一振。在我看来,衡量一个人学问的高低,并不是仅仅看他知道了多少,而是要看他用哲学的头脑提炼和概括了多少,绘画亦然。正是基于此,白磊的大写意花鸟画和他对理论的阐述显示了言简意赅、以一当十的审美追求。

笔墨难写是精神,这是白磊长期从事绘画艺术的感悟。白磊认为,书画之道,离不开灵性和学问,无灵性不能驾驭笔墨,有学问才能表达思想,思想是什么,就是通过画自然画自己,通过物质体现精神。很显然,白磊紧紧抓住了"笔墨"这一语言体系,深入到艺术创作的内核"体悟"这一中国文化中特有的认识境界之中,这里包含了他对许多前辈绘画大师的仰慕与学习,也包含了他对自己多种尝试的舍弃,还包含了他对多种中国画语言体系,例如诗文、书法等语言体系个性化的追寻。

笔墨难写是精神,循着这条思路,在丰富和大量的创作实践基础上,白

磊认为当代写意花鸟画的构成要紧密把握三个方面：一是中国写意花鸟画以表现生命、再现自然、表现物象为己任，因此所描绘的物象应该是生命力的象征和歌颂，是作者心灵的感应，所构成的画面应充满生机和活力，总体上必须有大的气势。二是画面的分割、层次、组合是形成节奏，营造气势的重要环节，要时时注意把握画面的整体，处理好构成之间的互相关系，使画的血脉流畅，气息相通。气通则灵动，气息有回旋的余地，画面也就活跃起来了。三是构图取势全在于激情使然，大的情感才能产生大的艺术境界，只有具备强烈的创作欲望，才能产生大的构成境界，撑起画面宏大的气势，并由此逐渐展开。

白磊对中国传统绘画艺术服膺有加，他长期研习八大山人、齐白石、吴昌硕、虚谷、任伯年、王一亭等大师的画作，并为之神往。他说人品、气韵、生动并非一朝一夕可得，全凭在漫长岁月甘于寂寞沉浸其中的点滴积累。他认为在当今世界，现代化为艺术创作提供了前所未有的广阔空间，然而，科技的进步和市场经济的发展同时给当代人带来浮躁和惰性，名利的诱惑和环境的吵杂使艺术家不能像前人那样超脱地平心静养。因此，在这样一种现实情境中，树立良好的创作心态，努力排除为名利所动和急功近利的干扰就显得十分重要。

白磊十分强调作品题跋款识的言简意赅，求字之别味，文之深味，句读之趣味。白磊的书法深受柳公权、赵孟頫、黄道周、张瑞图、潘天寿的影响，凸显了峻峭奇险、潇洒灵动的风格。白磊曾写过一篇《画家应有书法情结》的文章，对书与画之间的关系作了深刻的阐述。他认为画家不一定要成为书法家，画家练字，也不仅仅是为了落款和题跋的需要，更重要的是要善于从书法的审美精神、创作规律、笔墨运用诸方面得到借鉴和利用。

细观白磊的作品，我觉得其中最可贵之处在于，白磊的创作已经进入一种绘画的最高境界，那就是"随心所欲"。他的创作没有预先的推敲，没有琢磨，完全是即时性的。在他的作品画面构成中，没有先入为主的任何痕迹，而是将个性化的符号形成渗透于创作的过程的进行之中。这是一种内心式的感悟，是没有推敲的推敲，没有琢磨的琢磨，是一种更高形态的创作境界。

在与白磊的交谈中，我感觉白磊是那种重情重义的人。白磊自幼喜欢画画，对于自己的艺术跋涉之旅，他特别感激他的几位恩师对他的提携和栽培。

黄敏，是白磊厦门双十中学当年的美术老师，也是厦门有名的画家，在二十世纪40年代，黄敏的工笔画就已蜚声东南亚一带。黄老师发现白磊的绘画天赋，立即将他吸收为自己特别的学生，为他开小灶，私下传授绘画技巧。黄老师是画工笔花鸟画的，见白磊聪明伶俐，悟性高，便鼓励他学写意花鸟画，学齐白石、张书旗、任伯年、王一亭。白磊不辜负老师的期望，学习非常勤奋，进步飞快。白磊的一位中学同学回忆白磊中学阶段的学画过程时这样记述：没有画册，他就剪画报和报纸上的名家作品，贴成册反复揣摩。他小时家贫，一家六口人挤在一间十平方左右的房间，白磊就把一个只有一米宽的"半仔楼"辟为画室。那半楼上只够铺一张草席睡觉用，白磊从半楼栏杆上伸一块木板，另一端用铁丝悬于屋梁上，画板左侧靠墙处用几块木板搭成一书架，这就是他的第一间"画室"。

萧白亮先生也是白磊的启蒙老师之一。在白磊的记忆里，萧老师是"登临"过白磊第一间"画室"的老先生之一。白磊至今依然记得第一次上萧老师家的情景。出来开门的是萧老师的女儿，把白磊引进客厅，然后朝里屋的萧先生喊到："爸，有一位少年人找你。"萧先生出来后见到白磊，笑呵呵地对女儿说："以后要讲你的朋友来了，我们是忘年交。"白磊至今都无法忘怀那样的场景，那样的对话，当时的白磊才十五岁，而萧先生已是六十五岁高龄的老者。

书法大师罗丹是白磊的另一位启蒙老师，罗丹的书法艺术别具一格，精通文字学、书法史、诗词，是一位炉火纯青的书法大师，在厦门海滨的环岛路上，便矗立着一尊巨大的罗丹先生的铜像。在白磊的记忆中，罗丹老师总是一脸慈祥的微笑，"他的微笑，对当时年幼胆怯的我们，是一种与老师之间温馨的贴进"。白磊永远也忘不了，无论是罗丹老师在家读书或写字，听到敲门声，透过他家那扇栅栏式的大门，罗老师一看见白磊他们稚嫩的脸庞，便笑咪咪地出来开门，有如迎接贵宾似地把他们迎了进去。

正是这些德高望重、循循善诱的恩师，为白磊打开了通向艺术的大门，将白磊引进了五彩缤纷的艺术世界，而白磊也从他们那里不仅学到了绘画之事，更学到了做人的道理。而这一切，是那么清晰地刻在白磊的脑海中，就像刚刚发生在昨天一样。

白磊1990年在上海朵云轩举办了第一次个人书画展，著名画家、当时的上海美协主席沈柔坚亲临剪彩并发表了热情洋溢的讲话。1991年由上海书画出版社出版的《白磊书画选》一书，著名画家陈大羽亲自题签，沈柔坚作序。沈柔坚对白磊盛赞有加："艺术创作上可贵的是能够运用自己的艺术语言表达自己的情感。白磊的花鸟画既不脱离传统，又不囿于传统。他善于在人们习见的题材中，以自己的技巧融入自己的思考，从而形成自己的风格。"

白磊的画室叫"不闲斋"，如今的"不闲斋"主人白磊依旧满怀创作的冲动，依旧乐呵呵地忙碌着，他常常有表达的欲望，该做什么、怎样去做都是随心所欲。他告诉我，一位画家如果觉得自己没有欲望和冲动的表达，那就说明自己内心已经没有能量了。而在我看来，如果有一种画派可以称之为"闽南画派"的话，白磊无疑是这一画派最有代表性的画家之一。

李晓伟：做艺术家最想做的事情

将我的车子停在晓伟白色的东风本田吉普车旁,然后站在兰庭新天地的一幢紧挨长安山的新楼旁听手机中传来的晓伟富于磁性的男中音:"我已经看到你和你的车子"。

晓伟的新房子装修正在进行最后的"扫尾"工作,他带我去看他的新房。这套位于福建师大长安山下兰庭新天地的房子位于顶楼,以白色做为装修主色调,古色古香的旧式壁炉,欧式的古董转椅,红色的水晶吊灯……,让人印象深刻。

本来想去晓伟的画室看看他的新作,晓伟说,画室很乱,因为正在搬家,于是,我们就改在兰庭新天地附近的一家叫做"沃克"的咖啡馆里聊天。我要了一杯卡布其诺,晓伟则要了一杯果汁。于是,对福建师范大学美术学院李晓伟教授的采访"正式"开始。

其实,这样的访谈形式要远远大于内容,因为对我而言,晓伟是相识已久的老朋友了。回想上世纪八十年代末九十年代初,我和晓伟一同居住在福建师大意园的一幢老旧的红砖楼里,他住东头的一楼,我住西头的二楼。

意园并不起眼,但在当年,许多师大重量级的老先生都住在那里,包括易学大师黄寿祺、教育家檀仁梅、美术教育家谢投八、历史学家朱维斡、音乐教育家片冰心等等。虽然那会儿物质生活相对单调,但精神生活却美丽而富足。对我而言,那是生命中可以触摸到花开花落的声音的美妙时光,相信晓伟也大抵如此。他的很多油画精品都是在那里"诞生"的。

我曾写过一篇《缅怀在意园度过的时光》的散文,并收在我的散文集《青春的私语》中,记录的就是生命中这段饱满的岁月。满墙的爬山虎,夏天没完没了的蝉鸣,以及时常让人揪心的蜂窝煤,让我印象深刻,而如今,我别墅的名字,就起名"意园"。

晓伟很忙,但在我看来,晓伟忙得都是作为一位艺术家最想做的事情。

他在北峰宦溪山上盖的房子基本的架构也已经完成,那挑高六七米的大厅让人艳羡。房子临水而建,砖木结构,造型庄重而又大方,与山水精神相契合。

晓伟还在兰庭新天地新居的对面一层租了两间临街的房子,打通后改造成了画室。晓伟认为,一位画家一生中一定要画过一回大画,那样才"过瘾"。于是,由他领衔,创作了鼓山脚下福建革命历史纪念馆近 1500 平方米的大型半景画《解放福建》;《解放福建》栩栩如生的画面被鼓浪屿郑成馆纪念馆看中,又邀请他创作近 600 平方米的大型场景油画《郑荷台海激战》。"以前主要在外面画大画,在家里则画得比较少,现在就有条件画大画了。"晓伟说。

从画室仰头就可以看到新居的窗户,从新居向下俯瞰也可看到画室的灯光,其实二者是相互的延伸。

不仅如此,晓伟还在北京的"环铁"租了一间一百多平方的画室,画室也已经装修完毕,朱进、陈志光等福建响当当的大牌画家的画室都租在附近,那里交通很方便,坐地铁可以穿越北京城的东西南北。

我问晓伟:"你弄那么多画室干什么,而且还在北京?"晓伟说:"生活要有一些流动,没有流动,心灵和创作的能力便会慢慢萎缩。"晓伟告诉我,作为艺术家,需要一种游牧的感觉,需要让心灵自由自在地行走,去接纳新鲜的刺激。


论福建的中青年油画家,绝对不能绕过李晓伟。

上世纪九十年代以来,福建当代架上绘画相当繁荣,以福州为核心,搞了很多国际性的活动,出了很多画册,例如"单称陈述"、"漂移"、"亚太地区当代艺术交流展"、"同异性描述"等等,任教于福建师范大美术系的李晓伟不仅是参与者和亲历者,而且在其中起到了推波助澜的作用。

我一直以为,晓伟是福建油画界写实功底最强、对色彩把握最好的油画家之一。

晓伟最初给我留下深刻印象的是他的一组以惠安女为题材的写实作品,画惠安女的画家很多,但在晓伟的作品中,惠安女被赋予了一种神圣庄严的意味。苦难已经被海风凝结成了一种符号,安详的嘴角、忧郁的眼眸、起伏的呼吸,像一段遥远的传说,又像平静的叙述。

以"树上的时光"作为总题的一组作品是晓伟有选择地对当代话题的介入。"树上的时光"都是以一群朋友作为主角,或坐或站或蹲在树上,略有所思,时光从树叶的缝隙倾泻而下,有一种梦幻的感觉。树是最富有南方气

　　息的符号,阳光具有某种象征性,它代表了一种非常短暂的美好。晓伟试图以树作为当代意象,在复古与传统中微妙地表达出当代人的意趣,具有某种荒诞感。我曾在美术评论家王鸿的"玫瑰园艺术馆"看到过晓伟的"树上的时光"巨幅作品,画布上有王鸿、晓伟等一群画家。"树上的阳光"系列还参加了亚太地区当代艺术邀请展。

　　之后是"唱和"系列。"唱和"系列的主题性更强,以夏天的知了借物喻人,表达了画家对人类生存状态纯净性的美好追求,画家从心灵出发而构建的伊甸园般的境界,无疑会感动每一位在当代忙忙碌碌世俗世界中随波逐流的人。"唱和"系列中,知了的处理维妙维肖,温情主义弥漫了整个画面,知了形态独立,富于生命的气息,在观念的借用与绘画性的保持之间形成了呼应。可以说,从知了开始,晓伟获得了自己的个人符号。我的办公室现在就挂着晓伟的"唱和"系列,画面是湛蓝色的天空,用单色调描绘的女性头像简洁而又饱满,人物刻划内敛而又随意,点缀的绿叶让人触摸女性生命的律动,横穿而过的枝桠上匍匐着一只唱和的知了。有意思的是,晓伟在画面上还添加了一架呼啸着划过蓝天的战斗机。时间与空间,梦想与现实,物质与精神,前世与今生,汇集成一个个生动的细节。

"隐·性"系列去年在上海展出,颇受各界好评。这是一群失意梦游的单身女性,无奈、迷茫、孤独、无助、困惑、压抑等种种现代女性的生存焦虑被刻划得淋漓尽致,生活与生命的压力使现代女性的心理焦虑日益严重,无法排遣,一种"等待式的能量爆发"在晓伟看似漫不经心的构图中宁静地表达出来。晓伟对弗罗依德非常推崇,在他的这组作品中,你可以解读出弗罗依德精神分析学派中关于"本能"生活对他的影响。隐与性,灵与肉,心与境,在封闭的个体空间中女性的欲望在悄然地绽放。

"水族"系列是晓伟最新的尝试,也可以说是对"隐·性"系列的深化。以铝塑板为媒材,在上面以黑灰单色调的笔触呈现了现代女性的情感和生存困惑。在"水族"系列中,画面上的女性几乎都拿着书,但眼睛却盯在别处,眼神与肢体语言十分丰富,平面感很强,却隐含着内在的张力,基本上是一次性完成。表面很光滑,犹如女性的皮肤;感觉却很冰凉,似女性的内心。有意或无意的笔触"印痕"像流动的水的波纹,这些印痕呈现了一种关于伦理、文化、物质、内心和日常习性的综合性体验,思想的死亡与身体所蕴含的爱欲的张扬如此如影相随。

有些人觉得晓伟的画风一直在变,但晓伟认为所谓变是相对的。我们总是面对未知的世界,艺术的空间有许多可塑性,就像人体你可以画得很单纯,也可以画得很写实。

而在我看来,一位艺术家画什么样的感觉不是去刻意去追求某种状态,而是在一个大的生存空间里根据自己的体验和领悟来把握现实中自己的感觉积淀。

喜欢挑战,喜欢实验,喜欢超越自己,不断对自己提出新的课题的晓伟的每一次的"转变"都让我们的视觉感受到一种全新的冲击。

2010年4月底,由著名美术评论家、中国美术馆馆长范迪安先生策展的李晓伟个人作品展《再关系》在上海多伦美术馆开幕,我有幸应邀观摩了李晓伟的个展。这些以武器与口红为主题的作品以出色的观念和时尚的视角对武器与口红的内在逻辑关系作了令人为之一振的梳理和阐述,充分显示了李晓伟厚重的学院派的学术身份和知识背景。

《沙鹰的宿命》、《当伯莱塔邂逅迪奥》、《欲望》、《看上去很美》、《和你在一起》、《危险关系》等,每一幅作品都非常具有震慑力,透着一种冰冷的妩媚感,纤毫毕现的夸张的对比而形成的颇耐咀嚼的哲学内涵让人印象深刻。

众所周知,武器是战争的产物,置人于死地的武器是一种强势力量的体现。在我们熟悉的日常经验里,武器制造的悲剧比比皆是。在我们熟悉的电影里,我们可以看到,武器扮演了多重的角色:或英雄沙场归来的悲壮,或无可奈何的一声沉重的叹息,或不可确定的扣人心弦的悬念,或重叠的记忆中模糊的叙事⋯⋯。

一般而言,武器是男性的象征,那狂野的沙漠上,马蹄卷起漫天烟尘,马背上的西部牛仔腰间的左轮手枪让人看到征服者无与伦比的英雄气概。而口红则是女性特有的专属品,艳丽的口红既具有迷人的魅力,又同时是一种诱饵,就像一款叫"毒药"的香水。华服浓妆之后,女性缓缓地从精致的包里拿出口红,然后轻轻旋转,对着双唇,上下涂擦,然后轻轻一抿,这是女性最后的一道仪式。把自己当作高贵的公主或待价而沽的猎物,等待着心田被美丽、诱惑和欲望占满。

仅仅以武器或口红作为"叙事"的题材显然是单调的。当晓伟将二者进行并置,让我们跳出传统的思维定势和惯常的生活经验,形成了现实经验层面的不合理性。他呈现给我们的是一个有意义的矛盾和冲突——男与女,强与弱,生命与死亡,和平与毁灭⋯⋯。

但有意思的是,在这些对立的概念中,在许多层面上,二者都是可以相互转换的。比如,一抹极其诱惑性的口红,有时它的致命性超过了一支冰冷的手枪,它可以轻易地将一个威风凛凛的男人征服。口红就像一把双面皆刃的刀,舞动起来,谁知道被伤得更多的是哪一方? 是执刀的人,还是欲夺刀的人? 用一个虚设的并置场景去证明一个现实经验的不可靠,让思辩的观者乐此不疲地去试图接近真相, 也许这种互动的方式和理解的开放式,才接近晓伟创作的本意。

在晓伟看来,武器的外表总是凝聚着最高的器物审美,其美丽和高贵让人情不自禁。武器在功能上具有杀伤力,令人望而生畏,但在造型和比例上最符合审美的实用性,在质感上其机械的冷峻感和绝对性让人产生依赖感、信服感,是美丽与危险的复合体。

《沙鹰的宿命》画面简洁而明朗,锃亮的枪管和闪着寒光的口红像一对陷入情欲的男女,一触即发。"沙漠之鹰"深受好莱坞电影制片人的喜爱,在许多电影中都有它的身影。在这幅作品中,黑色的背景强烈地突出了枪与口红,它象征着令人不寒而栗的美丽与危险。等待进攻的瞬间布满了致命的诱惑,此时有声胜无声,无声胜有声。手

枪与口红所具有的毁灭和再生的双重性,对晓伟来说无疑具有值得挖掘的潜在内涵。

《当伯莱塔邂逅迪奥》在视觉上给人一种巨大的冲击力,口红被无限放大,就像一团烈焰,这正是女人的力量——可以在无声息中将男人烧得体无完肤。伯莱塔手枪反而成了衬托——强悍的伯莱塔也有柔弱的一面,就像男人,而柔弱的女人则一时成了主角,成了征服者。一枚口红显示了巨大的力量。显然,口红意外开启了晓伟艺术创作瞬间的灵感阀门,记忆与现实的点点滴滴相互交错、撕扯和融合,形成一种含义复杂的崭新面貌。

与《当伯莱塔邂逅迪奥》异曲同工的是《当沙鹰邂逅香奈尔》,如果细心观察的话,后者比前者在笔触和色彩上更丰富,更到位,在图像的互为比照

中形成语义的叠加和意义的深化。沙鹰的枪柄上有一排类似钢琴琴键的凹凸槽,而口红的下方同样有一排类似坦克履带的装饰,枪筒上的"以色列制造"十分醒目,而以色列正是现代战争最频繁的地区之一。直立的口红与斜线的沙鹰构成一种不稳定感,为残酷的美丽做了有效的铺垫。

《看上去很美》将口红直接与枪形成两条平行线,这是两条美丽而又危险的平行线,由于脱离了具体的场景,给人以一种无限的联想。《欲望》故意减弱枪与口红的清晰度,但让人更为紧张和血脉贲张的是,那黑漆漆的枪口和口红正对着你,它真实地告诉你,生活中的危险和诱惑无处不在。

我最喜欢的一幅是《危险关系》,在这幅作品里,各式各样的枪械和各种品牌、各种颜色的口红构成了一个错综复杂的危险关系,它们零乱地重叠着,向着同一个方向无声地呈现了现实世界的内在本质。危险的冲突、贪婪的性、征服者与被征服者之间的顺从与顽抗等诸多因素被处理得既若无其事又触目惊心。

晓伟的作品总是追随自己的感受去选择绘画表现的题材与方法,在他那里,方法是随着他的内心表达的需要而发展起来的,对象的选取和组合也是由此决定的。正如他自己所说的:"引发我创作有关人类安危的'武器与口红'系列作品的原因很多,可能和我军人家庭的出身背景和儿时的记忆有关。福建闽南是距台湾最近的地区,我很小就感受到战争的危险气息……武器与口红的并置,使我看到了一种视觉上的'化学的力量',我沉迷其中……'武器与口红'系列作品折射着我对美丽与危险关系的感受,是关注人的生存状态主题的延伸,也是从画人表现人类到画物表现人类的语言置换。"

西方一位哲学家赖特(Q. Wright)写过一本书,叫《战争研究》,他把人类历史上的战争分为五个阶段,即动物性的战争、初级阶段的战争、文明阶段的战争、近代战争、当代战争。显然,他是根据时间顺序和人类文明进化程度来划分战争的。在动物性的战争中,只靠自己的身体器官,比如公牛的角。当然猴子有时也会向对方扔石头,一些高级猿猴还会使用棍棒投入战斗。原始人所使用的武器也只是石头、棍棒之类的东西。

但当战争与政治、经济、宗教、性、心理学等联系在一起时,就变成了一

种危险的关系。纵观一部人类的战争史,不能说全部,但其码可以说局部是"口红史"——因女人而引发和终止的战争不计其数。

晓伟搬出很多关于武器的画册给我看,在一本有关各式各样手枪的画册中,我的确看到了武器的望而生畏的美——从手枪中飞射出的子弹和弧线具有一种极为从容的美,手枪的天衣无缝的手感是没有接触过手枪的人所难以想象的,手枪的威慑力量即使是有时弹匣中没有子弹也可以让对手闻风丧胆。

也许晓伟对手枪的敬畏与生俱来。晓伟提起他印象很深的是,小学三年级时,母亲带他到父亲的营房去看他,父亲居然把他带到后山打靶,他在父亲的指导下,战战惊惊地提起手枪,打了五发真的子弹。从此,他对武器的好感日积月累。在晓伟的作品中,口红被极度放大,当口红的尺寸达到与武器同等比例后,画面产生了戏剧性的结果——口红就是一支手枪,就是与手枪具有同等意义的实实在在的力量。

晓伟认为,"现代化"为人类带来了空前的发展,我们享受着现代文明的同时也在"享受"着现代化武力的威胁和摧残。人类生存在人性文明和武力文明并驾齐驱的时代。人性的力量在明显地扩充,危险的力量也在急剧地膨胀,就像两条很美和很危险的平行线。这是一种有意义的哲学思考,是站在人类的立场面对世界性的普遍问题而进行的思考。

在我看来,在中国当代艺术中,站在中国的立场,面对中国的问题,与站在人类的立场面对世界性的普遍问题,已成为两种不同的艺术取向。当考虑到前者的中心地位和后者的边缘状态时,我认为晓伟对人类普遍问题的关注,无疑具有在艺术潮流之外保持独立艺术立场的品格。中国当前的架上油画的发展,面临着诸如文化语境的转换、艺术市场的运作、前卫艺术的冲击以及多媒体的科技手段等的冲击,对于架上油画的视觉语言深化,形成了多种实践和探索的参照。在这一方面,中国学院派画家的突出优势,逐渐形成了一种实力派力量。李晓伟的这些作品,显然具有独特的意义,他的艺术体现了现代主义与中国学院教育的内在联系。


作为一位画家,李晓伟是纯粹的;作为一个人,他是很诚实、很单纯的。

印象很深的是有一年我们几家一起结伴带小孩去香港自助旅游,一天我们坐中巴从尖沙咀回住的酒店。在到达终点站时,乘客匆匆而去。晓伟忽然瞥见一个座位上"躺"着一个黑色钱包,他立刻拿起冲下中巴,将钱包高高举到空中大声呼叫:"谁丢了钱包! 谁丢了钱包!"但没有人回应,但晓伟不为金钱所动,他很礼貌地将钱包交给了中巴司机,嘱咐司机想方设法找到失主。从这件小事,可以看到晓伟的处世为人。

晓伟的脾气很好,和他的太太丁翔在一起,说话总是轻声细语,温文尔雅,很绅士的感觉。我们一班朋友在一起吃饭的时候,其中的福建师大传播学院副院长刘泓教授总是半开玩笑地对丁翔说:"晓伟不仅仅是属于你个人的,他是属于福建师大的,也是属于福建和中国油画界的。"听后我们会心地哈哈大笑。

晓伟是山东人,但他小时候是在水仙花的故乡漳州度过的。父亲是一名军人,曾经担任云霄县委书记,晓伟很自豪地说,在父亲任上修了一条向东水渠,将淡水从云霄送到东山岛。晓伟对童年的生活充满了美好的记忆:"那是很野的年龄,任你纵横驰骋的年龄,非常地自由自在。"他回忆道,从小学到初中,自己有很多小伙伴,中午一个暗号,一群"野性难驯"的伙伴便冲向江边游泳,尽情地在江中嬉闹,常常忘记了下午上课的时间。晓伟说,有一次,班主任悄悄来到江边,将他们的衣裤全部都收走,结果他们游到岸边时,大声惊叫。班主任命令他们全部裸体站成一排接受"处罚"。烈日下,水从下巴一直往下滴,眼睛不敢看班主任。那次经历至今难忘。

晓伟对画画有一种天生的敏感,很早他就喜欢画连环画,看完一本书,然后就将故事缩短,加工成一段一段文字,再配上一幅一幅画。他对记忆画非常感兴趣,高中时经常站在家里的窗台前画速写。日常生活中看到印象深刻的人,回来后便凭记忆将其画出来。

上世纪1978年,晓伟考入福建师大美术系,毕业后留校任教至今。他在1985年就入中国美术学院"赵无极油画讲习班"进修,还在1993~1995年进入中央美院第七届油画高研班进修。近几年晓伟足迹遍布世界各地,到过日本、德国、意大利、法国、荷兰、美国等国家和地区,视野开阔了,作品的品格也日益成熟和稳健。

晓伟每天都在画画,每天都在工作,他画画便是工作,他认为这样的生活才是真实的。他觉得面对自己的每一件作品,不是一个特意要去完成的东西,而是一种融入了个人情感个人心态个人兴趣的个人的生活方式。在视觉艺术蓬勃发展的今天,绘画的技巧似乎失去了原来的意义,但晓伟依然坚持不懈地用绘画的语言来叙说当代的经验。他快乐地做着艺术家最想做的事情。

徐里:心的向往，
新的方向

位于曾厝垵的厦门市文联的红砖楼在上午的阳光下显得格外美丽,榕树的影子投在悠静的走廊、扶梯,撒下斑斑驳驳的光影,引人遐想。在徐里的办公室采访徐里,是一件很惬意的事情。其实这不是真正意义上的采访,而更像是一场老朋友之间无拘无束的神聊。

徐里递给我两张名片,其中有一张上面赫然印着:中国慈善大使。这是中国慈善总会颁发给徐里的新头衔。关于这个头衔,是因为徐里的油画《四臂观音》以 88 万元的高价被声名显赫的美国洛克菲勒家庭第五代传人小史蒂文·洛克菲勒收藏。众所周知,洛克菲勒家族是世界顶级财团,收藏有众多世界艺术大师的杰作和中国古代艺术的精品。洛克菲勒家族是世界上知名度最高的家族之一,人们在接触近现代乃至当代美国史的时候,绝对不能避开这个家族的姓氏,在纽约的最中心,有巨大的洛克菲勒广场。小史蒂文·洛克菲勒是曾担任过纽约州州长和福特总统时期的副总统的尼尔森·洛克菲勒的孙子,他毕业于耶鲁大学,目前是美国教育风险投资机构的主席,洛克菲勒慈善顾问团、洛克菲勒大学和基督教青年会的董事,同时担任格里曼美国基金、索罗斯经济发展基金和德意志银行信贷基金的董事。

被小史蒂文·洛克菲勒收藏的徐里油画《四臂观音》是徐里的近作。四臂观音是藏传佛教大悲观音的主尊,代表大悲、大智、大力,四臂寓意是慈、悲、喜、舍四无量,是密乘行者修心的法门。徐里多年来一直致力于雪域西藏的主题,创作了一系列有影响的作品。据悉,小史蒂文·洛克菲勒对藏密也很有兴趣,在了解到徐里是这一领域的著名画家后,于是,在美国微软中国顾问许昭晖先生的促成下,小史蒂文·洛克菲勒会见了徐里。

徐里回忆那次会见时说:"我慢慢打开这幅《四臂观音》,听到小史蒂文·洛克菲勒轻轻地惊叹了一声,他说'我太喜欢这件作品了。可惜我太太没来,如果她在这里,我想她一定会很喜欢这件作品的。'他表示说要把这件作品挂在家里。"

徐里说,自己的作品能被洛克菲勒家族收藏,这是一个很大的荣誉。因为据他所知,目前还没有中国现当代艺术家的作品进入他们的家族。洛克菲勒家族是著名的艺术赞助者,精于艺术品的收藏,美国现代艺术博物馆的藏品就可充分说明。

《四臂观音》以朱红和金黄为主色调，观音端坐莲花宝座之上，祥云环绕，画面光辉灿烂，表现了藏传佛教的"大爱"。

从原先倾力描绘西藏自然与人文风情，体现"东方神韵，民族特色，中国气派"到今日深入藏传佛教，描绘神秘藏传佛教的人间情怀，体现"和谐社会，民族团结，世界和平"，我认为这是徐里油画主题的自然延伸和内在深化，这是他心的向往，也是他新的方向。

徐里认为，画家贡献一些作品推动中国的慈善事业，是一件功德无量的事情，像通过洛克菲勒之类的财团为中国做一些慈善，是一种心灵有意义的回报，这也是画家责无旁贷的职责。倡导真善美是画家的责任，通过自己的作品为构建和谐社会添砖加瓦是画家义不容辞的义务。

徐里依旧开着他的大吉普车，依旧抽着他的烟斗，依旧做起事来风风火火。他总是无法把自己的个性完全收藏起来，他有很多朋友，乐于助人；他说话总是口无遮拦，同时又具有很强的表现力，经常一不小心就成为某个朋友们聚会场合的"主讲嘉宾"。

如果说人如其画，徐里的画给我的感觉是感性而又温和，有感人至深的真实的力量;如果说画如其人,徐里个人给我的感觉是直接且有力度,从不遮掩什么,坦诚得很有气概,和他的说话做事方式一致。

对西藏那块神秘的土地,徐里有一种特殊的感情。西藏题材一直在徐里的创作中占有特殊的重要性。早在 1987 年,他便曾两度登临"世界屋脊",足迹踏遍川藏、青藏、甘藏的山山水水。那神奇瑰丽的雪峰,那广袤坦荡的草原,那辉煌的寺庙、肃穆的圣像,那庄严的图腾、绵延无穷的玛尼堆经文,那诡秘莫测的圣湖和天葬台……,让他的心灵产生无比的震撼,之后像被夺了魂似的,常常神牵梦绕。

徐里的成名作"吉祥雪域"系列就是关于西藏的。"吉祥雪域"来自于他在行走西藏时所作的百多幅素描,这些素描多姿多彩,尽管是半成品,却已经为他后来的创作埋下了伏笔。似乎来源于一种原始的心灵感应:那邈远而无限虔诚的万物有灵的原始拜物思想是那样活灵活现地进入他的视野;那凝聚着藏族传统和内地、南亚文化精萃的高原艺术风格是那样唯妙唯肖地与他内心的冲动一拍即合。他进入了物我两忘、灵感最活跃的创作临界状态,他觉得"朗久旺旦"(吉祥如意)是人类最合理、最美好、最崇高的祈祷、祝福和追索,于是,"吉祥雪域"在他的画布上诞生了。

"吉祥雪域"系列最有代表性的作品是《天长地久》,这幅徐里的力作1989 年 9 月参加第七届全国美展在中国美术馆展出,获铜奖,同时被中国美术馆收藏。这也是迄今为止福建油画界所获得的最高荣誉,那年,徐里还不到 30 岁。

《天长地久》以最具藏族特征的祈祷场景构图,略加变形夸张,画面三人自成一个盛大的气势,中间一个藏女,豆蔻年华,身着花团锦袍,腰缠羔羊围裙并饰宽幅的兽皮带,胸垂璎珞项链,佩戴珍珠别针,足蹬脚尖上翘的藏靴。藏女长发披肩,双目含羞,表情平和优雅,体态丰盈饱满。膝下一只小吉羊,形貌祥瑞可爱。藏女左右两旁,各有一位喇嘛,如同铁塔耸立,神情威猛。左边的那位喇嘛手持号角,仿佛随时都可以吹出震人心弦的号角;右边的那位喇嘛则手掌雏鹰,象征高原雪域的神圣洁净。《天长地久》采用中国画的大笔触,藏族传统的釉陶纹饰及门面建筑的格局,民间单纯明快的线描重彩,兼施西洋古典的透明罩色,表现了藏族同胞豪迈、粗犷、豁达的民族气质和博大、宽厚、乐观的精神风貌。

　　与陈丹青、艾轩表现西藏题材的作品完全不同，徐里"吉祥雪域"系列没有了那种忧郁、沉重以及苦难的气息，取而代之的是吉祥的"欢乐颂"，色彩华美壮丽，高贵典雅，笔触柔软厚实。徐里曾经这样描述自己对西藏的"热恋"："我为什么喜欢画西藏？因为在那里可以找到现代文明失却的东西。藏民们的物质生活简单得不能再简单，甚至令人难以置信，但他们不但满足，而且还肯舍弃——舍给寺庙和喇嘛。得与舍的关系，我们究竟明白了多少呢？"在徐里看来，藏民族的生活和信仰都包含了一种大智慧，这种大智慧更接近生命的本质。

与徐里、陈文令等在厦门的一家高级泰国餐厅吃饭,聊艺术,聊人生。陈文令是目前国内炙手可热的青年雕塑家,他的一系列雕塑作品,从"红色记忆"到"幸福生活"都深受观众喜爱,在中国当代艺术家作品拍卖市场占有一席之地,据徐里说,仅去年陈文令就进帐1000多万。

徐里与陈文令目前都在北京最繁华的CBD中心区买了房子,而且他们是邻居。据说那幢楼还住着冯小刚、陈道明、巩俐等大腕明星。陈文令已将生活创作的重心移到北京,而徐里由于身兼厦门市文联专职副主席,成了北京、厦门,厦门、北京的"空中飞人"。徐里在北京国贸附近还有一个近400平方米的工作室,可见徐里目前的实力。

徐里毕业于福建师范大学美术系,长安山下浓厚的艺术氛围开阔了徐里最初的艺术视野。这位来自闽北建阳麻沙的虎头虎脑的艺术青年不仅在长安山下迈开了艺术的最初的脚步,而且还收获了爱情。一位中文系毕业的漂亮女孩后来成为他的太太。

徐里出生于上世纪六十年代初。有人说,这个年代出生的人偏爱宏大的叙事,不拘泥于小节;容易热血沸腾,不太理性。而在我看来,这正是这个年代出生的人特有的精神性格,他们是"红旗下的蛋",他们具有"幻想"、"漫游"的气质。当这两种性格特点转移到徐里的画布上时,就变成了一种风格:一是徐里的作品具有史诗的情绪;二是徐里的作品具有诗性的特征。

徐里只画宏大的场景,不画小枝小叶的东西。在徐里看来,日常生活不但琐碎,而且转瞬即逝。只有永恒的事物才具备画面准入资格,例如山川、河流、高原、明月;如果画面上出现人物,就把背景抽空,只留下几个意味深长的符号,给人一种前不见古人后不见来者的寥廓感,你无法判断具体时代,那是因为他让所有时代作为自己的背景。在另一方面,古典美学哺育了上世纪六十年代出生的艺术家的青少年时代,他们的趣味"不可救药"地带有唯美色彩,喜欢辉煌、壮丽、深沉、优雅,而这正是徐里作品呈现出来的审美风格。

当然,也不能完全说徐里只会画大题材的作品,只会画西藏,徐里新出版的画册《我行我画》就展示了徐里的另一面——他同样可以驾轻就熟地创作油画小品。正如著名画家吴悦石在为徐里这本海外油画写生画册所作的序中写道的：

"徐里的旅行写生如同绚丽的天织云锦，以他极富感性的心灵，尽情地挥洒出一篇篇动人的凝固乐章。他用形象生动的语言，向你倾诉旅途中的感怀，如同皓月临窗，引发你无限的遐想，又如幽谷鸣泉，拨动着你发出共鸣的心弦。不是观者的情感过于脆弱，是徐里施了魔法的手把他眼中的大自然罩上了迷人的光幕。

徐里的眼睛好像具有奇异的力量，能够从平凡的物象中发现不平凡。

徐里的心灵能感应物象，感应物象自身的生命，像人的脉搏同物象一起跳动。

徐里能心手相师，又心手相忘，忽然间已化作物我两忘，于是精彩迸发出来了，风格也迸发出来了，绘画有了真实的生命。"

在徐里的这批油画写生作品中，用色单纯简洁，构图轻松活泼，笔触大胆奔放，画面气氛的处理也不再去刻意突出文化象征意义，而是着重于捕捉自己的第一感觉、第一印象。

徐里很忙，他有忙不完的有关艺术的事情。这几年，厦门的美术活动非常活跃，这里面便有徐里的功劳。厦门美术馆、中华儿女美术馆的建立，首届中国漆画展、厦门国际漆画双年展的举办，"中国三代油画家鼓浪屿印象"油画大展、十届美展雕塑展等等，许多展览都是"国"字号、高规格的。徐里说，要办就要办最好的，以"中国三代著名油画家鼓浪屿印象"油画大展为例，政府没有出一分钱，完全市场化运作，不仅没有亏本，而且还有盈余。"鼓浪屿印象"油画大展已举办多届，先后邀请了戴泽、魏传义、钟涵、罗尔纯、闻立鹏、妥木斯等 67 位在当代中国画坛上具有重要影响的老中青三代油画家分批亲临鼓浪屿进行写生创作，艺术家们以各自独特的艺术视角和艺术感悟为鼓浪屿留下了 112 幅作品，展现了鼓浪屿的风景与人文、昨天与今天、历史与未来，引起中国油画界的高度重视。

很忙的徐里生活却井然有序，他时常出现在艺术圈里，时常参加朋友们的聚会，时常接受媒体采访，他的作品层出不穷，他的足迹踏遍五洲四海……，心的向往无穷无尽，新的方向渐渐明朗。

袁文彬：像树一样生长与思想

如果"倚老卖老"的话,可以说我是看着袁文彬"成长"的。虽然他比我小几岁,但却是我不仅仅属于艺术圈内的最好的朋友之一。他幽默风趣,谈吐不俗;他温文尔雅,机智而富灵性,就像他的名字一样,文质彬彬。

　　屈指算来,与文彬认识已近二十年,我不记得第一次是如何与文彬相识的。印象中好象是在长安山下的福建师大教工舞厅。上世纪八十年代末九十年代初,那时候我们一班年轻教师周末常常在那里小坐或在简陋的舞池中起舞,一是为了消磨时光,二是结交志同道合的朋友。

　　至今依然很怀念那样的一个时代,浪漫与反叛是生命中注定流过的血液,无论是政治、文学、艺术、哲学,大家相聚在一起时都"高谈阔论",无边无际。思想的闸门一旦打开,便滔滔不绝。没有遭受污染的青春明媚而又宽广,理想而又浪漫,每个人都好像既是哲学家,又是诗人。

　　长安山下 21 号楼、22 号楼、23 号楼、24 号楼是福建师大年轻教师的聚居地,遗憾的是如今这四幢楼都已被拆除。灰色的砖墙、木制的楼梯、狭小的空间,但那里的故事却见证了一个时代的力度和深度。我曾住过 21 号楼 205,后来又搬到离校园不远的意园。而我离开福建师大时,文彬又搬进我曾经住过的意园一号楼 211。

　　印象很深的是,那时期的文彬,每一件作品都充满了艺术的灵气,他画《窗前的我和油灯下的家人》,画《有牛骨头的静物》,画《灵子》,还给我画肖像。也许这段时间正是他艺术的沉淀期——成长本身就是一种沉淀的过程,何况艺术。他总是不断地提醒自己,永远清醒地保持一种开始的状态。

　　更有意思的是,文彬结婚,他的新房门口的红色对联是我连夜手书的,而他美丽的新娘子是我一大早开着白色的雷克萨斯将他接回来的。

　　时光飞逝,让人无限迷惑和感怀。

　　总是一副娃娃脸的文彬如今已是中国油画界年轻的新势力,作为天津美术学院油画系年轻的教授,作为天津美术学院油画二室主任,文彬不断地用他的一系列作品阐释着他的深刻的思想。也许有一些人搞不懂他的作品内在意义,但这并不妨碍文彬对思想的表达。如果说蕴涵着对历史和现实的启示性思索是评价艺术品的重要标准,那么文彬显然是目前中国当代架上绘画值得关注的一位。

自上世纪 90 年代以来,文彬一直以知识分子的独立身份,关注和反思中国社会变化的意味和问题。无论是《麦当劳叔叔系列》,还是《大戏偶系列》;无论是《七贤图系列》,还是《美人秀系列》;也无论是《波伊斯》系列,还是刚刚在北京展出的他的个展《复式经典》系列,在他的作品中,对当代文化情境的感性把握"维妙维肖"。当代中国社会中传媒的力量、大众文化的泛滥、全球化资本流动、中国社会各阶层变迁、艺术的中外冲突与比较等问题,他都能从社会批判的角度,以形象的奇异组合和意义的互相出发,对其意识形态及后面的动机和推动力给予深刻的表达和解读。有评论家认为:"袁文彬的多个系列性创作,表现出画家对于绘画本体的理解以及画家对于艺术的理解。每系列作品之间有着较为明显的连续性。通过对色彩、色调以及结构、造型或相悖或关联的分析之后,袁文彬更加突出绘画语言的对比与和谐。当画家处理绘画诸多元素的方式与一系列价值观念的关系确立之后,就应该考虑如何将这种关系积极地渗透于作品的创作之中。在这一点上,袁文彬表现得颇为敏感和成熟。"

　　有一天晚上与一群画家在南江滨雕塑公园内的宜水居雅聚,福建名画家宋展生先生不经意间就说到袁文彬,说他是一位很有思想的画家,展生先生的父亲是已故著名的花鸟大师宋省予,展生也是文彬的美术启蒙老师之一,他的观点与我不谋而合。

　　艺术是什么? 一千个艺术家会有一千零一种回答。

　　文彬曾经兴致勃勃地写过一篇描述自己艺术观的文章:《艺术是一棵树》。在这篇文章中,他这样写道:"艺术是什么?说实话这个问题我在大一的时候就和同学们激烈地争论过。现在要是还有人问我,我会像佛主一样拈花微笑闭口不言了(其实是懒得再扯皮了)。也许艺术本来就是一种游戏,是心智的游戏,是灵魂的体操。艺术作用于人的心智和精神,陈规陋习永远是它的死敌。所以当蔡国强宣称'艺术就是要乱搞'时你不必大惊失色,当后现代大师波依斯宣称'人人都是艺术家'时,你也别太当真,以为革命成功了土豪推翻了小百姓会分到一块田地了。绘画被艺评家们无数次地宣称死亡之后在今天却依然活得生机勃勃。"

他最后得出自己的"结论"："艺术是一棵树，就让它自在地生长吧。"在我看来，所谓"自在地生长"就是不要受到外界过多的干扰，就是能够真诚真实地面对自己和表达自己，就是不要戴着虚伪的面具，可以自由自在地说自己的话，走自己的路。

如果说人如其画，袁文彬的作品给人的感觉是充满了思想的力度的。而这种思想的力度又不让人觉得像背负传统那样沉重。

我一直认为，《麦当劳叔叔系列》是文彬最有价值的作品。之所以有价值，是因为《麦当劳叔叔系列》是文彬有意识地以一个学院画家的身份和市民的一份子对当下流行文化和外来强势文化的深度审视和冷静思考，它没有宏大的叙事，也没有夸张的场面，画面都是戴着麦当劳头饰的快乐的卡通儿童，但在这些表面的"影像"背后，却给予我们很大的思索：日常社会中的流行文化究竟是什么和究竟不是什么？事实上并非像有些人所想象的那样，只要是在日常生活中流行的就是流行文化，也并非像有些人所想象的那样，所有的日常生活中的审美、文化追求就都是流行文化。因此，只有那些不是为满足日常生活的需要而出现，而是为创造日常生活的需要而出现的东西，才是流行文化。例如波普艺术家沃霍尔的作品，人们就称之为："他的作品不仅改变了我们对周围世界的看法，而且他的作品也改变了其他艺术家的灵感，改变了诗人的想象，改变了哲学家的思维。"生活中的流行文化也是如此，它往往意味着一种"对于欲望的欲望"，因此并非对于已有的需要的满足，而是对于全新的需要的期待。生活中的某种流行现象都只是一种物质形态，而日常生活中的流行文化则不然，它首先是一种新的价值观念，其次才是一种物质形态。因而，对于它的创造与接受，无疑意味着我们对于某种新的价值观念的创造与接受。

我至今依然认为，评论袁文彬的油画，绝对无法绕过他的《麦当劳叔叔系列》，这是他的第一个绝对的"个人符号"，也是他从肖像创作转向关注文化问题的转折期作品。文彬画第一张《麦当劳叔叔系列》是在 1995 年，那时他还在中央美院进修，其时的中央美院地处北京最繁华的王府井，和王府井麦当劳餐厅咫尺距离。生意火爆的麦当劳和一些大商场大饭店包围着颓败拆迁中的中央美院，犹如一群珠光宝气的新贵睥睨着一个辛酸落魄的土

绅，快餐文化中经典文化的失势和消解让文彬辗转反侧，他后来觉得美院的搬迁与他创作《麦当劳叔叔系列》有某种微妙的联系。

在文彬看来，消费文化已构成了另一种消灭个性的强大力量。《麦当劳叔叔系列》其实就是关于快餐时代和后殖民文化的话语（象征强势文化的麦当劳与象征弱势文化的中国儿童），和具体的麦当劳饮食文化已没有多大关系。

《复式经典》是文彬将艺术触觉伸向美术史经典图像资源的最新尝试，也是他绘画观念的重新定位。复式经典不是完全意义上的复制经典，而是对经典的重新理解和吸纳。在文彬看来，"复式经典"的真正意义在于——"为了使自己能够轻松地摆脱追求'原创'经常带来的困惑，也为了使其他人能够摆脱长期以来对'原创'认识的误解。"面对历史的经典，我们不会无动于衷，正确的方式不是一味顶礼膜拜，而是巧妙地为我所用，它不仅可以使自己的创作资源和空间变得更加丰富和开阔，而且也有益于对"经典"中的经典更富时代意义的全新诠释。

任何人都不能为美术史画画，也没法为批评家画画，任何人都只能为自己画画，今天美术史完全不承认的东西，明天可能就是最重要的东西，历史只能由时间来证明。文彬完全相信，一部美术史，其实就是不断重温、重新阐释经典的历史。从这个意义上说，文彬的《复式经典》既是哲学的，又是童话的。

袁文彬对生活总是充满了激情,充满了热爱并常怀一颗感恩之心。

他从没有落魄的神态,也从不愤世嫉俗。他特别喜欢小孩,像大男孩一样,逗他们玩,有一种单纯的可爱与专注。

前几年,他的女儿袁晓茸还没有出生时,我的女儿采薇每次到他家,他都不厌其烦地与她玩在一起,搬出许多好吃的,细致入微。我对他说:"也去生个女儿吧。"没过多久,袁晓茸果真就呱呱坠地。女儿的出生让文彬感受到生命从未有过的惊喜。在文彬的作品《七贤图》中,有一幅画面为一位憨厚的知识分子怀抱一位小孩,这其实是他对自己初为人父难掩喜悦之情的真实写照。

总感觉画画对文彬来说好像是天生的顺手拈来、顺理成章的事情。从小他就喜欢画画,小时候看完电影回家,总是感觉意犹未尽,然后把电影故事改编成一本连环画。多少年过去,文彬至今还记得他画过一本《烽火少年》,父亲看后非常高兴,帮他裁成一本像小人书一样的书,并帮他题写书名,还在封底郑重其事地标上 0.08 元的价钱。

文彬的老家在福建上杭,这是一个"书画之乡",也是"将军之乡"。上杭在清代出过"扬州八怪"之一的华岩,还有上官周、黄慎等名家。7、8 岁的时候文彬的父亲就领他到一位当年已经 80 多岁的叫罗晓帆的老画家家中学国画,那是一位很慈祥长着白胡子很像齐白石的老爷爷,在一篇命题作文《我的未来》中,袁文彬曾信誓旦旦地写下自己将来要当齐白石那样的大画家。

袁文彬天资聪颖,慧根极好,在高一结束那年就以优异的专业成绩和文化成绩考入福建师大美术系,经过四年扎实的学院派专业训练,毕业后留校。二十岁就成为高校美术专业教师,说明了袁文彬的实力。之后,他先后在鲁迅美术学院举办的克劳德·依维尔油画技法研究班学习,在中央美院油画系进修,他的作品频频在各类展事和各类专业美术刊物上亮相,像第八届全国美术作品展、中国名家美术作品展、第二届中国油画展、"东方之路"第三届中国油画展、现实:今天与明天·96 中国当代艺术展、中国油画肖像艺术百年展、97 中国艺术大展当代油画艺术展、中日现代美术交流展、

"研究与超越"——中国小幅油画作品展、第三届中国油画展精选作品展、中日法艺术交流展、中国当代艺术文献展等等。

2004 年，经中国著名油画家忻东旺引荐，文彬与太太陈新颖一起调入天津美术学院，在这里，他的艺术天地更广了，因为这里离中国的文化艺术中心首都北京近在咫尺。他在北京有一个画室，他来回在京津之间穿梭。

目前，中国艺术品市场空前繁荣，这让许多艺术家豪情万丈，庆幸自己赶上了一个蓬勃发展的艺术新时代。面对这样的市场，袁文彬是冷静的。他清醒地认识到，市场好，刺激了大众关注艺术，给艺术家提供了最好的时机，怎样把握却要看个人。艺术家的使命是创造，是开发想象力。

从某种意义而言，画画对袁文彬而言是一种宿命，那些深深浅浅的生命细节，早已雕刻在他的内心最深处。

作者一家与袁文彬一家摄于天津美术学院

陈若晖:大海·亲情·艺术

写若晖兄，不能不提到海，他对海的一往情深，他与海的忘情之恋，他画笔下的海多姿多彩，从闽水泱泱到马江潮涌，从鹭岛的天风海涛到崇武的惠女风情，都充满了迷人的神韵。完全可以这样说，故乡的海赋予他海的性格，使人相信，他的血液中流动的除了红色，还有一种透明的蓝色。

海对于若晖而言，意味着：他的故乡福州马尾是近代中国海军的摇篮，"雍雍左海，荡荡马江。闽中福地，泽国津梁。东顾甘棠，南领吴航。承双龙之会，挹旗鼓之光。塔举罗星，烛长门而望海；波连首府，援剑气以镇邦"；他的青年时代是在厦门鼓浪屿度过的，他的母校厦门福建省工艺美术学校就坐落在那时时让人感受时光之美，静品大海风情的迷人小岛之上；他曾经在海峡两岸关系还不十分明朗时策划了轰动两岸的"台湾海峡两岸行"活动；他的大量作品的题材都是关于海的，波涛、帆影、小岛、桅杆、鸥鸟……，构成了他的作品中作为象征符号的海的主题。

在若晖的个人史上，"台湾海峡两岸行"是一个浓墨重彩的大手笔。也许他的故乡与台湾马祖近在咫尺，长久以来，若晖一直思索着能否策划一项活动，与"台湾海峡"联系起来，为两岸青年的交往搭一座桥梁。严格地说，在当时开展诸如此类的活动具有相当的难度与风险，因为两岸交往尚未开禁，但若晖想，福建与台湾毕竟只有一水之隔，两岸之间同种同源，"两岸行"搞不成，那就先搞个"西岸行"吧（其实若晖早已为他的"台湾海峡两岸行"埋下了伏笔）。活动阵容强大，邀集了林容生、李豫闽、郭东健等一批当时的书画新锐沿着海峡两岸一路写生考察。

"台湾海峡西岸行"一炮打响。于是，又有了1995年的"台湾海峡两岸行"活动。这个踏上宝岛台湾的"福建青年文化艺术交流访问团"，团员包括著名诗人舒婷，著名山水画家林容生、现福建师范大学美术学院院长、博导李豫闽等福建文学艺术界杰出青年近20人，我也有幸忝列其中。这是祖国大陆第一个赴宝岛台湾进行文化艺术交流的青年访问团。访问团受到台湾各界热烈欢迎，从台北到台中，从台中到高雄，掀起一阵又一阵高潮。

前几年春节，当家家户户沉浸在春节的欢畅和喜乐之中，若晖却悲伤不已，陷入无比悲痛之中——因为他心目中最慈爱的父亲与世长辞。

　　在若晖的心目中,父亲永远像一盏明亮的灯,照耀着他前行的路,点点滴滴的父爱,让他的生命常怀感恩之心。从小就失去母爱的若晖对父亲有一种说不出的感情,生命因为有父亲的存在没有迷失方向,青春因为有父爱的照耀而没有迷茫。

　　他常常想起朱自清的散文《背影》和罗中立的油画《父亲》,父亲的每一句叮咛的话语都凝聚着无比的期望,望着父亲随着年龄的苍老而步履蹒跚,若晖常常觉得内心深处有一种说不出的滋味。他常常想起父亲对他讲过的一则故事:"100多年前,清代考场,当林则徐的父亲把儿子驮在肩上步入考场,考官出题:子把父作马。林则徐飞快妙语回答:"父望子成龙。"在父亲的眼中，尽管历尽千辛万苦，但儿子有出息便是最大的回报。

前些时候，若晖为纪念马尾船政创建140周年，邀请专业人员合作，成功塑造了气势宏大的船政历史群雕，在谈创作感情时，他动情地说："我父亲就是船政学堂的学生，他生前曾为马尾船政做过不少有益的事，平时常叮嘱我要为宣传船政文化多出力，这次完成群雕创作，他老人家若地下有知，一定十分欣慰！"

若晖的父亲陈公远先生是一位老派的传统诗人，有很深的诗词造诣。他早年毕业于船政学堂，抗日战争胜利后，在好友、老共产党人陈道章的引领下，于1946年参加马列主义学习小组，次年正式加入中国共产党。

翻阅陈公远先生去世后澄心园为纪念先生而印行的《公远诗词遗钞》，我发现其中所载诗词的时间跨度竟达六十余年，这充分说明公远先生对诗词的热爱。在这些诗词中，凝聚了先生坎坷的人生和对子辈的殷殷父爱。

应该特别提一下若晖的大哥若瑟，他与若晖感情笃厚，悉心关爱，携弟步入画坛，兄弟同为画家，曾一起合作过许多有影响的作品。但若瑟英年早逝，他离开这个世界的时候只有47岁，这对于一位正值艺术勃发期、视艺术为生命的艺术家而言实在太残酷。"哭罢犹疑若若华年君竟去，送将长忆瑟瑟秋风绝画笔。"这是若瑟去世时若晖和画友敬献的一对挽联，道不尽亲朋艺友对他的深深怀念。在若晖心目中，若瑟永远都是他深深怀念的一位酷爱人生、不倦耕耘、极有艺术天赋的好兄长。


这几年我给若晖兄写过好几篇画评，若晖给我留下最深的印象是，他是一位在五光十色的纷乱中沉得住气的画家，潇洒时他狂放热烈，安静时仙风道骨。他不与当下的现实世界轻易隔绝，但也不去赶潮流，总是忙而不乱，收放自如。他总在不停地画，1982年即是中国美协会员，后为国家一级美术师的若晖，对艺术有一种特殊的迷恋。

中国美术家协会副主席、中国美术馆馆长范迪安先生曾在一篇评论若晖作品的《逸兴所至，画为心声》中写道："前些年他画的是传统格式比较明显的水墨山水，作品结构和笔墨技巧都以严谨为重。后来，他作了不少融水粉、水彩画技法于水墨之中的半抽象绘画。近年，他又能重归水墨领域，作了一些具有闽地山川风仪的写生山水。从他的探索过程中,可以感到他的艺术思路非常敏捷,敢于博采,善于融汇。在山水创作上,他先是潜心近代传统,研习山水画形象塑造上意境营构的基本法则,当他尝试以水墨为本,兼以泼彩、破彩、重彩等技巧时,他打破了法则和程式的束缚,使作品富有笔意率性、色彩浓烈、韵律变化丰富的强烈形式感……他近期的作品山水形象大都从写生提炼而成,不落俗套,也少见雷同,水墨布施方式也由景而发,随意姿意,其基本面貌达到了境界清新、意趣别致、墨色华滋的一家特色"。我觉得这是比较到位的评价。

这几年,若晖一直尝试各种技法,他在喧闹中平静地保持着对日常生活的敏感、关注和思考,把自己对日常生活的钟爱和关照投射到自己的创作中,让自己无数不期而遇的灵感在纸上呈现出美妙的感觉。

因而,尽管这几年中国画坛风起云涌,在艺术不断延伸和融合中,艺术的界限变得越来越模糊,装置、观念、影视、行为等以各种新奇的面貌让人眼花缭乱,但若晖依然执着地追寻他自己心中的绘画的纯粹和优雅。美术批评家、《中国美术》主编徐恩存先生在《与自然对话》一文中如是说:"若晖的作品,总是强调一种诗意,总是表现出一种主观的把握与处理,使之与生活真实拉开距离。他善于以朦胧的色调,似梦似幻的意象,云烟一般的淡墨去臆造水墨之美。"

在若晖的画室,悬挂着一幅著名画家郑乃珖先生为他题写的"如松之盛"四个字,他常常站在郑先生的墨宝前静静回味。时光飞逝,让人不禁无限感慨。忙碌的行政生活占用了自己太多的时间和精力,现在他终于相信自己可以安下心来随心所欲地画画了。他有很多的梦想,当提起画笔,在画案铺开宣纸时,他的想象无边无际,他觉得那是他生命中最富足的时刻。

古语云:"仁者乐山,智者乐水"。山水者,仁智之所爱,若晖的画作让人感觉到有一种独特的性情所至的诗意,从他的作品中可以感觉他的超脱于现实之外的理想的寄托,透出一种安静之气,这是心灵的印痕。

"鹤舞"人生宋展生

时光流逝常常在人不知不觉之间。展生对我说,20年前他曾经和我一起吃过饭,记忆被展生轻轻地唤起,时空交错中的故人的影子渐渐清晰明朗起来,便染上了亦梦亦幻的色彩。彼时的宋展生,还在长安山下的福建师大读书。他的一两个上杭老乡,是我的好朋友;他的一两个好朋友,是我的学生。

我已经很难记起展生当年的模样,但从他今日的温文尔雅、笑容可掬、重情重义可以想像他当年的性情,当年的形象。他怕我开车走错路,汲着蓝色的塑料拖鞋站在湖前小区路口等我的形象很飘逸,让人印象深刻。

福建师大对宋展生来说是熟悉的,他的父亲、花鸟大师宋省予曾是福建师范大学的前身福建师院艺术系的教授。我曾看过一组发黄的宋省予先生在福建师院生活与工作的黑白照片,有先生在宿舍伺弄花草的悠闲情景,有先生在陋室聚精会神泼墨画画的凝固的瞬间,还有先生与一群风华正茂的学生的合影。我喜欢读一些老照片,因为老照片中的情景、人物往往链接着某一段可以触摸的历史,它往往让记忆变得生动,让时光变得温暖。老一辈身上的有些东西,常常是后人望尘莫及的,比如像宋省予先生的风度和境界——那是一种充满了某种感染力的纯粹。

可惜的是,宋省予先生英年早逝,他去世那年才57岁,失去父爱满眼迷茫的宋展生当年才17岁。

我以前对宋省予先生认识不深,但这几年开始涉足美术评论,便渐渐地对宋省予先生有了一定的理解。宋省予的父亲,即宋展生的祖父宋赟周先生,号赟臣,是饮誉闽粤的著名山水、花鸟、人物大家,他25岁时便云游四方,作品以山水画见长。宋赟臣老先生的绘画风格雄健,意境幽远,刚柔相济,淡雅高古,既继承了清代闽西著名画家黄慎(扬州八怪之一)其师上官周的艺术风骨,又能独辟蹊径,勇于创新。丰子恺先生曾在品评其山水画时赞道:"云烟为友,万壑在胸,措意构形,莫不臻妙。"并在其《桃花图》上题写了"但愿长如此,躬耕非所叹"的诗句,对其艺术赞赏有加。

宋赟臣老先生的最大贡献还在于他三十岁时,创办了"东阳轩画馆",并命其居处为"春风红杏楼",朝夕寄情观物,作画授徒,培养了一批闽西现当代著名画家。闽西画派能成为福建省当代有影响的画派之一,宋赟周先生功不可没。

宋展生的父亲宋省予,自幼从父学画,同时博采诗文、书法、金石等各门学问之精髓,为日后的艺术成就打下了坚实的基础。宋省予早年时远涉岭南,授艺交友;抗战爆发后,忠义爱国的他毅然回乡,投身抗日。在此期间,他先后结识了张大千、高剑父、关山月等一批著名画家,令他的绘画技艺日益精进。他不仅工于诗画,更能学贯古今,融各派绘画风格于一体,运用之妙,存乎一心,树立了宋氏绘画风格的又一典范。在他五十岁时,受聘于福建师范学院(即现福建师范大学)艺术系,这是他生命中最宝贵的岁月,在此期间他创作了不少深具影响的作品。

出生于这样一个具有深厚家学渊源的艺术世家,展生注定与绘画结下不解之缘。

得益于祖父及父亲手把手的教授,1956年,年仅10岁的展生便以一幅《力争上游》的美术作品入选福建省美术展览,显示了他不凡的艺术天赋。

我的朋友、学者杨健民先生曾写过一篇饶有兴味的文章《有意思的展生》,文中这样描述宋展生:"展生右手常常捏着两样物件:一是画笔,一是烟头;而左手常常握着两只杯子,一是茶盅,一是酒杯。这四样东西,构成了展生一幅人生画像。"而有意思的是,我的另一位朋友、福建作协副主席、《福建文学》主编黄文山先生曾送给宋展生一幅对联:横笛常带三分醉,放鹤只消一片云。

在展生家里,你可以喝到最好的茶,可以抽到最好的烟,吞云吐雾且不说,而且可以翘二郎腿,做各种舒服状,没有任何一丝的拘束。殷勤地斟茶,殷勤地递烟,让人有一种如沐春风的感觉。于是想起朋友说,与宋展生相处不需要机心。他总是让人感到真诚,他不屑于那些过于礼节性的东西,所有的礼数都被他简化了,留下来的只有一种诚意。

有一件事情我必须郑重提及,因为新房子需要挂一些朋友的作品,我向他要一幅小品,他竟然对我说:我要送你两幅好的作品,这反让我为自己紧张和不安起来。想起二十多年前我还是一名20岁不到的懵懂无知的大学生时,在未名湖畔曾经拜访过美学老人宗白华和朱光潜两位德高望重的老先生时曾经有过的相似的温暖的经历。

　　宋展生的花鸟画风格独步,他秉承其祖父宋赘臣、其父亲宋省予的笔墨风骨、神韵和趣味,又从其父的得意门生曾贤谋那里汲取了一种沉雄和大气。这使得他的笔墨能收能放,能聚能散,能合能开。

　　在展生送给我的《宋展生画集》中,可以看到许多他的精品,这些作品虽耐人寻味,却没有一点刻意求工的痕迹,一切是那么地自然,如水成纹,妙手偶成。无论在构成、笔墨还是题吟上都很经典,它充分显示了宋展生驾轻就熟的笔墨技巧。从作家的眼光出发,我特别喜欢其中的题吟,像"此是吾乡旧风景,画中相见也相亲",像"暂时花带雪,几处叶沉波",像"我愿暂求造化力,减却牡丹妖艳色",像"静眠蓉塘雨潇潇"等等。书画通修,祷文并行,追求传统文人画家诗、书、画、印的全面修为,表达现代画者五味杂陈的人生情怀,大概是宋展生孜孜以求的。我尤其喜欢展生的一些小品,他的诗意,他的抒情,他的轻盈与童稚在那些笔墨的游走中表达得淋漓尽致。

　　我一直以为,花鸟画的题材古今相同,画面的经营与形式的选择,全凭个人的修炼。宋展生的写意花鸟承继了中国花鸟画的优良传统,重品格,画风清新雅致,笔墨精良。宋展生的花鸟画一般以水墨为基调而着色不多,这种不以色取悦于人的价值取向透露出他对绘画的真心喜爱和淡泊的心境。

宋展生最擅长也是最拿手的是画鹤,他被画界称为"鹤王"。

在他的寓室,宋展生向我展开了一幅巨大的雕琢新就、墨迹甫干的《朝阳丹鹤图》,画面中,丹鹤翔舞,极尽妍美之姿,构图饱满大方,用非常拟人化的手法赋予鹤以生命的气息。在用笔上,笔力圆转,以中锋为主,间用侧锋,如绵裹铁,藏骨于肉,用色沉着,凝重典雅。

在历代画家笔下,鹤常常是高洁清廉、刚正不阿的象征,以其优雅大方的舞姿、嘹亮悦耳的鸣声、白洁秀美的形象、潇洒飘逸的神韵,赢得人们的青睐。

在古人的认识里,鹤是灵秀之物,秉天地正气而生;鹤的生命时空长而宽广,有如人的一生,经历着沉浮、聚散、苦乐、衰荣;鹤又是"清远闲放"之物,它的出现,不是神仙居住的碧落,就是"羊裘烟雨间仙凡"的天上人间,流溢着平和安逸的清韵;鹤同时是力与美的颂歌,鹤的静态美与动态美,曾使得文人为之倾倒。鹤的美,不是纤弱的病态美,而是一种充满了超凡神力的健美。正是鹤的"翱翔一万里,来去几千年",让宋展生对鹤一往情深,如痴如醉。

宋展生的画室叫"闲云斋",宋展生别号"半醒子",闲云野鹤,半醉半醒,很容易让人联想起那位隐居西湖孤山,以种梅养鹤自娱的北宋诗人林埔。然而,宋展生总是不寂寞,他的寓室总是高朋满座,笑语欢声。有人说,"半醒子",当是他为人的准则,而"闲云居",则是他人生怀抱的另一种寄托,加起来就是宋展生的那一副与世无争的笔墨。

为人贵有平常心,从艺笃信随缘去。笔墨当亦如是,刻意如是,知是非是,尤如佛祖拈花微笑,不可说不可说,个中滋味,展生比我知道得更多,所以他活得更泰然,过得更旷达。

前不久在报上看到"中国鹤王"宋展生为一个"爱心义卖"的公益活动捐赠一幅4尺条幅《月光图》,画的也是鹤,画面上,9只仙鹤在清泉上飞舞,"月光如水水如天",写实与意像浑然一体,让人产生无限的联想。

放鹤只消一片云,"鹤舞"人生宋展生。

卢志强：自由是艺术的最高境界

80后可爱，但像易碎的"南豆腐"，口感太嫩；70后没有历经风雨，在蜜罐里长大，眼界开阔但不能吃苦耐劳；而60后，他们从容不迫，具有一种特殊的气质，能够以坚韧的努力平衡心中的梦和现实的事，认同一种内心的价值。我的书桌上有一本书，书名就叫《"六十年代"气质》，其中有一段这样的文字："六十年代出生的人是'无名'的一代，'无名'的一代没有旗帜，但却或多或少地表现出一种集体的向往，总有一些我们并不太明白却让我们激动的事情发生，成长是憧憬和怀念的天平，当它已倾斜地颓然倒下时，那些失去了目光的夜晚该用怎样的声音去抚慰。"哈哈，这好像在夸奖自己，不，我要说的是生于六十年代的画家卢志强。

　　很早就知道卢志强，帅气十足，一表人材，怎么看都像著名男高音歌唱家戴玉强，但属虎的卢志强情格却内敛缓和，总是保持着优雅的绅士风度，衣着入时而随意，待人接物彬彬有礼。在福州最高尚的住宅"公园道一号"的一套叠拼别墅卢志强的画室里与卢志强喝茶、抽烟、聊天，是一件很愉快的事情。下午的阳光从高高的落地玻璃窗上暖暖地洒下来，静谧的空气中是茶香的氤氲。卢志强告诉我，他年轻的时候也曾是一名"愤青"，狂放而张扬，印象很深的是有一次到苗家写生，跟苗家姑娘通宵达旦喝酒、对歌。但经过多年的沉淀和修炼，如今的他已心平气和，他知道自己现在应该做些什么，画些什么。

　　很早就看过卢志强的一些仕女画，他的画线条细腻而成熟，在单纯浑朴的视觉呈现中抒写一种现代性的田园精神，在质地上是轻松悠闲的。卢志强有极好的造型能力，他的线描人物导源于传统的"十八描"，但明显有所突破，如衣纹的变化，以衣纹表现形体关系，强调动态节奏与人物情态表现的和谐。

　　中国仕女画的表现注重体态、仪容、服饰、衣纹、配景等的和谐统一。古之对女性的刻画讲究"纤丽淑婉"、"轻盈修长"、"神态精妙"或"丰腴肥美"，不同的时代有不同的审美规范。卢志强的水墨仕女画，既有"云想衣裳花想容"的李白诗境，又有水润墨妙的清丽惬意，同时又能将你从现实导进历史的思考。"薄雾浓云愁永昼"，亦真亦幻的"情景"，引人入胜。我觉得卢志强的水墨仕女画还有一个特点，就是特别能够营造画境，或厚重，或萧疏，或

野趣,或深沉。背景的表现往往大气铺开,酣畅淋漓;花草的描写,则小处着笔,洒脱中见细腻。读卢志强的水墨仕女画,让我想起明代高谦在《遵生八笺》中的一段话:"美在意外,丰度隐然,含娇韵媚,姿态端庄……神生状外,生具形中。"

但在一系列赢得好评的水墨仕女画的探索之后,卢志强近来又进行了更大胆的探索。卢志强一直觉得自由是艺术的最高境界,当艺术家呈现出自由的状态时,才是最佳的状态。他认为中国画往往习惯把人引伸到很具体的东西,中国的文化精神习惯让你有一个联想,就像游山玩水的时候,导游小姐会说"这山像阿诗玛",但其实呢,山就是一座山。在这一思想的引领下,卢志强的近作放弃了"具象"的语言,而坚定地选择了"抽象"的语言。在卢志强的画室,我看到了他最新的作品《久远的气息》。

《久远的气息》呈现了卢志强对生与死、善与恶的个人化的思考。卢志强认为,当代社会正日益趋同性,人们使用同一型号的手机,驾驶同一品牌的汽车,生活越来越便捷,越来越快速,但对人文的关切却越来越少,他要在自己的作品中寻找人类心灵的慰藉,营造一种精神的家园。在卢志强看来,抽象艺术的审美带来的不是共性,而是很个人的情绪的体验。

对于生与死,卢志强一直很困惑,他告诉我,还是童年的时候他就想到生与死,那时他觉得宇宙无边无际,人是如此渺小,晚上睡觉的时候时常大叫起来——也许那就是他今天的作品关于生与死、善与恶的追寻的最初的迷迷糊糊的表达。

卢志强 12 岁就开始学画,他的启蒙老师是他的两个舅舅,两个舅舅都画画,其中一个舅舅在美术出版社工作,因此,卢志强从很小的时候就能接触到大量艺术书籍和中外名家名画的印刷品。但卢志强告诉我,最初他学画并没有任何目标,绝对没有想到有朝一日自己会成为一名画家。

卢志强第一次画的是自画像,当他从自己的作品中第一次感受到真实的力量时,他一发而不可收拾。之后他画各种石膏像,学习苏联的素描,学习伦勃朗、门采尔等大家的作品。卢志强的小学、中学时代是在三明度过的,他曾学习门采尔,到三明钢铁厂去画轧钢工人,那时他并不知道什么叫

"深入生活"，但他总觉得面对他想要描绘的对象时，内心充满了激动。艺术既简单又丰富，对卢志强而言，每一次对艺术的追问总让他有所收获，他从现实中获得了丰富明了的符号、喻体，并通过对日常生活的描述浮现出来。

　　机会终于来了。1980 年，卢志强以专业第一名、文化课第一名的成绩考入福建师大美术系。当时他已被厦门大学法律系录取，但他太喜欢画画了，经过各种努力，后来将师大政教系的一名学生调配到厦大，厦大才终于将卢志强"放行"。

　　卢志强的父亲是军人，文革中支左，先是在莆田，后来在三明。所以卢志强在三明呆了十几年，他也是从三明一中考上大学的。其实他 77 年就参加过高考,他至今不会忘记第一次参加高考时的那个情景:那天三明大雾弥漫,宁静的山城不知从那里一下子冒出那么多参加高考的知青。

卢志强的祖父卢月波是辛亥老人,曾在五四运动中参加过火烧赵家楼。祖父解放前在海关任要职,是一位非常绅士的贵族,与民国人物林森、萨镇冰等人都有往来。据说,他的祖父当年在九龙海关缉私时,曾经扣了船上国民党大官的物品,所以他对国民党的腐败留下极为深刻的印象。在上海海关时,上海海关关长嘱他押送一批金条到香港,但他没有截留一根半截。卢志强说他的祖父具有很强的爱国情怀,他动员卢志强的父亲参加革命,还捐钱给延安。

卢志强至今仍对祖父绅士般的生活充满了"留恋"。当年,他的祖父住在仓山乐群路的一座宅院中,有花匠、中西餐厨师和车夫,宅院里有长长的走廊、鱼池和大树,祖父收藏很多陈宝琛、弘一法师等人的作品。

1984年卢志强创作的大学毕业作品《升腾》受到美术界的关注,并入选1985年中国国际青年年"前进中的中国青年"美展。《升腾》表现的是一群建筑工人,穿着牛仔裤的工人刻划得十分细致,用水墨表现时代精神在当时并不多见,而且在技法上颇有创意。1985年卢志强创作的《那边有一抹迷人的彩霞》参加第三届福建省美奖获一等奖。《那边有一抹迷人彩霞》也是表现建筑工人的生活,他试图表达生活与创造的关系。1989年卢志强创作的《太阳河》获第四届福建青年美展优秀奖。《太阳河》画的是几个青春女性的傍徨。众所周知,1989年是风云激荡的年份,各种社会思潮像决堤的洪流冲刷着每一个热血青年激荡的内心,卢志强与许多人一样,陷入青春的迷惑。"《太阳河》就是表达当时内心的这样一种迷惑",卢志强对我说。

大学毕业后,卢志强不愿意留校,他要走到社会上去"闯荡"一番。那时的他,内心充满了种种渴望。青春有时是一种神秘的召唤,有时只是莫名其妙的突然一下,我们就被击中了。卢志强在中学呆了十一年,中学美术教师生涯对卢志强是一种考验——中学生活也许是单调的,它考验他的耐力,也考验他的坚持力,庆幸的是,卢志强始终没有停下画笔。

转了一个圈,又回到当初"出发"的地方。1995年,卢志强调回福建师大美术系,这里有许多他的老师,这里有他熟悉的场景,更重要的是"心安即是家"。他的狂乱的内心寻找到了宁静的归宿。

《绣红旗》和《百年冰心》是卢志强的代表作。《绣红旗》入选建党 80 周年全国美展,获优秀作品展,并获第四届福建省政府百花文艺一等奖;《百年冰心》入选第九届全国美展获优秀。《绣红旗》表现了江姐和她的战友在新中国即将成立时在渣滓洞里绣红旗的那感人的一刻,鲜艳的五星红旗,微弱的烛光,昏暗的牢室,但革命者对即将迎来的光明充满美丽的憧憬。这幅作品是"主旋律"创作的一种大胆的突破,画面体现出新锐的创意和突破创作模式化的束缚,自由而清新。而《百年冰心》同样具有很深的意蕴与内涵,将冰心与过往的时空巧妙地链接在一起,具有高度的概括性和思想容量。

卢志强对我说:"我们这一代人出生于上世纪六十年代,内心里有一种英雄主义情结,又成长于被称作有浓厚理想主义色彩的八十年代初,对于'主旋律'的主题性创作实际上是一种从于心的自觉选择。我对创作的追求着重情感的表达。"

如今的卢志强已经给自己的主题性创作画了一个句号,他要寻找更符合自己天性的自由的表达;如今的卢志强天天都在唱美声,他有一副非常好的嗓子,他是师大美术学院教师美声四人小组的一员,多次在校内外各种比赛中获奖,一些经典的意大利歌曲如《我的太阳》等被他演绎得有模有样;如今的卢志强喜欢静静地与妻子、女儿在一起享受自由的时光,女儿卢艺也喜欢画画,在卢志强的画室里悬挂着许多装上精美画框的女儿的作品……

没有什么比自由更为重要,没有什么艺术比自由的艺术更让人向往。

作者与卢志强合影/阿钟摄

张永海：厚积薄发需要一颗平常心

如果没有记错的话，我对水墨人物画最初的认识来自两幅作品：一是李琦先生的《主席走遍全国》，一是周思聪先生的《人民和总理》。这两幅作品画的都是领袖，《主席走遍全国》是李琦先生的代表作之一，也是众多领袖肖像画中不同多得的一件优秀作品，这幅作品虽然没有任何陪衬的景与物，但由于画家高超的造型能力和对人物的深刻理解，把一代伟人毛泽东刻画得形神兼备。作领袖人物肖像，最忌讳的就是空洞、虚假，不能揭示人物的内在精神气质，《主席走遍全国》以极其传神、凝炼的笔墨刻划出毛主席走遍大江南北的豪迈。同样，周思聪先生的《人民和总理》也是一幅非常震撼人心的在中国画坛具有举足轻重地位的作品。这幅作品表现了邢台大地震发生后周总理在第一时间亲临灾区时感人的情景，把总理与人民心连心，人民爱总理的深情表现得淋漓尽致，它一洗"文革"期间神话领袖及假、大、空的作风，没有回避天灾人祸给人民带来的精神伤痕，使人回到了人的时代，人性、人情、人味跃然纸面。

　　这两幅作品的原作我都在中国美术馆见过。

　　我之所以提到这两幅作品，是因为我对水墨人物画的认识极其肤浅，但这两幅作品却给我留下极为深刻的印象。有了这样的一种"转换"，我来写张永海便变得顺理成章，便有了一定的自信。

　　在我看来，张永海的水墨人物画在福建绝对是一流的，他的造型能力极强。他不仅可以画煌煌的"大品"，也能画雅致的"小品"；他既长于用线勾勒，也善于用块面和色彩构思造型，用笔简练，形神兼备。在永海的画室，喝着好茶，和永海聊艺术，聊人生，聊着聊着，为了亲身体验永海的水墨造型力和表现力，我"不好意思"地要求永海为我现场"来"一张。在音响流淌出的流动的大提琴和钢琴声中，我端坐在永海的前面，永海迅速地在大画架上拈好纸，然后对我仔仔细细地端详了一番，为我摆好造型，在我身旁放上一本书、一杯茶，便进入了他的创作状态。

　　永海画画的速度很快，我觉得这种快与他的造型能力强是密不可分的，他在创作中总是充满了自信和表现的欲望，创造并形成了自己独有的绘画方法。由于那天是阴雨天，所以空气湿度很大，宣纸不容易干，所以永海画得非常认真，比原先预计的多花了很多时间。一幅颇为传神的《为林公翔先生造像》在永海的笔下悄然诞生。

永海说，他喜欢画生活中的一些朋友、熟人，因为画他们感觉很亲切。他觉得每一个人都是独一无二的，因此，他在路上走着走着，会情不自禁地停下来或站在熙熙攘攘的十字路口，仔细地观察匆匆而过的每一个人。他觉得对面走过来的每一群人，每个人的神情、举止、眼波都不一样。佛教讲一花一世界，一树一菩提。每个人都是一个世界，作为画家，就是要静心去品味这人的世界，去挖掘、去表现人的丰富的心灵。

从某种意义上说，张永海的水墨人物极富文人情趣，他的作品强调笔墨的简约与表现力，注重作品的文化内涵和书卷气，反映出他对中国传统文化的迷恋。正如永海在其《张永海水墨人物画》一书自序中自己所写道的：写意(水墨)人物画的精神要义是"以形写神"，从而达到"形神兼备"的艺术效果，它追求"妙在似与不似之间"，这是中国传统绘画艺术的重要审美观念。中国传统绘画向来强调神似、意似，也即是通常所说的意象造型。意象造型与具像造型、抽象造型成为绘画艺术的三个基本形态。由于中国传统哲学思想的影响，特别是禅宗思想的渗透，以及书画同构的意识，使得传统绘画原先以模仿客观物象为主的具象造型逐渐发展到以意象造型为特征的"水墨"绘画。

我一直对永海说的"我特别喜欢南帆的文章"印象深刻。永海觉得南帆的文章在"研究"人时不是停留在肤浅的表面现象上，而是深入到了人的最深处，南帆善于从社会学、人类学、精神学的高度去分析人、解剖人。

在永海的心目中，画画不是靠死功夫，而是靠综合的修养，特别是水墨人物画，要画出生动、鲜活、流畅、精妙，靠的是一种长期的积淀。他很欣赏也很佩服中国美院的魏晓榕教授，"他是那种才气型的画家，不久前他到武夷山，我们还赶到那里和他见面"。永海与魏晓榕一直都保持着联系，他告诉我，魏晓榕当年在福建师大给学生上课，画速写头像，简直画得太出神入化了，他看着看着就入迷了。

张永海说，画水墨人物，必须要有第一眼的感觉，第一眼就要过目不忘，就要走入他的内心。画一个人的时候，就像在阅读一个故事，但阅读故事还不够,你还要会同时去创造一个故事。因为阅读是被动的,而创造则是主动的。

永海对书法家朱以撒先生也很敬重,他觉得朱以撒不仅字写得好,散文也写得有滋有味,他觉得朱以撒应该生活在魏晋时代。朱以撒原先在福建师大文学院,现在也调入美术学院,成了永海的同事,他经常打电话向朱以撒请教。前一阵子他到博物馆,看不懂一件木雕作品上的字,便打电话给朱以撒,朱以撒马上给出答案。为了准确无误,朱以撒还特意翻阅了《辞海》,并结合自己的研究,给了永海满意的答案。

永海一直认为,对一位艺术家来说,虽然技术很重要,但高度来源于文化,艺术最终是从文化来认识的,是取决于文化的。所以,这几年他跑了很大地方,他去日本,去欧洲,他去中国的大西北。每到一个地方,他都要静静地停下脚步,去总结自己的过去,思考自己的未来艺术走向。去年他去欧洲转了一圈,当他流连、沉浸在欧洲的各大美术馆、博物馆时,当他面对罗丹、毕加索、米开朗基罗等高山仰止的大师作品时,他感受到了艺术的至高无上的魅力,表现主义、印象主义等艺术大师作品奔放中的严谨,开放中的逻辑给他心灵带来了一次巨大的冲击。

永海告诉我,画水墨人物有时很累,因为它是一种体力活,必须造型到位、出手麻利,因为光线在不停地变化,模特也总在动。但画画时的感觉很好,因为写生是真实的,直接的艺术最单纯,可以把单纯的美好愿望注入。当手中的毛笔在雪白的宣纸上掠过,会给人一种踏实的感觉,仿佛直接触摸到了自己的神经。

永海平时也画一些小品,在他的小品中,马画得最多,特别是马与女性的结合,带着梦幻式的迷离意境。马代表阳刚、力量、征服,与性有密切的关系;女性柔软、纤细、飘逸,两者结合产生一种观念上的东西,有表现主义的味道。他还尝试以古典山水原素作为背景的人物画,像《三羊开泰》、《达摩渡江》、《山鬼》系列、《羲之观鹅图》、《东坡观砚》、《太白醉酒》等,以自己的绘画语言对传统做了一番新的解释。

与所有艺术史描述的艺术家一样,大凡艺术家从小都喜欢画画。张永海也是。

小时候,永海的父母看到永海喜欢画画,便带着他到处拜师学艺。他最早的家在铜盘马鞍附近,所以小学是在铜盘小学度过的。而那时,他的这个在今天依然是城乡结合部的农村家庭与艺术似乎扯不上关系。

对于自己能够走上画画这条路,永海觉得自己应该感谢几位老师:一位是林一隅先生。认识林一隅老先生时永海还是一位不谙世事的学生。林一隅先生收藏许多画,永海常到他的阁楼上看他读书,然后将他收藏的张大千等人的画借出来临摹。永海至今依然记得,林一隅老先生常常带他出去挖树根。也是从那时起,永海发誓自己将来一定要当一名画家,到世界各地去写生。

后来他跟一位叫林逸尘的老师学国画,这位老师肖像、工笔、书法样样精通,与陈子奋、周哲文、潘主兰等交往甚密。此时永海已经在福州三中上学,老师家距离三中不远,永海一放学就往老师家里跑,那时他已经迷恋上了画画。

第一次正式学素描是跟厦门工艺美术学校毕业的陈援朝老师,陈老师是永海的素描启蒙老师。凭着自己对艺术的敏感和扎实的基本功,永海后来考取福州工艺美术学校刚刚复办的第一届雕塑专业,在这里,永海学了三年,接触到了许多欧洲艺术,像米开朗基罗、达芬奇的作品。在福州工艺美术学校,林雪川老师看到永海有很大的潜力,鼓励张永海一定要考出去。由于中专毕业后必须两年才可以报考大学,永海利用两年学外语,补专业,终于在1983年考入福建师大美术系。

由于素描基础好,造型能力强,当时许多人都觉得永海一定学油画,但永海却对毛笔有一种特殊的感觉,他最终选择了水墨人物。当许多人都还在关注造型时,他已经能自如地在水墨天地中挥洒一番了。他的毕业创作《让世界充满爱》有7米长,是根据当时一首脍炙人口的流行歌曲的主题进行创作的,以恢宏的视野表达了人类向往和平、创造一个爱的和谐世界的美好愿望。

毕业时福州工艺美术学校本来要将永海"要"回去,但被当时爱才心切的师大美术系系主任薛行彪教授果断留校。

1995年永海到中央美院进修一年,看了大量画展,之后他也"玩"了一阵子实验水墨。"当时实验水墨风起云涌，许多人都在搞，但玩了一阵子，蓦然发现，其实真正打动我的，依然是古典的、经典的东西。当代的东西固然有视觉的冲击力，但大多还是表面的。"张永海对我说。

如今的张永海不跟风，不随波逐流，他画自己想画的东西，他把视线转向社会，关注社会题材。他的水墨人物作品主要有两个系列：一是知识分子系列，一是守望家园系列。知识分子在中国也叫读书人，这是一群有意思的人，缺了知识分子，中国的现代文化是不可想象的。永海画知识分子，最初的萌动来自一次与范迪安的交谈，范迪安希望他能画一些知识分子，这其实与永海的想法不谋而合。永海生活在知识分子成堆的高校，而他也喜欢面对真实的人，不喜欢杜撰的东西。在永海的笔下，有沉思的学者，有树下读书的夫妻，有青春活泼的大学生，这些人物构成了他知识分子系列的基本脉络，他试图突破以往水墨人物画的概念化的创作模式，力图进入个人化的领域，关注和反思中国社会变化的意味和问题。守望家园系列实际上是民工系列，在这个系列中，永海表达了一位艺术家对文明的思考。文明的前提是人的物质文明的高度发展，但物质文明发展后，人们向往城市，逃离了乡野，但生存的压力变得越来越大。永海经常开车的时候见到街角站着很多民工，他们失去了家园，成为城市的漂泊者，他们是城市绝对的弱者，他们身心的疲惫可想而知。

对于这两个系列，永海说，生活在变，无论日子过得是好是坏，但时代总是向前发展。他庆幸自己是这个大时代的目击者。"每个人书写人生的方式都不一样，我选择画，用画笔记录人生体验，表达自己的观点"。在永海看来，艺术家最焦虑的不是已经做出的作品能卖到多少钱，而是能不能找到让自己思考的东西再创作出新的作品。他深知，厚积薄发需要一颗平常心。

汪天亮：成功的
艺术"冒险家"

原以为艺术家的故事总是波澜不惊、大同小异,但与汪天亮面对面交谈,读他眼神中独一无二的锐利与锋芒,始信艺术有一种不可抗拒的征服人的力量。

汪天亮的故事充满了浓烈的"色彩",浓烈得"一塌糊涂",如同他的那些充满了激情与幻想、疯狂与冷静、永恒与怪诞的作品。

阴雨的天气,在汪天亮的画室等他。远远地从走廊的尽头大步流星地移动而来一个粗犷的剪影,侧光顺着他身体强健的线条,倾泻而下,阴影部分闪着他双瞳的亮点。

汪天亮是那种让人看一眼就记忆深刻的健硕的男人。

我不知道汪天亮是否练过武,但他给我的第一印象是那种仗义热血、飞檐走壁、潇洒倜傥、动静自如、快意恩仇的剑客形象。坐在我对面的汪天亮,侃侃而谈,他有极好的口才,眼神始终保持一种专注。

听说但凡练过武的人,眼神都极镇定。虽然不知道,汪天亮是用了多长的时间,才将飘移不定的人性钉牢在双瞳之间;但至少可以肯定的是,跟所有男孩,或者男人一样,年少时的汪天亮,也有过一段可以明确出起止日期的叛逆时光。

但汪天亮的叛逆充满了某种悲剧色彩。

汪天亮生于上海,共有五个兄妹,汪天亮排行老二。文革期间,作为厦门市委书记的父亲深陷囹圄,无休无止地被批斗。父母被投入监狱,兄弟姐妹四处离散。当时,汪天亮觉得在福建已无法生存下去,于是准备投靠在上海的父母的老战友,他给他们的子女写了一封信,信中谈到了文革,谈到了自己和家庭的处境,也似懂非懂地谈到了毛主席和江青,认为江青不是一个好女人,毛主席被江青欺骗了。没想到阴差阳错,这封信被误投到父母在上海的老战友对面人家的信箱中。对方看到信封上儿童的笔迹,也就顺手拆开。但当看完信后,如临大敌,认为信中充斥了不可饶恕的反革命内容,于是这封信被直接由专人从上海转到北京。北京层层追查下来,一查查到是16岁的汪天亮的手迹。

造反派岂肯罢休,一个小孩不可能写如此"恶毒"攻击"江青同志"的信,肯定是其父母指使。于是,16岁的汪天亮从上海被押回厦门,原先被判入狱 7 年,但只被关了三年,林彪便摔死在蒙古温都尔汗,父亲也出狱了。

回忆那段日子,汪天亮不仅没有后悔,而且内心充满了感激。"天将降大任于斯人也,必先苦其心志,劳其筋骨,饿其体肤,空乏其身……"。汪天亮不无幽默地说,"上帝爱你,才叫你受苦。"

也许命中注定似的,一切成就一番事业者,都免不了经历一番挫折,只不过对汪天亮而言,时间早了一些。

16 岁,这是他生命中刻骨铭心的年龄。

汪天亮的形象就是艺术家的符号:短得不能再短的平头,络腮胡子,嘴边还蓄着小胡须,魅力四射。霸气十足又文质彬彬,激情澎湃又含蓄内敛,始终面对一个又一个艺术与生命的挑战。

汪天亮的一位朋友告诉我一段当年汪天亮刚从监狱出来时的情景。

当时在邵武(汪天亮的母亲其时已是邵武县委副书记),汪天亮的哥哥汪征鲁(现为福建师大副校长、博士生导师)和这位朋友以及他们各自的女朋友在屋里聊天,汪天亮悄悄地走进去,直挺挺地站在墙角。那位朋友当年的女朋友至今还记得汪天亮那一霎那的眼神:像在铁笼子里关了很久的猛兽,眼睛直钩钩地四处张望,面无表情,很可怕的样子。

这位朋友又补充道:他是骨子里的艺术家。

汪天亮小时候没有受过专业的绘画训练,但他对艺术的敏感似乎是天生的。他的儿童画 7 岁时就在日本展出。有一段时间,汪天亮痴迷上了画马,他就长时间蹲在福州南公园附近的马路边上,因为那里经常有马车出没,他仔细地观察马的形态,眼中的马和心中的马在他脑海里有了最初的变奏。

汪天亮说,他的父亲是军人,却酷爱文学,戎马半生写了 100 多万字的日记,还写书、写小说。作为高级领导干部,这是很难得的。家中有许多藏书,有历史的、政治的、经济的、军事的、哲学的、文学的、科普的。至今汪天亮还清晰地记得少年时徜徉于父亲万册书林中的快乐时光。

但在学校里,汪天亮却是狂野难驯、调皮捣蛋的孩子王。只有艺术,让少年的汪天亮此起彼伏的横冲直撞的内心渐渐安静下来,收敛下去。

之后跟着母亲，汪天亮先是在邵武汽车保修厂电工班当学徒。当学徒时，师傅在梯子上上上下下，累得气喘吁吁，汪天亮则在下面"指挥"师傅干这干那。学徒没当多久，考虑到他会画画，厂里于是派他到保修厂子弟学校教美术。

1982年，汪天亮终于如愿以偿考取了福建工艺美术学校工艺绘画专业，如鱼得水的汪天亮似乎第一次真正呼吸到自由的空气。学校就在天风海涛的厦门鼓浪屿，此时的他，正在积蓄着力量。

3年下来，工笔、写意、国画、油画、雕塑……各种绘画类别他都进行了专业系统的学习。但走惯了"野路子"的汪天亮刚进入学校时，觉得学校的教学方法束缚了他的个性，不能随心所欲地自我发挥。平时谁都夸他画得不错，可老师却认为他的画毫无章法，考试经常给他不及格。

但汪天亮始终相信自己是一匹"千里马"。


"黄四娘家花满蹊，千朵万朵压枝低。留连戏蝶时时舞，自在娇莺恰恰啼"，我很惊讶汪天亮在与我兴奋地交谈中脱口背诵出的杜甫的这首《江畔独步寻花》诗。这首诗大概与汪天亮的心境不谋而合。

在艺术的花园里独步寻花者，正是汪天亮也。

艺术的"天眼"一旦打开，创造的冲动便一发而不可收拾。

早在1982年，汪天亮便在福州举办过"纸刻艺术展"，展示他的现代装饰纸刻。

1996年，他在北京中国美术馆举办了"汪天亮现代水墨画展"，曾轰动一时。

此后，他把主要精力和时间投入到现代漆艺创作中。

也许冥冥之中，汪天亮知道这是一种艺术的"冒险"，但他已经顾不了那么多了。他要打破传统漆画中山水人物、花鸟虫鱼之类的固定程式，突破传统漆艺中"宫廷味"、"富贵味"的狭小天地，开辟题材的新领域。

汪天亮的作品除了具有漆的所有特性外，图式的张力，视觉的个性被发挥得淋漓尽致。他的很多作品，以文字入画，有的以甲骨、钟鼎、秦篆、魏碑这些平面符号的传统书法为主题，有的以仰韶文化彩陶纹样或传统文物工艺图案为母体，进而采用分割、移位、重构、交织等手法，组成抽象的构图。

汪天亮对中国书法的线条特别推崇。他形象地说，中国人使用的筷子实际上就是完美线条的呈现。他说老外吃饭时用刀和叉，再在脖子上围一块餐布简直就像做外科手术，说多别扭有多别扭。他说中国人习惯握手而不习惯拥抱是中国人以和为贵的大气体现，握手是表明我手中没有武器。当汪天亮把自己对中国文化的这些思考在国外演讲给外国朋友听时，老外对他佩服得不行，他们觉得中国文化简直太神奇了。

汪天亮的艺术"冒险"成就了一个与众不同的汪天亮。他一直生活在他的那个漆艺世界中，他不断被人"否定"，又不断被人认同和接受。同时，他自己也在不断否定中。正是这种不断否定，不断创造、再创造，汪天亮始终保持了艺术的"花开不败"，确立了自己的个性风格，演绎了"汪天亮流派"的漆艺风范。

有评论家这样写道："在漆艺界汪天亮被认为是'异端'，但他的确是率真狂放的。在同时代画家中，他不但有极怪诞的幻想，而且是一个创造力极为丰富，时速性跳跃性极强的艺术家，是一个地地道道的变化多端的狂热的艺术创造者和探索者。"

有"冒险"才会有成功。当全息摄影等技术的出现已经可以满足艺术写实的任何需要时，人类对内心世界的观照和呈现才是艺术追求的真正意义所在。许多人原先以为汪天亮的抽象漆艺作品是"乱搞"，但真正接触汪天亮的作品后对"抽象"二字有了全新的认识。他们认为有思想的真正的抽象的艺术品非常非常地美。

汪天亮的漆画作品都很抽象，或以红漆为底，黑漆作画；或以黑漆为底，红漆表现主题。加之镶金嵌银，极尽漆艺的各种传统表现手法。但又通过色彩的浓淡变化，色块多变的表现形式，给人以气势磅礴之感。

许多喜欢收藏汪天亮漆艺作品的人都觉得，他的作品非常大气、霸气，特别是韩国人、日本人和中国的台湾人，他们觉得摆放在家里可以镇邪。

汪天亮的作品几乎走遍了世界，他在美国、日本、新加坡、德国、澳大利亚以及中国台湾香港等地都举办过现代漆艺展，被国内外许多机构和个人

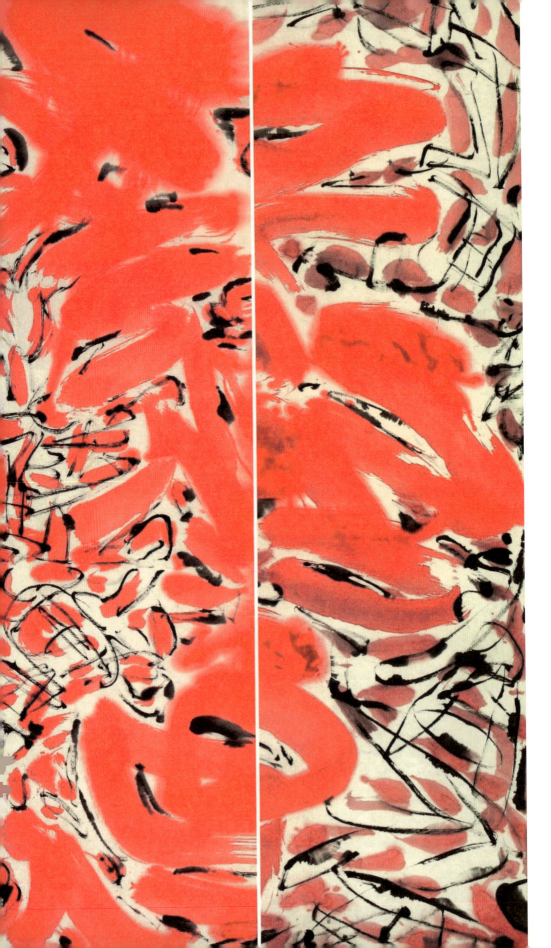

收藏。

从总体上说,汪天亮的漆艺术包括两个方面的内容:一是漆艺术作品本身,二是他的现代水墨作品。关于漆艺术作品,汪天亮的尝试是多方面的,凡是看过汪天亮现代漆艺作品的人,都会留下强烈而深刻的印象,都会被他的作品中饱含的那种理性与激情,奔放与诗意,天然肌理与冥想色彩所感动。他的作品不仅具有当代性,更有其独特的创造性,同时体现了他从中心向边缘转向的艺术美学历程,他的作品具有浓烈的个人化的图式,这种图式呈现了其散发个人魅力的美学致思。

汪天亮的漆艺术作品数量很多,我们可以从如下几个方面对其作品的美学致思予以阐释:

首先,汪天亮的作品具有强烈的内化于心的自我价值取向。

在当今多元的艺术语境下,漆艺术能否自觉地认清自身的局限性,并在传统与现代、个人与大众、东方与西方、中心与边缘等复杂的二元对立与互融互渗中进行自身的思索,是漆艺术走向成熟的关键所在。毫无疑问,漆画作为一个画种,从工艺装饰、实用器具中抽离出来,就应该构建有别于其他画种的独特语言和风格。汪天亮很早就意识到这一点。尽管他的作品时时充满了某种争议性,但这并不妨碍他的独树一帜的创造性的发挥。我特别喜欢他的《大器系列》作品,该作品气势磅礴,类似人体的造型,采用了夸张、变形、抽象等多种艺术手法,构成了奇特的艺术形象。

在汪天亮看来,"漆"与"器"谐音,所谓"器"就是能容纳:容得下天下之物,就是"大器";而作为一门艺术,能容纳古今中外各大绘画艺术门类之长的当数漆艺。从某种意义上说,《大器系列》进行了在多种立面载体上作画的尝试。在汪天亮看来,漆的艺术一开始便是综合材料的结合,从漆木、漆陶、漆胎以及漆和金属可能的和成功的结合,而且,在传统漆器中,有奁、盒、瓶、屏风、兵器以及鸟兽组合等形形色色的造型,无论是平面、立体、装置组合乃至从实用到精神层面,其文化容量和承载负荷都超出了绘画和雕塑界定的范畴,因此,漆画应该有多种载体和表现形式,而他的《大器系列》便是这一思路的成功尝试。

对汪天亮而言,过去时代的美学积淀和精进精神很显然地已经化作一种厚实的背景被置于我们的身后,也可以说内化于我们的心中。因此,对漆画家而言,重要的是能否调动掌握漆的自身语言去创作具有生命力的独特的艺术。汪天亮的作品,无论是形式构成、色调运作,还是材质陈述、肌理组织,都呈现出一种单纯唯美的画意,具有强烈的内化于心的自我价值取向。

其次,汪天亮的作品具有强烈的色彩张力和视觉质感。

没有任何一种艺术品种能像漆艺术这样,几乎汇集了我们所识别的所有可知媒材,玉、石、砂、金、土、金、银、铜、铝、锡、贝壳、麻布等这些辅助材料都可以与漆艺术融为一体,从而大大提高了漆艺术的色彩张力和视觉质感。

现代漆艺术所具有的独特的色彩张力和视觉质感的确是其他任何媒材与技术无法取代的。当然这也是漆画存在的重要价值。无论科技如何发达,无论新材料新工艺如何变化,只要人类存在,满足个人独有的感性知觉与文化联想,永远是视觉艺术实践的理由和价值所在。艺术品种中很少有能够像漆艺术这样,几乎汇集了我们所认识的所有可知的工艺制作手段:髹涂、描绘、镶嵌、磨绘、变涂、堆塑、雕填、刻划、渲染、罩涂等等。汪天亮的高明之处在于,他能够自觉地将漆语言的这种丰富性发挥得淋漓尽致。汪天亮汲取传统的手法为我使用,并对其进行了当代实验,他以抽象形式为媒介,将传统漆艺由平面形式转变为立体创作,使漆艺的表现领域有了突破性的进展。

漆艺必须有当代的精神,当代的范式,当代的语言,当代的气象,具有鲜活的生命,是在表现形态上完全不同于过去时代的漆艺。在汪天亮的作品中,有许多是大体量的立体漆艺作品,这些作品打破了传统漆画的模式,更大胆,更出位,更有色彩张力和视觉质感。汪天亮的作品有许多是具有现场感的即兴创意,因而更随意,更贴近心灵。在汪天亮的作品中,具有至为鲜艳浓丽的色彩宣泄,这种色彩实验独具一格,让人耳目一新;同时,汪天亮的作品具有最为细致精妙的细节收拾,立体的呈现多姿多彩。

第三,汪天亮的作品在漆艺融合现代水墨上做出了可贵的有益的探索。

作为绘画形态的变革潮流,现代水墨更加突显了纯粹的艺术功能。以传统水墨精神与技法融合和吸纳西方艺术表现的追求和探索,以实验性、现代感和学术意义为特质的现代水墨已由新的语境从内质到外部都已大大不同于传统水墨。汪天亮早期在抽象水墨方面的探索为其后来的漆艺创作风格开拓了新的空间。

在他的漆作品中,恰到好处地揉入中国大写意水墨、书法等,打破了传统漆艺作品山水人物、花鸟虫鱼之类的固定模式,把中国画中调和的写意性,理想性与西方绘画的写实性由影响与被影响的关系转变为自觉、成熟的对话和互动的平等关系。在汪天亮的作品中,"转型"是其突出点,其特点是中西文化、艺术思维碰撞与交融的结果。从某种意义上说,在视觉因素纷繁变异的今天,传统水墨那种陈陈相因、千篇一律、千人一面的僵化面貌,已无法满足和充分表现艺术家日渐丰富的心灵诉求,无法满足人们日益扩大的视野和不断增长的审美新视觉。

《漆书系列》是汪天亮作品的重要组成部分。这一系列作品题材源于中国传统的书法,正是他酷爱抽象美意境的反映。作品选择具有平面符号化的文字作为表现主题的媒介,系列的文字造型在不同尺寸的画面中展开,表现了从具象性,装饰性到抽象符号的嬗变。在构图、形式、肌理、色彩等艺术语言的整体处理上,作品既继承了中国传统的审美特点,又以独特的形式体现出现代审美意趣。作品表现的主体文字符号大都用漆堆画而成,在运用了适当的工艺技巧处理后,出现了浮雕感,特殊的材料和对材料的特殊处理,使作品的制作与传统漆艺形成了巨大反差,成功地把传统文化的精华与现代审美的意趣融为一体,并自成一格。

由于汪天亮的作品总是具有实验性、前卫性和超前性,由于汪天亮的作品总是具有跳跃性、求新性和狂放性,因而他的作品常常被误读。看来,苦心谋求一种崭新的表达方式和个人话语是需要付出代价的,但汪天亮依然乐此不疲。

在我看来,这并不意味着什么,艺术的多元化是艺术具有持久生命力的最重要的保证。新的创造、新的艺术形式的拓展常常在刚产生时不能及时被认可,而当它已变成一种旧的形式时却又因被重新发现而大放光彩。

试想，"哥特艺术"、"罗可可"、"印象派"、"野兽派"最初都并非溢美之词。以"印象派"为例，当年它被评论家冠之以"模糊不清"的贬义而不为人接受。时至今天，进入了所谓的后现代时代，这些现代派画家的形式已经变得司空见惯了，我们却能从中读出了无论是重结构的形式，还是倾向于主观情感宣泄的形式。

从某种意义上而言，汪天亮漆艺术的美学意义在于，他的作品具有强烈的个人风格，其作品的内容和形式最贴切的有机结合显现了他并不是一位为艺术而艺术，为传统而传统，为形式而形式的艺术家，他对漆的情有独钟是为了表达自我生命和内心的丰富体验，是为了力图让人们对漆有一个更全面、更深入、更多维的理解。

在艺术的冒险上，很少顺水推舟，更多的是逆流而上。

在我看来，真正的艺术冒险家，他们会毫不犹豫地把所有的鸡蛋放在同一个篮子里，他们不给自己留后路，如果失败，就真的一无所有了。而那些浅尝辄止的人，则会把所有的鸡蛋放在不同的篮子里。

而汪天亮就是那种把所有的鸡蛋放在同一个篮子的艺术的"冒险家"。

程俊华 张文霞:云深不知处, 艺术一鸳鸯

在欲望年代,能够保持一颗安静祥和的内心,与清风、鸟语作伴,与石头、花草对话,陶醉于自己所钟爱的艺术之中,是一件多么惬意而幸福的事情。"不出城廓,能获灵泉之隐",著名雕塑家程俊华、张文霞夫妇过的就是这样一种老庄所描绘的恬静而安然的生活。

往福州市区的后花园北峰的方向,福州国家森林公园对面有一个院落叫"云雾山庄",按程俊华的说法,就是"福州市区往北最后一个路灯杆的地方"。乍看并不起眼,但推开笨重的铁门,里面却别有洞天,占地足有六七亩。山庄内有池塘、亭廊、山石、绿树,还有一个两层楼的题为"雕刻时光"的程俊华、张文霞雕塑作品展示厅。这里便是程俊华、张文霞的工作室。虽然他们的家在福州市区,但他们大部分时间都"消磨"在这里。他们广为人知的大量雕塑作品也源源不断地出自这里。

好客的夫妇俩有许多圈内圈外的朋友,时常在这里喝茶、喝酒、聊天,到附近的农家饭庄享受地地道道家养的土鸡。这里常常宾朋满座,举行过多场大型的沙龙式的"派对",最多时容纳过200多人。院落依山势而建,岩壁、扶栏、树枝等等都是人造的,却活灵活现,许多朋友都信以为真,充分显示出雕塑家的特殊能耐。

我一直在想象和琢磨有云雾的日子"云霞山庄"是一副怎样的模样:云雾笼罩四野,灯光忽隐忽现,主人公手挽手站在亭廊前或者池塘边,"闲世人之所忙,忙世人之所闲"。有意思的是,程俊华喜欢穿唐装,这让我想起古人的飘逸和风雅;有意思的是,程俊华张文霞的儿子名叫程牧云。

与程俊华、张文霞认识后我才知道,他们就是福州城标"三山一水"的创造者。"三山一水"已永久地矗立在福州市最中心的五一广场,每天接受无数目光的检视,这是他们引以为傲的荣耀。尽管从今天的角度出发,这个城标还存在这样那样的缺陷。但在上世纪九十年代,这件作品所造成的轰动效应是空前的,她以极为现代感的雕塑语言形象地概括了福州这个具有2200多年历史的城市独特的三山一水的地理特点以及走向世界、走向海洋、走向未来的宽阔胸襟和豪迈气派。三山耸立,闽水环绕,蓬勃向上的精神生动展示了这个城市的特质,这个雕塑成了福州独特而精美的城市名片,印在地图上、导游册上、电话卡上,走进了生活在这个城市或热爱这个城市的五湖四海的人的内心中……

雕塑是一种永恒的艺术品，人类最早都是以雕刻留下他们的生活足迹，大量反映当时意识形态的东西都消失了，但雕塑却会历经千万年而留存下来，放射永恒的光芒。雕塑艺术从中国远古4800年前的四川三星堆青铜人像论起，自秦汉唐以来，即有极为悠久的历史并且谱写了璀璨辉煌的篇章，其精深博大的传统和浩如烟海的丰富遗产，可谓世界之奇观。

雕塑也是灵感与体力劳动相结合的艺术。钢铁、泥土和在顽石原没有感情，冰冷而粗砺，但经过雕塑家的神奇之手的"点石成金"，那些原没有生命的钢铁、泥土和顽石变得五彩斑斓，变得有声有色，变得超越时空成为永恒的存在。

有人说，雕塑是"凝固的音乐"。在程俊华、张文霞的工作室和"雕刻时光"雕塑展示厅，那里有无数或大或小，或完工或未完工的雕塑作品，它们就像一件件经过"十月怀胎"后新生的"婴儿"。面对它们，不容置疑地诱发着你的沉思。对雕塑者而言，雕塑的过程就是内心撕裂的过程，撕裂你的理想主义，撕裂你的不谙世事，撕裂你的短视与世俗……撕裂的声音残酷得比音乐更有质感。正如张文霞自己的"自言自语"："无论是捏泥巴的时候还是看到作品出来，心里的期待、焦虑与内心的冲突总是如影随形。自己开始对作品的感觉变了，一点点分析，最后变得像一位音乐家说他已不似别人听音乐的感受了，变成了技术分析。这也是我常常看作品的心态了。可作品往往是给别人看的，虽说别人各有评价，但我自己又产生新的想法，新的冲突和期待，这大概就是我尚未停止做雕塑的原因。"其实，对雕塑者而言，就像穿上了红舞鞋，你便不会停止下来，你只能在舞台上不停地旋转下去……

雕塑作品在成型后带给大家的是惊艳，是美感，是心灵的享受，是视觉的震撼，但雕塑的过程却充满了艰辛，有时候甚至还有危险。程俊华就从架子上掉下来过，那是做福州风景名胜鼓山下院的转盘严复雕像的时候，那个人像有八米高。程俊华爬到架子上面做，由于雕像的脸很大，做这边眼睛时看到另一边，要来来回回地看结果，程俊华想退远点看整体效果，结果一

不小心就从架子上掉下来。当时很多工人都在吃饭,听见异样的声响纷纷丢下饭碗跑过来抱他,结果程俊华自己很灵活地勾住了一个脚手架,没有摔下来。当时地面都是大石头,摔下来不得了。

程俊华和张文霞既是一对志同道合的雕塑家,也是生活上如影随形的夫妇。程俊华祖籍山东,出生在福州市,他是南下干部的子弟。从他懂事的时候起,就特别喜欢连环画。"文革"期间,他同家里人一起下放到泰宁县的一个小村落接受"再教育"。林彪集团被粉碎后,他以程家唯一的男孩子被照顾回城招工,被安排在福州洪山桥的福州陶瓷厂,每月拿 18 元的工资。当时他住在姨姨家,在福州美术公司当画师的姨夫发现了程俊华画画方面的天赋,便鼓励他。功夫不负有心人,不久,他便以优异的成绩被江西景德镇陶瓷学院录取。

进入景德镇陶瓷学院雕塑系,是程俊华崭新人生的开始。

而张文霞则是低程俊华一年级的同学,虽然张文霞学的是陶瓷工程,但也非常喜欢雕塑,共同的兴趣和爱好让他们的爱情擦出了美丽的火花。

城市雕塑是反映一个城市的文化品位、艺术水平的晴雨表,从一个城市的雕塑,就可以看出这个城市的市民、艺术家和官员的文化档次。美国纽

约的自由女神像，是全世界皆知的美国标志；在罗马，你想不看到雕塑都难。如果没有了这些雕塑，罗马也就黯然失色。

学院出身的程俊华和张文霞有着良好的雕塑基本功，"但是在我们的作品中我不大愿意保留太多雕塑的痕迹，类似画画的笔触那种，那种东西对我们来说太容易做到，我们喜欢我们的作品是经过制作的，却又不是谁都能轻易完成的东西。"张文霞娓娓说道。

现代雕塑形态已经发生了很大改变，很多新媒体纷纷进入传统雕塑领域，进入艺术家的视野。程俊华、张文霞很早就开始进行这方面的尝试。

亲临程俊华、张文霞雕塑作品展示厅的人都会有这样一个感觉，那就是一件件雕塑作品具有很强的艺术表现力和多样的风格，既有传统的写实雕塑，也有吸收了现代艺术元素的抽象作品。

《醉归》是一件有意思的作品，曾入选亚洲雕塑节。作品诙谐有趣，是生活中的一个瞬间的定格，两个老头在喝完酒回家的路上有说有笑，一个说你喝醉，另一个说我没醉，两手捂在脸上。中间是一个酒坛子。

《来电》是一件比较抽象的作品，参加了全国首届钢铁焊接艺术赛，一个由"蜘蛛网"似的钢条焊接成的巨型"灯泡"中间是两位面对面却若即若离的青年男女，红色的人体呼之欲出，意寓即使是钢铁的牢宠也锁不住爱情的火焰、自由的心灵。

入选中国——东盟青年艺术品大赛的作品《梦漓江》也是一件现代抽象作品,电焊留下的钢铁燃烧的痕迹像水墨的笔触,漓江似梦非梦,强烈地冲击着观者的视觉,让人想起张艺谋执导的《印象漓江》。而与之相类似的作品《惊梦》则更大胆、更夸张地表现出闪电的瞬间印象,宁静而安谧的湖泊,惊天动地的乌云与闪电,动与静的强烈对比,像雕塑家天马行空的思维。程俊华说,雕塑与环境的关系可以这样理解:比如城市环境是现代的,并不一定雕塑也要现代;建筑群是抽象的,并不一定雕塑也要抽象;相反建筑群是古典的,雕塑亦并不一定要古典。因为万物都好像我们的太极图那样循环不息,起点到终点永远无极地循环靠近,一知半解者只知简单的统一,不知万物间还有多少对立的统一。对立的统一更富魅力。还有获北京奥林匹克公园雕塑竞赛佳作奖的《哎呀,哎呀》,天真活泼、毫不掩饰的儿童瞬间的神情表达得淋漓尽致。

而我特别喜欢张文霞创作的王洛宾纪念雕塑系列:《永远的王洛宾》、《掀起你的盖头来》、《在那遥远的地方》、《银色月光下》、《半个月亮爬上来》,一件件作品像一串音符,连接了遥远的时空,连接了美丽而动人的爱情故事。女性的柔媚,律动的草原,云朵似的羊群,美好的时光,青春的月色,令人牵肠挂肚的爱情,让人百看不厌。张文霞说,她一般不会去向观众解释作品内涵,在似与不似之间艺术的魅力产生了,一种似是而非的东西生成了!程俊华、张文霞到过欧洲许多城市,见识了许许多多雕塑大师的作品,"大师级的作品往往不需要用言语去说明,因为它们直指内心,只要在具体的情景中,所有的观者都是可以领会的",说这话时,程俊华用双手一摊,脸上的神情充满了敬意。

艺术是生活的影子,艺术令生活闪闪发亮。也许艺术的生存方式就是,一生能够获得许多机会,拥有非常多的自由,过自食其力的生活。从这个意义上说,过着山居岁月的程俊华、张文霞是令人羡慕的。

杜尾顽：深处闹市，默默耕耘

一位艺术界的朋友一直怂恿我去看一看杜尾顽的作品，我犹豫了很久，不知道该去还是不去。因为我深知，在这个急功近利的时代，说几句恭维的话很容易，说人家画得不好，总是觉得过意不去，也让主人扫兴；但人家画得不好你硬要说画得好又有违自己的内心。

但我最终还是与朋友去了杜尾顽的画室，让我过目不忘的不仅仅是杜尾顽的作品，还有杜尾顽这个人。

我以前不知道杜尾顽其人，但时不时有人向我提起这个名字。在不久前的一个饭局上，一位学古琴的女孩不经意间还提到杜尾顽的名字，说他弹得一手很好的古琴。我当时心里想，能够将古琴弹得很好的现代人已经不多，况且又能画画，于是，在还没有见到杜尾顽之前，杜尾顽便给我留下了好"印象"。

在灯下一张一张过目杜尾顽的作品，是一种很美妙的享受，我一直很难相信这些以意勾线，疏密得体，虚中见实，实中见虚，精工淡雅的作品出自杜尾顽的手下。如果仅仅就作品的画面构成和线条细腻而言，我一定会以为这是一位执著且有追求的女性作品。

杜尾顽的工笔花鸟画作品在线的表现力上作了大量大胆的探索。在他的作品中，线的勾勒呈现出难得的多姿多彩，细如发丝的线条不滞涩，不干涸，不突兀，流畅自如，以线敷型，显示出其高超的功力。众所周知，线是中国画的重要表现手段，线本身就具有独立的表现力，是画家有意识组织而成的，带有画家强烈的主观感受。特别在工笔画中，线的意义是显而易见的。在杜尾顽的工笔花鸟画中，在线的"意象"上作了深度的拓展。传统工笔勾线"十八描"通常讲究中锋用笔，毛笔含墨浓淡、饱渴适中，落笔、行笔、收笔力量均匀，追求流畅自然和韵味悠长。杜尾顽曾花大量时间反复玩味体会，他在大量的实践中探索和研究出新的线造型风格，他以"意"勾线，随势而通，随形而势，利用线的穿插、轻重、疏密关系体现画面的虚实关系，实处之妙因虚而生，即"以虚名实"，从而在自己的作品中赋予线以特殊的意义。

杜尾顽的工笔花鸟画作品与众不同的最大的特征是使用了淡墨进行层层晕染，从而使画面呈现出一种若即若离的朦胧感。无论是牡丹、水仙、美人蕉，还是斑竹、幽兰、残荷，都让人感觉到淡淡的清香飘拂而来，图像的美妙组合所透射出的大自然的氤氲仿佛时光在那一刻倏然停滞。这种淡得不能再淡的色彩是杜尾顽刻意追求的。在中国传统绘画中，工笔画的色彩不同于西洋绘画对某一时空结构中客观对象的写实，也不像水墨画单纯的黑白对比，它强调中国画色彩的再现性功能，讲究"赋彩"，讲究"随情赋色"、"随意赋色"、"随境赋色"。为表现情感，可赋予形象以理想或想象的色彩。杜尾顽之所以选择采用这种极淡的色彩，是为了表达内心的一种情感，这也是他的内心的一种选择。远看杜尾顽的作品，似乎很平面化，那些淡墨实在没有什么份量，但只要你沉下心来细看，从杜尾顽的作品中你便可以发现画家在创作过程中所表现出来的从容与悠然，以及天马行空的自由。细察之下，从每一个微小的、不起眼的景物构成和笔墨探索中，我们可以看到杜尾顽的用心所在。

在杜尾顽的作品中，留下了许多这样的看似漫不经心，实则有血有肉的作品。

《枝牟蔓转叶纷纷》是一幅耐人寻味的小品，叶片被昆虫啃噬过的痕迹清晰可见，淡粉色的蜻蜓逆势而上，活灵活现，画面静动相宜，充满了大自然的美妙气息。《西风采采媚秋光，绛节朱颜翡翠裳》也是一幅小品，画面沉静雅致，如呓语般的喜雀娇羞羞地躲在一片残叶之下，妩媚的粉色牡丹告知人们秋天已经来临，让人顿生时光流转之思。《秋入池塘风露微》和《恍疑罗袖佛琼瑶》两幅小品构图饱满，充满了节奏感。在《秋入池塘风露微》中，那只红色的小鸟像是在闲庭漫步，又似是若有所思。用色大胆，穿插自然，线、面、块前后关系交待得合乎逻辑，从而增强了画面的纵深感。而在《恍疑罗袖佛琼瑶》中，佛手花的描绘灵动而又自然，简洁而不单调，处处彰显出画家内心的情愫。工笔画的用色是画面成败的关键，着眼于对象点、线、面结构的渲染，配合高低染法的穿插运用，带有韵律与节奏感的严谨工整的线描，使杜尾顽的作品虚实相生，以意为主，呈现出由实入虚，由有入无的空灵之气。

大概是由于对诗有一种特殊的钟爱吧，我尤其喜爱杜尾顽作品的题识，这些题识与画面景物相互映衬，彼此补充，让人感觉十分赏心悦目。杜尾顽的金农体书法也颇见功力，与画面浑然一体，增加了作品的文化品格，

像"花点湘云随碧川,翠梢零落带秋烟",像"清闲无个事,相对可忘忧",像"柔丝着露花如醉,修羽临风欲翠飞",像"露蛩烟草一般秋",像"漫道娇红肠断处,残桩结佩也撩人",像"一朵娇红梦里看"……,这些句子都琅琅上口,经得起推敲,与含蓄柔和的淡墨相呼应,仿佛让人又回到唐诗宋词年代。

从杜尾顽的作品依稀可以看出他的为人,他不做作,不喧哗,不盲从,不自吹自擂。他深居闹市一隅,却能够以一种平常心看待周遭的一切。他把作画看成一种细细的劳作,内心淡然而又趣味盎然。当看到薄雾轻纱般的画面慢慢地在自己笔下的纸上绽放开来,他觉得有一种说不出的愉悦,他感到自己能天天与丹青做伴是一件再幸福不过的事情。

杜尾顽的画室叫"如向堂","如向"二字来自荀子的《劝学篇》,他深知"锲而舍之,朽木不折;锲而不舍,金石可镂"的真义。

艺术创作不仅仅是为了表达个人情感的需要,更是体验与自然物象之间的内在共鸣,是"外师造化,中得心源"。读杜尾顽的作品,我忽然想起郑板桥有诗云:"一两三枝竹竿,四五六片竹叶,自然淡淡疏疏,何必重重叠叠。"在我看来,真正的好作品往往是精而笔疏,简而意足。

杜尾顽曾入何水法中国花鸟画高级研修班学习,又与著名花鸟画家霍春阳过从甚密。何水法先生是中国当代花鸟画大家,他既有很深的传统功底,又有很强的现代意识。何水法花鸟画的最大特点就是超越,他能广泛吸收多方面的元素,敢于冲破中国花鸟画的固有的程式,极具胆识和气魄。画到自由处,一叶一如来。一位画家能将自己对客观世界的认识,将他的人生观、哲学观、世界观、审美趣味通过笔墨表现出来,形成自己的个人风格,是一件很难的事情。霍春阳先生也是一位中国当代画坛不可多得的花鸟画实力派大家,霍春阳的写意花鸟以简静的特色卓然自立,不仅形简神备,笔精墨妙,尤擅淡墨着笔。在他的作品中,或疏花简叶,或只鸟片石,空灵虚静,幽秀淡远。我相信聪明的杜尾顽从何水法和霍春阳两位才气横溢的先生那里学到了许多东西。

杜尾顽常常琢磨何水法的作品,他认为何水法作品中任何一个哪怕是极细小的局部,你都以看到笔意的变幻,肌理的微妙,墨法的丰富,水韵的盎然。而对霍春阳的作品,杜尾顽第一次接触后便爱不释手,他觉得霍春阳是当代少见的逸品画家,他的作品清如水洗,静如天籁,似有若无,欲显还隐,真可谓"若恍若惚,其中有象"。他认为在霍春阳的心目中,花鸟生命和宇宙自然是融为一体的。

在"如向堂",悬挂着何水法和霍春阳二位先生赠送给杜尾顽的作品,二位大家的笔墨独到之处,常常让杜尾玩沉迷其中。

杜尾顽的探索还处于起步阶段,但在我看来,他的探索是有意义的。不过,对中国画艺术而言,最难的还不是对形式和技法的一味追求,难的是对艺术内涵能够有自己独到精深的理解和感受。没有内涵的绘画,再有什么所谓的"风格",也只能是一件没有灵魂的装饰品,不可能达到和体现绘画应有的艺术境界与艺术价值。

杜尾顽很努力,我相信努力而又用心的人必然得到回报。

灯下仔细翻看杜尾顽一张张"精雕细刻"的作品,我的内心有些感动,我不知道是他的这种绘画形式让我感动,还是这种形式引发的个人感情经验让我感动。当很多画家把绘画当作谋取一己之利的时候,杜尾顽仍然把绘画作为怡情的方式,这可能是他的个人的性格使然吧。

杜尾顽,这个有点奇怪的名字,杜尾顽告知我,他有两个哥哥、两个姐姐,他是老幺因为最小,小时候也最玩皮,于是父亲给他起了这样一个令人过耳不忘的名字。

陆广雄：苍茫山水，我写我心

我很早就认识陆广雄，只是先前与他没有很深入的交往，但我看过很多广雄的画，他的作品给我留下很深刻的印象。多年前零星接触到的是他的一些彩墨画作品，他的彩墨画作品给我最深的感受是既有色彩构成的强烈对比，又有人与自然的和谐共处。像他的抽象彩墨画代表作《城》系列、《人体符号》系列就是前者的代表。

《城》系列表现了当代人的梦幻、狂想、躁动和情欲等复杂的感情，那一双双怪异的眼睛，给人留下无穷的想象；《人体符号》系列以夸张的形式再现了当代人光怪陆离的情欲世界，充满了一种苦闷、阴郁以及在苦闷和阴郁中透露出的一点点希冀，一种刻骨铭心的记忆。女性的阴柔，男性的阳刚，在画面上自由地穿插与组合，淋漓尽致地表达出当代人无处逃遁的苦闷以及寻找突围的生命历程。

而他的以《繁衍的架构》为代表的以莲蓬、荷花、白鹭、四季、女性为符号的系列作品则是后者的代表，从形式结构的经营来看，这些作品没有强烈的视觉冲突感，充满了安宁的和谐，清秀的韵致，充满了浪漫主义的梦幻和诗意。我特别喜欢他的一组女人体作品，像《春》、《夏》、《秋》、《冬》，像《绝色藕莲》等，画面上的裸女表情忧郁，时间好像在静默之境中悄然流逝，人物造型如瓷器般圆润简洁，从这些作品中不难看出广雄深受中国传统文化的深刻影响。以《绝对藕莲》为例，这可能是广雄自己比较喜欢的一幅得意之作，在这幅作品中，以花衬托女人体，靛蓝色的背景突出了女人体的洁净，若无若有的水似乎正在缓慢地淹没女人体，仿佛似水流年也正在逐渐吞没我们年轻的生命。可供想象的那些内容，构成了私隐暧昧的空间，那些散发魅惑的场景开启了观者欲望深入的方式。正如广雄自己在谈到《绝色藕莲》时所说的那样，在表现"出污泥而不染"这一主题上，"人与荷花之间的融合，也就是人的荷花化、人的自然化。艺术本身具有无限的包容性，这种包容有时并不适合事物自身固有的逻辑，但她的美妙在于可以打破事物与事物间划定的界限，进行创造性的融合。在这里，我采取另一种极端手段，用明亮的白色，全裸地表现仕女，并让她几乎占据了画面的一半空间，只在人体的一侧点缀两朵与此同色的荷花，突出了人的主体性。实际上，我从荷花中寻找的是人的情感和寄寓。如果失去了人的意志的介入，荷花仅仅是一株植物而已,它的四季轮回就不会产生任何联想。"

从整体上看,陆广雄的彩墨画是中西艺术的结晶,他以中国画的笔墨,结合西方现代艺术的平面构成意识以及民间绘画的质朴和装饰趣味,创造了属于自己的个性风貌。中国画家历来重墨轻彩,特别是文人画出现后,所谓"墨分五色",墨代替了彩。这一传统对中国画家来说已经是心领神会,但彩墨画注重彩墨混合造型,彩与墨并重,陆广雄显然意识到彩墨画在彩墨的范畴内,无论在形式上从具象到抽象,内容上从写实到写意,色彩上从单色到彩色,都有着很大的拓展空间,于是他从剪纸、蜡染、唐卡中汲取了朴实的色彩风格,进行了多方面的探索,为我们呈现了充满韵味和意趣,散发着童稚气息的现代彩墨作品。

不久前,陆广雄送我两本他刚刚出版的画册,一本是《陆广雄彩墨画集》,另一本是《陆广雄山水画集》,与彩墨画相比,陆广雄的山水画同样让我兴奋。让我兴奋的缘由有三个方面:一是广雄的山水着力于个人体验与感受的真实性表达,在笔法、墨法和构成方面呈现出明显的个人化的指向;二是广雄的山水从东西方艺术中汲取了许多有价值的东西,同时对西方艺术中物质性表现力的关注逐渐转化为寻求水墨画材料的物性与当代人内心精神与情绪的对应性表达的新的可能性;三是广雄的山水追求自然性与人文性的整合,赋予自然山水以形而上的意义,是个人悟"道"的结晶。

古人有"画中最贵言山水"之说,山水画在古代一度是中国画的代称。南朝宋人宗炳在其著名的《画山水序》中写道:"夫圣人以神法道而贤者通,山水以形媚道而仁者乐。"体味这段话,似乎有两重含义。其一是自然即道,说的是山水画对道的体现;其二则是山水以美的形式来表达,山水是一种美的载体。在宗炳那里,真正的"道"其实是天道和人道的整合,是自然与人文的融合。

20世纪80年代以来水墨画经历了各种思潮和风格的碰撞,它比以往任何一个时期都要活跃、复杂与多变,为水墨画的现代转型提供了许多有意义有价值的范本。在这个转型的过程中,传统水墨画与西方绘画成为最主要的两个参照系,对于这两者的选择、吸纳与疏离过程中所表现出来的不同态度，以及具体的拿来什么、抛弃什么的不同切入点则直接决定了作品风格和面貌的归属。尤其后者，为水墨画寻找新的发展空间提供了契机。

陆广雄很早就意识到这一点，他曾大量临习"四王"山水，"四王"山水中，他又独钟王鉴，他认为王鉴的山水丘壑深邃而不碎，树木葱郁而不繁，用笔凝重而不板，落墨滋润而不薄，风格沉雄而不飘，这些特点，一直影响着他日后的山水画创作。

广雄对石涛也情有独钟，石涛的"搜尽奇峰打草稿"、"到处云山是吾师"对广雄触动很大，无论春夏秋冬，他都曾背着画匣痴迷于山水之间的游历之中。一度他曾迷恋石涛的画作并将石涛的杂木树林的笔法临得几可乱真。陆广雄认为，临习石涛的画作具有与众不同的感受，而这是以前临习

"四王"时所不能感受到的。

在近现代山水大家中,陆广雄最为服膺的是黄宾虹和陆俨少两位艺术大师。陆广雄认为,黄宾虹的山水受到写生的启发,注重于墨法,他作画讲究点线,但有意无意注重的是团块结构。他的积墨法、渍墨法对构成画面的团块结构具有神奇的作用。而陆俨少的山水,所注重的则是笔法点画的勾搭。这种点画勾搭,主要并非依据实景的轮廓形状,而是依据程式单元结构,通过程式单元结构的排列结合来表达距离,营造空间。如果说黄宾虹通过笔墨的多层积叠来显示阴影和气氛的画法,已或多或少地披上了一层有别于古人的"现代外衣",那么,陆俨少则突出强调用笔的画法则是拒绝穿上"现代外衣",仍坚持靠无所借假的笔墨来感染打动观者。

在陆广雄看来,无论是黄宾虹还是陆俨少都有自己的美学追求,但对他个人而言,他觉得自己必须"师承传统,发觉自我",在学习传统的过程中,不能学古而泥古。他经过多年的研见深刻体悟到,创作山水画的关键必须处理好传统与创新的关系。传统与创新是相辅相成的,墨守传统者往往鄙视创新,锐意创新者又往往无视传统,二者都执有一偏。只有传统造诣深厚的人,才有可能创新,才有可能把传统与创新和谐地结合起来。

陆广雄的山水画既具有中国传统山水画的书卷气息,又具有典型的西方绘画的构成理念。中国山水画的意境,是画家的感悟和追求,其最主要的特点,是在"师古人,师造化"的过程中,将人文精神转化为艺术境象。广雄长时间对传统的研习和大量的摹写,以及面对自然山水写生时的创作,都力图从中国绘画的文化立场出发，执著于笔墨的内美，把内心的感受通过丰富、深刻的笔墨语言表现出来，体现出山川的灵动和主体生命的内在律动，正所谓"苍茫山水，我写我心。"

广雄山水画有一个突出的特征，那就是既蕴涵北派山水的雄浑、朴厚，又追求南派山水的灵秀、温润。他非常注重树木、草丛的处理，有机地融入石涛的勾画法，落笔不雕不琢，自然洒脱，疏密有致，收敛自如，在纵横随意的笔墨中体现出关系及结构的紧凑严密。他不拘泥于一丘一壑的实形真貌，随心写形，笔墨构成以小积大，在整体气势上做文章，从而使自己的作品画面沉凝而圆厚，丰富而雄浑，具有幽深和清远的画境。

同时，广雄的山水画在美学追求上的另一特征是自然性与人文性的整合。从艺术史的角度说，广雄的山水画是从对他钟爱和敬畏的大师石涛、黄宾虹、陆俨少的艺术中体味和研习中得来的，但他又能从大师的图式中走出，从而使自己的创作有象可据，随心写形。自然客体是山水画的感觉对象和感性前提，从这个意义上说，道家的"山水即道"是能够成立的。但是艺术是人的创造物，从这个意义上说，在山水画中又不可能有纯粹的自然性存在，它是人的意志和意识化的结果。其实艺术中的自然主义和现实主义，或者表现主义，都是对于主客体的各自强调和偏重而已。在广雄的山水画作品中，舍弃了传统中的"三远"布局，章法上以满构图为主。一般而言，满构图给观者容易造成画面上"堵"的感觉，但由于广雄在创作时有意识地在气势运行中注意开合、起伏，把握山川的走势，在技法上充分运用勾、皴、擦、染、点，从而使画面张驰有道，虚实相间，从而增强了作品的视觉张力。

绘画是时间、精力、耐心的工作，画画不仅需要工夫，而且更需要悟性。广雄画画不以功利为目的，所以他的心境总是那么清净和平和。

古人说"心静生慧"，在我看来，喜欢读书的广雄是智慧的。

唐承华：游走的
印痕，生命的倾诉

当画家张永海将唐承华带到我的办公室与我认识时，我被唐承华身上特有的艺术家的气质所迷惑。人高马大的唐承华背着一个大背包，像一位满载而归的远行者的归来。

我不知道他大背包里装着些什么，我猜想大概装着他的那些具有强烈视觉冲击力的用卡纸或画布蒙上软性的宣纸，融合版画的刻印、油彩与丙稀的画、涂、擦以及水墨的写、皴、点、染，造成刚柔相济的印绘效果的作品吧。

第一眼看到唐承华便觉得他身上有一种粗犷的牛仔性格，后来才发现，他的祖籍真的便是"天苍苍，野茫茫，风吹草低见牛羊"的内蒙古，这位说着满口福清口音普通话的艺术家以他那一大批抽象的形态、大胆的色彩以及通过大幅画版画的印制技术融合的作品像一望无际的草原上一朵朵"天边的云彩"让我们不得不停下匆匆的脚步抬头驻足张望。

唐承华的作品具有某种创新性，这种创新性不是那种横冲直撞，无目的性的随意之作，而且循着艺术规律的内在指向，在艺术表现的偶然性和必然性之间寻求一种内在的张力和契合，这种张力和契合恰是艺术的亮点和灵动之处。因而，在他的作品里，既可以看到其一以贯之的色彩丰富、充满现代构成感的画风，又可以在形式感张力饱满的画面中，捕捉到清新的笔墨气韵。特别是他的那些以抽象结构为形态的大幅综合技法版画，运用了由粗犷线条和色彩块面构成的框架式的结构，在叠印的秩序性的框架中又穿插了许多感性的痕迹。在这批作品中，线条，块面，色彩的构成虚实相生，有效将中国画的笔墨趣味与现代构成意识以及版画的印的痕迹有机地交融在一起，从而把版画的表现可能性的功能探索提升到了审美意识和文化表现的层面。

德国路德维希当代美术馆馆长贝阿特·莱芬对唐承华的作品给予了高度评价，他在一篇题为《色彩的姿态：关于唐承华》的长文中对唐承华的作品进行了恰如其分的分析。他认为"唐承华作品的一个特别之处在于，观众第一眼看到他作品时，就能够感受到那种高度自信和自主意识，他以这种自信调绘出的色彩旋律超越了纯粹概念性的绘画，激发了其内在的力量……这使得唐承华的画作看起来像是两股力量的角力，在纯粹的色彩和饱满的黑色笔迹之间完成了力量的展示。"

我特别喜欢唐承华的一组在德国创作的作品《莱茵河印像》，色彩饱满而直接，明亮而欢快。无疑，唐承华在西方的色彩与东方的笔墨之间架设了一道桥梁，从而使他的作品具有强烈的视觉冲击力，水色的流动、墨团的舒展、线条的铺陈都酣畅淋漓，似动似静，欲流还驻。

我在唐承华送给我的他的作品集《天边的云彩》一书中看到唐承华穿着工作服、围着沾满黑乎乎的油墨的围裙在宽敞的工作室进行大型创作的场景：唐承华或者拿着氧气喷枪对立体构件进行火焰喷射，或者在大型油印机旁演示版画创作技巧，一群老外惊讶地瞪着大眼观摩……，这时的艺术家唐承华俨然就是一位地地道道的焊接工或油漆工。

唐承华的许多作品气势磅礴，有一种不可名状的表现力。尤其是他的那些大尺幅的版画作品，与传统的版画拉开了距离，破形立意，不拘成规，写意立命，完全发自肺腑。在唐承华的作品中，对色彩和笔墨的运用，决不是那种旁观者的闲适心态，而是折射了艺术家强烈的心灵的映像。

"天边的云彩"正是唐承华心灵的"流浪"记——对不同文化的感受和体验可以说是唐承华作品具有文化包容性的最好证明。

唐承华1989年3月自费留学日本，之后在东京学日语，为了生活，他东奔西跑，但光怪陆离的东京并没有让唐承华迷失了自我。

1992年，他从日本名古屋艺术大学研究生毕业，并幸运地留校从事艺术创作。在名古屋艺术大学，他对版画产生了挥之不去的迷恋。其间他获日本佐藤国际文化育英财团奖学金、财团法人日本国际教育协会奖学金，并且于1995年毕业于日本爱知县立艺术大学研究生院油画专业，获艺术硕士学位，同时被聘为日本NHK文化中心讲师。

从1996年开始，唐承华每年都回到中央美术学院版画系，为学生讲授"当代版画创作"的课程。

也是在1996年，唐承华在中国美术馆举办了个人版画展。在那次展览中，他的作品以抽象的形态和多姿多彩的大幅面版画的印制技术给观众留下深刻的印象。

　　1999 年，唐承华毅然决然辞掉日本的工作，前往美国纽约市立大学亨特学院，在亨特学院的公开工作室从事艺术创作一年半。众所周知，纽约是世界当代艺术最发达、当代艺术家趋之若鹜的地方，在这里，唐承华如鱼得水。在纽约，唐承华只是作为一名进修生，他不需要像学生一样注册，他偶尔到教室听听课，在自己的工作室和导师交流，非常自由，认识了很多世界级的当代艺术家。在亨特学院是唐承华生命中最留恋的时光，清晨的阳光洒在校园高大的桦树的金黄色的树叶上，踩着沙沙作响的树叶走在去向教室的小路，鸟声啾啾，生命静美，艺术的灵感常常不期而至。

　　之后，唐承华又应英国剑桥圣·巴纳巴斯国际版画中心和德国洪布罗伊希岛基金会邀请前往英国和德国进行艺术讲学创作访问。可以说，正是

这种对不同文化的考察和体验，使唐承华对艺术的关注，对自己作品的把握更多元化和更趋理性化。

有些人认为唐承华的作品具有某种明显的局限性，但我却觉得他的探索是有意义的，他的文化背景使其作品烙上了西方的品格，他的血液出处又使其作品突显了东方的品性，这是一般艺术家所难以企及的。正如中国美术馆馆长范迪安先生所指出的那样："在我看来，唐承华版画的基本主题和作品的主要内涵是他的'文化经历'。他从国内到国外，从日本到美国，经历了长时间的'跨文化'体验。这种体验既有现实的、生活的，也有精神的，感性的，它们都从不同角度影响和作用于画家的艺术表现，实际上，唐承华所要表现的，也就是那些自己真正体会到和感受到又属于精神层面的经历。"

唐承华1988年毕业于长安山下的福建师范大学美术系油画专业，在他这个班还有如今已成为著名油画家的袁文彬和雕塑家的陈志光，一个版画，一个油画，一个雕塑，如今在北京都"玩"得风生水起，艺术的"福建力量"正在悄然崛起。

"天边的云彩——唐承华作品展"2007年年末在中央美术学院美术馆展出，吸引了大批观众。"天边的云彩"系列展现了唐承华最新的艺术探索，在这些作品中，大面积的色彩、线、面等造型元素都脱离了"形象"这个基本的造型前提和基础，它们在画面中形成了自己特有的语言逻辑关系。在这些作品中，笔触的堆积清晰可见，覆盖着机器留下的版画印痕，油画的内在特质代替了版画的视觉呈现，纯粹饱满的色彩和厚重的黑色摆脱了过去机器印制的单薄感。在这些作品中，"形象"与"抽象的视觉元素"之间一直维持着一种内在的视觉平衡，当你的视线在画面上游动的时候，稍不留神，这些微小的细节就会在你的视网膜中形成一个"视觉向心力"的旋涡中心，从而实现了对于它们——色彩和墨色自身所依附的"形象"的解构过程。

在同名为"天边的云彩"的装置作品中，唐承华用 200 斤棉花铺成一个白色的云海，在这一片云海中，矗立着 17 根由旧式民居中拆卸下来的高低不齐的木头，木头填满了色彩和用火灼烧出来的局部性的黑色，从而形成巨大的视觉反差。这既是时间的印痕，也是心灵的印痕，古旧的木头是有时间和生命的，通过艺术家之手的锯、刨、刻、涂，被赋予了心灵的印记，从而链接了遥远与现在、天上与人间。至此，唐承华超越了概念性绘画而抵达了观念性绘画。

在我看来，其实以何种姿态面对艺术，其选择完全是个人化的。然而个人化绝对不是一种天马行空的恣肆妄为，而是艺术家内在心灵的一种表达的欲望和感受。按照西方经典抽象艺术理论的表述，抽象是发源于具像世界的精神性图像，有理由相信，唐承华的那些飘逸的画面符号和精致繁复的制作手法意味着他的属于自己的比较稳健的个人化图式和语言的初步确立。

如今的唐承华在北京有一个 240 平方的工作室，在日本还有一个工作室。他有两个小孩，一个念小学，一个念初中，两个小孩都是在日本出生的。他画画，不为稻粱谋，而是因为他听到了心灵的呼唤和精神的触动，他的作品是他游走世界的印痕，也是他生命与激情的倾诉。

作者与唐承华合影

传统漆艺的现代价值取向
——对话汤志义

**对话者**

林公翔(作家、评论家、编审、教授、福建美术家协会理论委员会副主任、福建青年杂志社副总编)

汤志义(漆艺家、福建师范大学美术学院副教授、第十届全国美展金奖获得者)

很多年以前,他就进入我的视野,没有一丝那种自以为是的年轻艺术家"颓废"的感觉,很阳光很清爽的印象。他总是戴着一副黑框眼镜,肩跨"食草堂"出品的真牛皮包,骑着风一样的摩托车。当然,他现在早已"鸟枪换炮",开着有型有款的汽车。

很多年前,他的作品就给我留下极为深刻的印象,那是在湖光山色的福州五星级西湖大酒店的大堂走廊的公共空间,悬挂着一批他的油画作品,很宁静很诗意的感觉:枯萎的莲蓬,仿佛在叙说着流逝的往昔时光和年少的记忆;优雅的马蹄莲在蓝色的天幕下姿意地开放;桌布上的瓶瓶罐罐让人联想起易碎的爱情的曼妙与美好……

很多年过去,他把大量的时间和精力投入到漆作品的创作,令人为之振奋的是他的作品《渔歌飘至》荣获第十届全国美展金奖,这是许许多多艺术家梦寐以求的荣耀,汤志义以他的不懈的努力让人刮目相看。

2006年12月6日,德国驻上海总领事馆为汤志义举办了一场名为《时光——汤志义当代漆艺术》展览,我在上海与汤志义作了一次关于漆的对话。

**林公翔:**很高兴这次在德国驻上海总领事馆约翰·拉贝厅,完整地观看了你新近创作的一批漆画作品,这些作品以丰富的材质语言突显了漆的浑厚的美学价值,既传统又现代,既中国又世界,不仅许多中国鉴赏家喜欢,许多外国鉴赏家也都十分喜爱。请问为什么你将这次展览在"时光"的总命名下分为"莲蓬系列"和"河流系列"?

**汤志义:**首先非常感谢公翔老师专程到上海出席我的漆作品展,并接受我的邀请为我的画册撰写序言。这次展览主要展出我的两个系列作品,一是"莲蓬系列",一是"河流系列"。我对莲蓬有一种特别的感情,在我眼中,莲是孤芳自赏的,莲的高清、孤傲,与神佛超然世界的地位相然。吴师道曾描写:"玉雪窈玲珑,纷披绿映红。生生无限意,只在苦心中。"风吹莲动荷花香,雨过花仙笑满池,悲喜不哀是因着莲花怀的是水的性情,缥缈、悠远且绵长的梦想似无边的绿,让原本脆弱的生命香远益清,不再为悲观喜怨哀妒贪嗔恶怒着迷。我喜欢莲,还感动于莲的出污泥而不染,圣洁净美,直至风动雨寒,荷枯莲断,凋零于淤泥中,莲子落地生命重生,这有如人的生命传承。而河流是生命之旅的写照,有谁的生命可以比河流的奔流还要久远?生命的悲欢离合随命运的河流涨落。我的生命中有两条大河一直陪伴着我,激励着我:一条是童年时故乡的母亲河——漳江,一条是我现在生活着的这个城市的母亲河——闽江。对这两条河流我常充满敬意。"莲蓬"与"河流"是我内心的写照,也是我以自己的语言对世界的观照。

**林公翔**:中国是一个具有五千年悠久文明历史的泱泱大国,中华文明的造物艺术一直都是我们引以为傲的荣光,传统的漆艺就是这其中的杰出代表。从最早的河姆渡朱漆碗发展到今天,几千年的文明赋予了其丰厚的历史和人文积淀,你是如何理解漆艺的?

**汤志义**:对今天的我们来说,漆的存在已不仅仅只是一种完美的视觉形式表达,而更是一种民族文化与精神的符号的象征,是几千年来民族生命活动的精神沉积的物化形式。

什么是漆艺?首先,漆艺既指漆工艺,又指漆艺术。就是说,既指"手艺活",又指"艺术创造";既指技术性表现,又指精神性表现。在此基础上,我们还要弄清楚什么是"当代漆艺"?所谓"当代漆艺"可以有如下几种解释:

当下时态的漆艺;

当下在表现形态上完全不同于过去时代的漆艺;

当下在表现形态上应该有完全不同于过去时代的漆艺。

在这三种解释中,我觉得第三种解释是最富于自主性表现的解释,它生动地阐释了漆艺的无限"可能性"。漆艺,包括它的平面描绘、立体造像,还有漆材质在建筑、工艺品、艺术品的广泛应用。从传统漆器到现代漆艺上下几千年的演绎,彰显了中华民族的智慧和精神特征。当思想、观念有变化的内在需求,必然会自觉地要求技术、材料的改进与转变以发展到一个与之相适应的层面。反之,技术层面上,哪怕些微的材料和技法的革新进步,同样可能开启非同一般的视点,激发耳目一新的认识,引导观念的更新,进而拓展出别开生面的丰富辽阔的可能性。在创造性思维是当代任何艺术创造和艺术生命的动力的今天,当代艺术家更加强调个性,新观念层出不穷,艺术创造形态的差异更加鲜明, 他们不仅所选的表现角度有很大的不同,在技巧表现上也是各显神通。因此,有必要强调的是,当代漆艺术材料和技法的掌握可以从三个方面入手:

1、现有传统材料和技法的重拾;

2、传统材料和技法失传部分的发现;

3、新材料的挖掘和技法的创新。

这种融会贯通不仅可以改变漆艺术表现的美感形象,更能启发人们的艺术想象,改变艺术观念。

**林公翔**:是不是可以这样认为,对漆艺术现有传统材料和技法的重拾和传统材料和技法失传部分的发现对当代漆艺来说显得格外重要?

**汤志义**:是的,这一点非常重要。

中国是世界上最早使用漆液制作器物的国家, 也是世界漆艺的发祥地。严格意义上的当代漆艺是建立在传统上的创造,她具有"原创性"。

传统如根,有根的艺术才能枝繁叶茂,日益发展,否则往往是昙花一现,经不起时间的雕琢。现有传统材料和技法的重拾和传统材料和技法失传部分的发现对当代漆艺来说显得如此重要。没有传统就没有发展,传统的往往是中华民族所特有,是民族历史文化长期沉淀的结果。漆艺与其它艺术一样,有其内在的延续,这种内在的东西包含了一个民族的生活方式、习俗、伦理道德、审美习惯。这种潜在的深层文化结构,深入到中国人的心理结构深处,成为一种心理定势。真正的当代漆艺应该是试图去发现一种既植根于我们民族的本土性,又对整个漆艺发展具有意义的东西,将潜在于我们无意识深处的"传统"翻找出来,重新置于大众眼前。

当然,从传统中探寻当代漆艺的"根",不是对传统直线性的继承,而是一种发展中的求舍,传承中的扬弃,是在民族传统中融入现代意识的再创

造,是对新材料的挖掘和技法的创新。

在一个永动的艺术世界里,形形色色的材料让人着迷,不同材料的美感和表现力,它们之间无穷的排列组合方式导致千变万化,千变万化达成不可预期的效果。正是漆的这种无限的"可能性"让人着迷、令人兴奋。对创作者来说,艺术的探索实验阶段,结果不是关键,积累经验的过程让人体验到很多快乐。大漆有着温润的光泽、优雅瑰丽的色彩,年代越久远越显现出高贵的气质,是一种品格相当高的绘画材料,它的美感和表现力是现在流行的管装代用品所无法比拟的。

**林公翔**:随着现代种学技术的高度发展,传统艺术样式在它的社会责任职能上发生了很大的变化,现代艺术不再是意义的象征,而是观念的表达。材料的应用成为表达艺术观念的"媒介"已成为不争的事实。传统的漆画创作往往过于注重严谨的漆工艺本身,对材料的突破主动性不强。但随着漆画表现形式的日趋多样性,注重精神语言的运用显得极为重要。你是如何理解传统漆艺的现代转向的?换言之,传统漆艺的现代价值取向是什么?

**汤志义**:现代艺术是西方工业文明的产物,工业文明是西方理性主义的产物。谁都承认,产生于西方的,取代农业文明的工业文明对我们整个人类的历史具有划时代的意义。这种文明所带来的经济上的快速发展,使得传统艺术式样在它的社会责任职能上起了很大的变化,现代科技的高度发展是现代艺术发生的直接诱因:摄影、电视取代了传统美术的记录和情节功能;对于美的规划的描述和研究滋养了设计主义,迎合了大众消费标准;传播功能移交给了广告、公共媒介系统;传统美术在抽离对色彩、造型最真实的模仿以后,笔触、结构、各种材料的独立表现力量显现出来,潜伏的意念表达开始复苏。从此,现代艺术不再是意义的象征,而是观念的表达。

与此同时,艺术的观念也脱离了传统美学束缚。

在与国外的艺术家进行交流时,你若问及对方是油画家或是水彩画家这个问题时,他们肯定会感到十分不解,不明白我们到现在还在用某种固定的材料来为自己划分阵营画种的类别。其实,在当代艺术创作中,材料的运用已是广泛的事实。当我们从各大全国性美展的展览厅走出来时总是很难从脑海中抹掉一种强烈的印象,即体现在绘画材料上有别于以前审美习惯的变化。以第十届全国美展获奖作品展为例,油画展区的作品中,很难看到一幅像以前那样纯粹用传统油画颜料塑造的画面,我们可以在画面中找到许多以前油画创作中所不曾使用过的别的材料,甚至是材料市场上用作他途的新型材料,虽然是一些新型的材料媒介,但它们都很协调地融合在画面中,创造了新的视觉美感;油画的这种现象在国画展区及水彩粉画展区也体现得很明显,国画中使用水粉颜色、丙稀颜料或粘贴上具有独特美感的纸质材料,并不因为材料的不同,不地道而使画面受影响,相反地却使画面呈现出种种生机;而在漆画展区,则是各种新型绘画性的或非绘画性的材料层出不穷,作者都以巧妙的构思及技巧很好地融合了各种材质,使材料与画面造型、色彩结合得更加完美。从当今绘画艺术的发展来看,艺术观念与经济社会的发展程度是同步的,许多原先的审美习惯被打破,绘画艺术呈现出其更加自由、更加广阔的一面。

综合材料艺术所带来视觉感受的不同,已为许多艺术家去探索和研究。它的力量在于它首先改变了我们以往传统对艺术作品的审美习惯,然后才自下而上地冲击着我们习以为常的艺术观念。它不仅赢得了艺术家的推崇与喜爱,同时满足了人们的艺术审美上的多种需求,为人们带来多样化的选择与多样化的艺术形式。在工业社会,现代工业生产虽然重视材料的性能、触感等,但为了实用性的目的不可能去深入地挖掘材料的全部丰富性,然而,艺术实践却能通过材料的物理形态传达出一定的生命意味。综合材料的运用几乎是众多现代艺术所共有特征,然而,艺术实践却能通过材料的物理形态传达出一定的生命意味。综合材料的运用几乎是众多现代艺术所共有的特征,许多综合材料的创造性使用拓展了艺术作品的表现力、想象力和感染力。

**林公翔:**的确,从当代艺术发展的角度看,今天的艺术环境是一个融动的结构,画种与画种之间的分界在逐渐模糊,形成两极或多极的空间,这样的空间是辽阔的,存在着无限的可能性,漆艺中的漆创作自然应顺应这一潮流。但这样做的后果,是否会导致丢掉漆艺的传统?你对当前"做漆只能用大漆,或只有单纯用大漆做的才叫漆画"的观点有什么看法?

**汤志义**：对"做漆只能用大漆，用大漆做的才叫漆画的"的观点我个人持保留意见。在我看来，如果西方有这样的定法，就不会有马蒂斯或毕加索了，更不会有当代诸流派，任何技法都应该随着时代发展而发展。因理念不同，表现对象不同，画家的情感不可能是静止不变的。对一幅作品我们应更关注的是它的艺术性、审美品质，而不是技术材料等表现手段。材料科学发展进步到今天，如果还是抱定只能使用某种材料，为漆艺创作用的材料纯正与否争论不休，那么漆艺术只能回到久远的沈绍安时代、李芝卿时代。漆创作同其它艺术创作一样，需要当代的观念，因而争论这些没有太多意义。

当然，在漆艺创作材料运用上，我们还是有底线的。著名漆画家乔十光先生坚持认为漆画创作中必须用上大漆，他曾经以芭蕾舞作类比发出诘问说："不用脚尖跳舞还是芭蕾舞吗？"这里的"脚尖"指的就是大漆，"脚尖"理论说得很精辟，因为大漆作为一种绘画材料，它的魅力实在难以抗拒。大漆一经干固后，就非常坚牢，能耐酸、耐热、防腐，无毒无臭，性能极为优越，形成坚韧的保护膜后，干固的大漆不咬人，无论是漆餐具、漆家具都不会有大漆过敏之虞。大漆有漆中之王的美誉。现在世界上使用的漆，可分为天然漆和人工漆两大类。大漆是大自然赋予人类的奇珍，因为有良好的性能，古代人们发现了大漆，就用它来髹饰竹木器，作为重要的工艺涂料，广泛地运用在生活的各个方面。据说日本料理价格昂贵，不是吃的食品贵，而是贵在大漆做的餐具。你知道大漆的神奇吗？大漆作成的汤碗保温，不烫手，更奇的是吃完饭后，打个生鸡蛋放在里面，鸡蛋就熟了。大漆干固到一定的厚度可以用来雕刻，还可以一层一层地堆起来，使漆作品有浮雕的效果。大漆作为视觉语言的材料本身有着丰富的内涵和很强的表现力，这种材质美，美在看得见、摸得着。富有东方风采的中国漆艺或漆画，作为一个独立的画种要在国际上立足，其独特的个性是不能忽视的。五千年中国文化积淀出来的精神财富至今重重地捶打和震撼着我们的心，楚汉摄人心魄的漆画巨制给予人类的感悟早已超越了时代的界线。所以，我们既要立足当代，又要体验传统文化的精神，厚积而薄发。

**林公翔**：材料在现代艺术家的手中既是承载艺术思想的媒介，同时又常常是体现材质本身的魄力所在。以漆画为例，传统的漆画创作往往过于

注重严谨的漆工艺技法繁多的漆艺工具使用,这对于塑造具象有形的作品较为合适,但是,其他的画种都在传统与创新中经历了许多革新,不论是从观念上,还是从技术上都发生了可喜的变化,漆画创作当然不能仅仅停留在传统层面的创作,它与别的画种面临的问题都是一样的,那就是如何重新认识材料的美感及材抖的精神。

**汤志义**:是的,面对现有的材料,我们要去把握他;面对没有被利用的材料,我们应去尝试它;面对司空见惯的材料,我们可以将其打破重组,使之成为新材料,产生新精神。

由于我们过去几十年来艺术过细过清的原因,时至今日在专业领域从事创作的艺术家很多还是停留在画种分界的层面,他们往往对新材料的选择和使用采取一种拒绝的态度,对所从事的画种美其名曰"纯正"和"地道"。殊不知他们在捍卫的同时,已经背离艺术的真正精神,艺术的发展始终是动态的,艺术是需要不断创新的,自由和创新才是艺术的主旨精神。当然,创新必定是在传承基础上的创新,但不能一成不变,因循守旧。

当国内众多同行在为实现这种当代艺术观念转变而苦苦追寻各种新型绘画媒材时,就在我们身边,我们一直从事研究与实践的漆画材料让我们有了一个新的认识,漆画艺术的创作很好地对接了艺术上从观念到材料的过程。在我看来,漆艺术就是一门综合运用各种不同质感材料的艺术创作,并且带着很鲜明的东方韵味和民族文化特色。漆艺术创作所使用的材料有大漆、合成漆以及各种固着于画面的媒材。大漆有着温润的光泽,优雅瑰丽的色彩,年代越久越能显现出高贵的气质,是一种品格相当高的绘画材料,而合成漆有着色彩丰富的优点,两者的美感和表现力是现在流行管装代用品所无法比拟的,中国传统艺术中有两种最美的色彩,一种是宣纸的白,一种是大漆的黑。漆,有很强的可塑性,干固后又可以层层磨显,幻化出迷离的、班驳的色层,这是别的绘画材料所不具备的。在其它材料的使用上,由于可以层层叠加、覆盖、磨显,因而诸如金、银、铝箔之类的材料以及蛋壳、螺等镶嵌材料的使用,接合漆液的流淌性、可塑性,使漆艺术的创作中存在很多不可预见的效果,这也是漆艺创作中的魄力和乐趣之一。

当我们用漆画颜料塑造形象时,常常会因为漆画被"堆积"而超出常态,此时,漆颜料便成为被表现的主体。艺术家渐渐地不满足于传统的表现手法,他们试图通过材料的拼贴使其从画布、画纸及画板的平面中游离出来,从平面走向空间。

由于艺术观念的不断开拓,艺术创作的材料范围也在不断扩大。一定的材料适于一定的造型,恰当的材料选择对于作品表现有着事半功倍的作用。艺术家一般是通过对材料的偏好和对其性能的熟悉以及要表现的艺术形式和所要表达的艺术观念进行选材。

**林公翔**:从你的漆作品中以及我与你的对话,我对漆有了许多感性的认识和现实的理解。的确,世界因传统而丰富,又因变化而精彩。传统给现代以完美,现代则使传统更富生命力。这是一对永恒的命题。新与旧的相接其实并不矛盾,只是在于怎样去认识和向历史的角度靠近,只是在于如何在传统中淘洗,在传统中清晰地把握现代的价值取向,从传统中汲取灵感,重新审视现代。

**汤志义**:近百年来的现代化进程为人类缔造了一个全新而繁华的物质世界,而在这百年历程中,人们的观念也在与时俱进。当代社会经济进步飞速,物质文明高度发展,属于精神层面上的文化艺术也以前所未有的速度向前发展,而在绘画领域,无论从观念到材料都发生了极大的变化,描绘材料开始从以前相当长时期内单一以画种区分的年代产生变化,古老的漆文化正在被人们重新衡量和认识。当我们步入年代久远的传统民居,描绘在门窗以及屏风上的漆画,总会让我们惊叹不已,当我们步入祖国各地那些保持完好的历代宫殿楼阙时,朱漆大门及装饰于梁柱上的精美、繁复的漆纹饰无不令人感到眼花缭乱;当我们在各地博物馆里的民俗街上看到各式各样的漆器时,总有一种沧桑感和时空距离感。纯正的天然大漆制品正从我们今天的生活隐去。虽然漆器的辉煌正在远去,但漆艺术则是永恒的。

一个民族的传统文化是这个民族的生命依附,而对于传统文化的认同,是我们赖以生存的精神动力。在强调以人为本,创造和谐社会的今天,创造有民族文化特质的审美意境,满足人们的精神需求,是传统漆艺在现代的价值取向。人是有归属感的,这是个人生命中最基本的情感和精神的需求,文化的归属绝不应是一个空泛的名词概念,它的实现必须凭借具体的视觉呈现与信息传递等方式,传统漆艺的现代转向,就是一个极为理想的传达中国传统文化信息,体现中国传统文化审美特质的方式。让我们真正在造型语言、色彩语言和材料语言相互间找到适合自己艺术素质发展的需要的切入点,使我们的艺术视野更开阔、更自由。

**林公翔**:今天我们谈得非常愉快,这种交流是很有意义的,希望将来有更多这样的交流机会。

**汤志义**:我也希望有更多这样的机会。

俞峥：漆艺术世界的另一种声音

俞峥的名字我早就有所耳闻,俞峥的作品我也零零星星地在各种展览中见过,但总体印象不是很深。印象很深的倒是第一次和俞峥一起吃饭,在如诗如画的闽江边上的宜水居,陈文灿校长等几位来自厦门鼓浪屿的朋友兴致盎然,喝起了纯正的茅台酒。不记得那天晚上喝了多少瓶,反正和俞峥一起来的一位漆画家喝得酩酊大醉。俞峥后来说,她也记不得那天晚上是如何第一次驾驶别人的汽车将那位朋友送回去的。这次酒酣耳热的难忘的聚会转眼间已过去好多年。

尽管与俞峥接触的机会不多,但时不时总会收到俞峥发来的短信,告知她的某个展览在哪里举行,某一个电视节目有关于她的专题报道。俞峥以这种持续的、含而不露的形式告知朋友她的某个阶段的艺术的存在——这是渗透到她的生命深处的不可磨灭的艺术的印记,她渴望用自己独特的方式表达出来。

再后来我听一些朋友说俞峥有一个很大的工作室,怂恿我有时间去坐坐。于是便有了一探"国漆坊"的机缘。莫拉克台风来临的那天上午,大雨如注,朋友开车接我来到了俞峥位于洪山桥边的工作室。

大概是因为天气的原因,工作室的灯光有些暗,但这反而造成了一种反差,俞峥的那些作品就像一簇簇闪亮的烛光,一下子辉映了整个巨大的空间。

俞峥的工作室足有 500 平方米,这绝对是一个令人羡慕的工作室。据说,这也是全国漆艺家中最大的个人工作室。工作室门口是一滩石子,红锈的大铁门左边不经意摆放着几个破旧却有些年头的鱼缸,里面随意生长的睡莲下是游来游去的红色的金鱼。大铁门的右边摆放着一条废弃的古旧木船,里面漫不经心地摆放着绿色的植物。

俞峥就生活、工作在这样一个与众不同的偌大空间里。空气中弥漫着强烈的大漆的味道。对一般人而言,这种味道似乎有些难以接受,然而对俞峥来说,这种味道她已经习以为常——这是一种嵌入到她生命深处的味道。在这样浓得化不开的味道中,她生活着,她艺术着,俨然一位永远在艺术的路上跋涉、努力、追求、创造的"艺术公主"。

俞峥泡茶的动作专业得让我惊讶。古老的明清茶几,宋代的陶具、纯正

的正山小种、窗外飒飒作响的竹子被风吹过的声音,加上俞峥泡茶的一招一式,让时光仿佛溯回到古老的昔日。

很难想象俞峥对漆的痴迷,这种痴迷支撑着俞峥走过一个又一个春夏秋冬,这种痴迷打开了俞峥一个又一个艺术的梦想,这种痴迷让俞峥的艺术创作冲动一发而不可收拾。

也很难想象俞峥有如此旺盛的生命力和创造力,她的工作室里四处悬挂和摆放着的她的作品说明了她的惊人的"产量"。也许作品的数目并不能代表什么,但它却从一个侧面说明了俞峥的努力。她的一位知根知底的朋友曾经这样写道:"很多时候,都会听到别人说生活是一部小说或是一篇诗歌。对她,一位很会生活的女艺术家来说更是如此。在路上,'切诺基'是她生活的全部;闲暇时,古老的明清茶几伴随宋朝陶艺茶具是她生活的全部;而更多的时候,漆画艺术的资料、盛着各种色漆的碗碟以及成排的漆画的

工作台,是她生活的全部。小说和诗歌在你没有往下读的时候是不会知道有什么内容的,就像她,对艺术是热爱的,更是倾情于艺术的。她会在深夜或是你觉得不可能的时间起床,把自己的新想法或创意用草稿的形式定格下来,也会对漆画中某种技法的创新做全面描述和记录,更会凭直觉让漆与各种全新的媒材交融,静静聆听自己与漆默默的交流、朴实的对话。"我觉得这样的刻划是真切的。

在俞峥看来,中国漆具有无限的迷人的魅力,漆的审美既可雍容华贵,也可高雅朴实;既可神秘含蓄,又可金碧辉煌;既可研磨出丰富且具有天趣的肌理,又可抛养成玉石般的冰肌雪肤,漆画具有优雅静穆的气质,具有东方特有的情趣和神韵。很多时候,俞峥就是这样日复一日,年复一年地在自己的工作室中度过,每一天几乎都达到十多个小时。她在漆艺术的世界里仿佛找到了属于自己的使命,她要不遗余力地将中国的漆艺术传承下去。在她的工作室里,有她的许多学生,这些学生大多来自她的母校闽江学院,她会手把手、毫无保留地将自己对漆的理解、自己的技艺传授给他们,她对他们经常说的一句话是:"你们现在都才20岁,只要努力,30年、50年后你们一定就是大师!"

俞峥的工作室叫"国漆坊","国漆坊"三个字由漆艺大师乔十光题写,"国漆坊"的命名既说明了俞峥对中国漆的顶礼膜拜,也说明了俞峥对自己的自信。

俞峥毕业于福州工艺美术学校,福州工艺美术学校是福建漆艺术的重镇,这所成立于二十世纪五十年代的美术学校正是今日闽江学院艺术系的前身,曾经名师云集,中国著名漆艺家李芝卿、著名国画家陈子奋、著名书法家潘主兰等都在该校任教过。

俞峥1988年从学校毕业后,分配到福州缝纫机机台板厂做美工,1992年下海,曾在一家台资企业短暂工作过,1994年加盟一家广告公司,后又做过各种大型雕塑。凭着自己的实力,她曾日进斗金,但她最终还是被散发着迷人魅力的漆艺术"俘虏"。

作为一个变革与转型时代的参与者,在多变与多元的环境中,在撕裂与组合的碰撞中,作为艺术家的俞峥,敏锐地感受到时代和社会带给她的鲜明印记,她的作品厚重而又简约,多元而又多样,从某种程度上发出了漆艺术世界的另一种声音。

在我看来,俞峥的作品在两个方面呈现出清晰的探索痕迹:一是对漆肌理的当代意识的探索,二是对漆色彩的精神形式的探索。

传统意义上的漆画往往被视作将漆器绘画平面化而已,漆画就是漆器绘画,就是平、光、亮;但是俞峥的作品中,大量表现的却是那种具有浮雕感的与传统漆画完全不同的当代意识。乔十光先生认为俞峥的作品"充分发挥漆的材料语言,表现手法大胆而细腻,善于将浮雕的立体元素融于漆画。立体与平面的巧妙结合,使作品更加厚重、富有力度,因而更具视觉冲击力"。

传统的漆画大都以黑、金、银为主,黑、金、银作为中国漆画常用的色彩,具有独立的审美价值,但黑、金、银的大量使用很容易造成观者的视觉疲劳,也很容易让观者认定漆画的单调性。其实随着漆画多元化格局的形成,传统的漆画色彩已很难满足当代漆画家所要表现的艺术创作主题。从这个意义上说,俞峥对漆画色彩的精神形式的探索是有一定价值的。在俞峥的作品中,有大量绿底为主的作品,有石绿,有青绿,有深绿,有浅绿等,表现出极度的大胆和独特的美感。

在俞峥作品中,充分突显了个体经验的自我表达的当代性,这是一种生命体验和情感体验的当代性,这种当代性表现了艺术家勇于独立思考的精神品格。鼓浪屿是一个很容易让人灵感迸发也很适合静默思考的地方,俞峥在2007年参加中国美协第三届漆画高研班时创作的作品《漆语》便是这种独立思考的艺术结晶。

《漆语》简单而又自然,但它又不是按部就班地按照传统漆画的程序进行制作,这幅作品的与众不同之处在于,它在平静中隐含着一种看不见的力量,发散着灿烂而柔和的光芒。它几乎涵盖了漆的所有特性和色彩,把漆的语言表达得淋漓尽致。这件作品以其漆的多种技法的组合的多样性和对漆语言的现代思考捧走在广州举办的第二届全国漆画奖“中国美术提名奖”,这是中国漆画界的最高奖;同时,这件作品被广州市人民政府、广州市艺术博物院收藏。

入选第三届全国青年美展并获福建省第五届青年美展一等奖的《红界》也是俞峥有份量的一件作品,这件作品在形式与内容的结合上表现得极为丰富,它没有概念化、程序化的东西,古老的岩画图案、变体的英文字母、平推与浮雕、块面与线条,都组合得恰到好处,拓展了漆画想像性的空间。

入选厦门2007'中国漆画展的《织锦如梦》同样是俞峥创作的精品,在这幅作品中,俞峥充分发挥自由的想像,云纹的线条、象形文字的图案,门窗的木雕都融为一体,堪称一幅有意思的写意画。

和俞峥在幽静而又精致的“宣和苑”吃饭,那里就悬挂着她的漆画作品,柔和的射灯打在画上,安静的会所因为美食和俞峥精美的漆画而变得令人目醉神迷,时光好像就此打住。

吴思冬的漆生活

其实吴思冬的作品很早就引起我的注意,从一些做漆的或不做漆的朋友的口中,我知道有一个叫吴思冬的"艺术青年"。吴思冬的父亲吴丹波是福建科技出版社的美术编辑,也是一位画家,于是,福建出版界的那些资深的美术装帧艺术家和画家,像池民海、吴昌钦、郑思钿等等,既是他父亲的朋友,也是他的朋友。对一位青年艺术家而言,除了个人的艺术天份之外,艺术生活氛围的长期的潜移默化的影响与熏陶是至关重要的。而对吴思冬而言,他既拥有对艺术的天生的敏感和激情,又长期生活在艺术之中。那些伯伯、叔叔们可以"作证"——因为他们看着吴思冬慢慢长大,看着吴思冬如何成长为一位"艺术青年",一位年轻的艺术家。

吴思冬的父亲吴丹波是一位性情中人,豪爽且率性,酒要喝白的,喝到尽兴处可以亮出自己全身健美的肌肉。他一年365天每天都游泳,对游泳的热爱造就他强壮的体魄。难得吴思冬有这样一位如同朋友似的父亲,父亲从不高高在上,从不横加干涉,从不颐指气使,也不为他"设计"未来的道路,这反而让吴思冬内心的那一棵"艺术之树"自由自在地生长。

吴思冬原先是画工笔的,他的老师是工笔花鸟画家吴东奋。吴东奋精于工笔花鸟画,曾师承著名金石画家陈子奋、潘主兰先生。在吴东奋的指导下,吴思冬的工笔重彩开始显示出自己的个人面貌,然而,就在这时,大概是由于传统工笔按部就班的程式化的东西多了一些,年轻的吴思冬跃跃欲试地要进入另外一个体系,他要进行一种全新的艺术尝试,于是,漆就在一种欲望般的梦境与现实中与他不期而遇。

"漆的深邃的色彩非常非常地吸引我,特别是漆的肌理,那变化多端、无法预料而给人带来的无限惊喜常常让我着迷。"吴思冬对我说。

的确,漆具有不可预测的神秘性,这种神秘性让漆艺家心驰神往。漆具有高雅、浪漫、写意、含蓄的东方艺术的特点,曹雪芹在《红楼梦》中所表达的"繁而不烦,艳而不厌",正是漆之所以对漆艺家具有如此吸引力的生动体现。

漆的审美既可雍容华贵,也可高雅朴实;既可神秘含蓄,又可金碧辉煌;既可研磨出丰富具有天趣的肌理,又可抛养成玉石般的冰肌雪肤,套用一句现代语汇,漆是一种理智与激情相融合的艺术。

　　谈起漆,吴思冬有说不完的话题。与漆相伴,就像日日面对一位感情深厚的异性朋友,每一天都会有新的发现,每一天都会有新的感悟,每一天都会有创作的激情和创作的冲动。

　　在闽江边的滨江丽景美丽园,有一套上下两层的复式房,这就是吴思冬漆作品展示厅。这里陈列着吴思冬各个时期创作的精品。这块充满浓郁艺术气息的天地既是吴思冬作品的展示厅,也是吴思冬平时与朋友们聚会聊天、切磋艺术的具有沙龙性质的社交空间。这里离吴思冬工作的单位闽江学院艺术系近在咫尺。

　　上下两层打通的挑高的空间让人一点也不觉得压抑,连接天花板与地板的落地长窗帘隔开了都市的喧嚣,时光仿佛在淡淡地飘来的大漆味中凝固。

　　我惊讶于一位如此年轻的漆艺家,竟然有如此旺盛的创造力,竟然创作出如此多的各种形态、各种类型、各种材料的漆艺术品。

众所周知，漆画艺术由于漆性对初学者来说，非常难以掌握，常常把对漆性的研究与掌推放在首位，因此每位漆画的作者在艺术入门时都要花费大量时间和精力接受"漆艺传统"的熏陶和洗礼。又由于漆画的工艺美、材质美和制作工序复杂、周期长等特点，使得许多漆画家把漆画材质美和工艺技巧的追求作为漆画创作的根本，而忽略了绘画艺术最本质的因素。

在吴思冬作品展示厅，给我留下最深刻印象的是，他的作品具有与众不同的独特的视觉语言，不仅具有形式美，而且处处渗透着内在的意境美。传统的漆画以漆刷作为绘制工具，以漆液作为颜料调和剂，综合运用金属箔粉、螺钿、蛋壳等特殊材料和嵌、撒、罩、磨等特殊手段，造就出色彩、光泽、肌理、质感等视觉语言，产生画面效果。但吴思冬的作品常常给人带来意想不到的视觉冲击力的效果。

《痕迹》是一件在一块长2米的木板上精心制作的立体漆艺作品。这件作品的原材是在一位朋友的锯木厂里无意中"淘"来的。这是一块铺铁轨的枕木，已经锯了五六次，只剩下5厘米的厚度，工人正想将其扔掉，吴思冬却眼睛一亮，对工人说："别扔了，有用！"他如获至宝似地将其放到汽车的后备箱中。其实在那个瞬间，一件作品的雏型已经在他的脑海里呼之欲出。

吴思冬常常惊叹于大自然的鬼斧神工，他觉得有些东西是人工永远无法雕琢出来的。在别人眼中，一些不足挂齿或视而不见的东西，在他看来，却是不可多得的"宝贝"。像一些长年被风雨侵蚀过的腐木、朽木，他觉得那些千奇百怪的蜂窝状是永远无法复制的。于是，闲来的时候，吴思冬常常流连于学校附近的一些农家院落,特别是那些至今仍在烧柴的农家——因为在那里,他常常有意想不到的"斩获"。学校的后山也是吴思冬常去的地方,那些朽木在吴思冬看来是一种岁月流逝而留下的生命的痕迹,是有体温的。"朽木不可雕也,这是我们常常说的一句话,其实用另外一种解释,在朽木里面有许多生命的图式蕴藏在里面。"吴思冬对我说。

在吴思冬的漆作品中,常常流露出深厚的中国传统文化的底蕴,这种流露不是那种毫无张力的直白式的,而是内敛含蓄的。

在他的作品中,对自然意趣的追求突显了他对生命体验的诉说。吴思冬很善于"借力",油画的写实、重彩的工笔、国画的写意、版画的黑白、水彩的渲染、雕塑的立体等都为我所用,从而使自己的作品无论在材质和技艺上都表现出宽阔的包容和与众不同的表现力。

《女人如水》是一位学生未完成的木雕作品,这位学生觉得很难继续做完准备放弃,将它弃置在教室的一个角落。吴思冬发现后,觉得大有文章可"做",他将其刻成一个后仰躺着的女人体,并精心处理成一件栩栩如生的立体漆作品。红与黑的对比,强烈而又夸张,造型动静结合得恰到好处,生命的欲望在不经意间仿佛在轻轻呻吟。

《流逝》参加了"从河姆渡走来——中国首届当代漆艺展",这件作品也是在一块朽木上完成的,作品以蓝色为主调,表现了浩瀚的星空和大海以及生命的流逝。厚重的表现风格让人浮想联翩,让人情不自禁地对无限的苍穹发问:人类从哪里来? 人类又向哪里去? 在这幅作品中,吴思冬将自然符号与艺术符号进行了转换,色彩典雅,主题突出,风格明快,传达出特殊的视觉效果。

获第十届全国美术作品展优秀奖并被中国美术馆收藏的《闹元宵》以福建土楼作为视觉中心,画面欢快热烈,红与金产生的流光溢彩的效果衬托出山村节日的浓郁气氛。画面人物众多,但却散而不乱,构图新颖别致,特别是在漆媒的运用上,无论是点、线面,还是色彩、肌理、笔触,都进行了多方面的尝试。

获 2008 年中国当代漆艺精品展银奖的《秋雨落花》,获福州市工艺美术"如意奖"金奖的《静夜花开》，在画面处理上都匠心独运，吴思冬以自己的语言对生命的存在方式进行了细腻的刻划，虚实相生，意境空灵，耐人寻味。站在作品前，我们可以感到一种特殊的舞蹈美以及生命在无声中的律动——谁说花开没有声音？谁说落花没有感情？

还有《生命留痕》系列、《印象荷塘·残冬》系列、《漆盘》系列，都把漆画的材质美的视觉优势发挥得淋漓尽致，采用了彩绘、镶嵌、皱漆等手法，浓艳饱满，神秘深沉，将观者带入到一种灵动曼妙、悠然恬淡的意境之中。生命的悲欢离合，数不尽的日夜春秋，物质的生命消逝了，但精神的生命长存。

我还应该特别提及的是吴思冬的那些具有很强表现力的立体漆艺作品，如在烧爆的陶瓷和各式葫芦以及PVC水管上进行镂空而创作的立体漆艺作品，让人眼睛为之一亮。在这些作品中，由于材料的选择与传统漆画完全不同，使个人的艺术语汇更为突显；由于大多采用镂空处理，在灯光的映照下，产生了迷离微妙、变幻莫测的光色变化，有一种独特的质感。

在海上丝绸之路的起点泉州，有一个中国闽台缘博物馆，其正中间的大厅，是闻名世界的泉州籍爆破艺术家蔡国强的爆破艺术作品《同根同源》，而在蔡国强作品的左侧便是由吴思冬创作的近40平方米的巨幅漆作品《缘》，背景为一幅展开的清代地图，大片朱红的底色让人为之心动，一群海鸥飞过辽阔的海峡。两岸同根、同种、同文的"缘"表达得淋漓尽致，历史与现实的链接，动与静的对比，出其不意的虚幻，强烈的画面渲染，在画面上形成既传统又现代的独具特色的效果，赋予了有着7000年历史的漆工艺以全新的活力。

吴思冬还很年轻，古老的中国漆正需要像吴思冬这样的一群年轻的漆艺术家去不断地进行新的探索，新的实验。在我看来，只有不断变革和发展才是对中国漆艺真正意义上的继承与发扬，作为创作的主体——艺术家的个人身份和他所运用的不管是传统材料和技法还是与众不同的材料和技法以及他所表达的内容，这一切决定了吴思冬的作品是地道的中国艺术，具有纯正的中国气质。

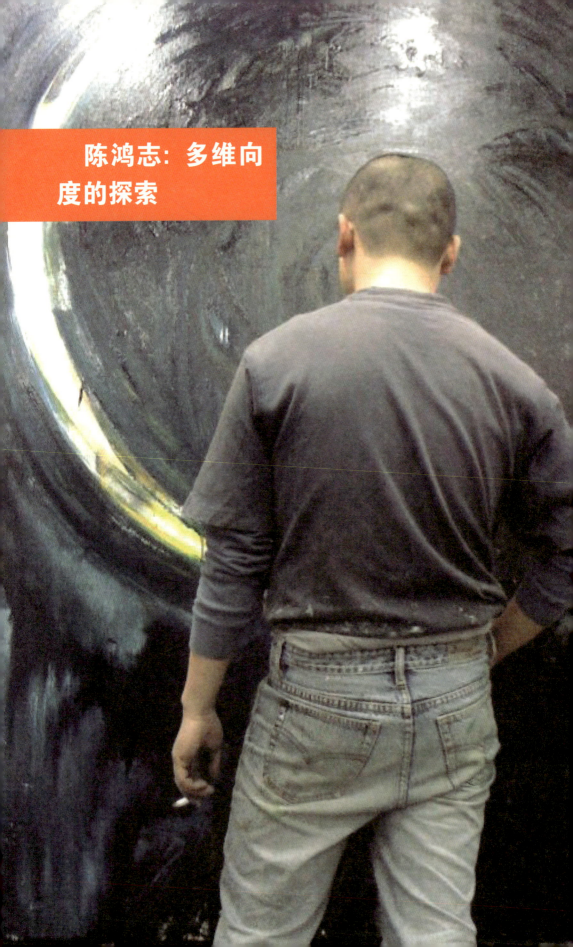

陈鸿志：多维向度的探索

上世纪的 1989 年作为一个艺术的新起点，在中国的新艺术运动中诞生了两种以流行文化为表现媒材的艺术风格：政治波普和艳俗艺术。这两种风格都是以西方艺术史的发展脉络作为对中国当代艺术分类的标准的典型例证，但事实上这两种风格和它们潜在的风格原型有着明显的鸿沟和价值取向上的差异。从那时起，一些急于一夜成名的波普艺术家总是顺手牵羊地寻找一些简易而又容易引起大众关注的政治性素材与消费性素材，进行简单的拼接组合，一旦撤离艺术行为的现场，那些波普作品便成为一堆毫无意义的堆砌。媚态化的政治波普艺术在很长一段时间里始终没有吊起人们的胃口，这是注定的。即便从技术层面上看，差强人意的所谓对前卫的探索也显得苍白无力。当然，在这期间也出现过一些影响深远的作品，像王广义的《大批判》系列，采用广告绘画样式，把中国文革时期的工农兵大批判宣传画的形象与美国商业文化的标志——可口可乐、万宝路香烟等有机地组合在一起。

　　在我的印象里，陈鸿志的布面油画是画得不错的。在"青头皮"画展、同异性描述——当代艺术展、第三届油画大展、福建当代艺术家学术邀请展、视觉惊艳——2005 上海青年美术大展、2005 上海国际城市雕塑双年展等都有他的作品亮相。他长时间游走在一群充满了率真理想而又年轻有为的油画家和批评家的身边，在艺术中浸淫，如鱼得水，茁壮成长。他近期的作品让我耳目一新。这批作品包括拼装组合《魔方》、拼装组合《金字塔》以及《呼吸》系列、《玫瑰》系列等。在这批作品中，风格的多样性和恣意纵横、处心积虑的表现手法充满了艺术的灵性。在当代文化多维的语境中，陈鸿志对艺术多元的探索很容易让人寻找到新的兴奋点。

　　《魔方》突出表现了国际政治格局的错综复杂和变幻莫测。历史与现实、大国与小国、富国领袖和穷国首脑、经济大鳄与恐怖大亨等一系列影响了当代世界历史进程的人物在旋转的魔方中得以栩栩如生地再现。他们互为依托的对象，只能翻转，却不能各自"逃脱"。我鄙视你，但我却不得不和你"厮守"在一起；你仇恨我，但你却不得不和我"捆绑"在一块。这是对当代霸权文化的理性批判和位移，也是对单极世界政治格局的戏谑和反讽。政治是最高的艺术，政治也是最肮脏的交易。于是，布什与本拉登玩不完的

"猫抓老鼠"的游戏、以永远也找不到大规模杀伤性武器为借口发动的伊拉克战争、从一代枭雄而成为可怜的阶下囚的萨达姆、在世界经济舞台上呼风唤雨的美联储主席格林斯潘、永远对山姆大叔说"不"的卡斯特罗……，无数惊心动魄的世界政治事件凝固在一副副或严肃、或凝重、或惊讶、或无奈、或傲慢、或蔑视等生动无比的表情之中。

贯穿于陈鸿志近作的一个基本主题是对强权政治与世界秩序之间的内在关系的疏理以及其对人与自身、人与环境之间的内在联系的剖析。显然，对这个基本主题的探索是有意义的探索。但坦率地说，陈鸿志包括我们，对于世界的多样性和复杂性以及对自身的理解还非常有限。

毫无疑问，政治性素材一直是中国当代艺术家重要的灵感来源。自"八五新潮"艺术运动以来，寻找描述现实政治经验的全新途径，重建艺术家与现实政治之间的新型关联，一直是当代艺术家的重大难题。"政治波普"为解决这一艺术难题提供了可能性的契机。但自九十年代中期以来，中国社会现实的多样性、复杂性和暧昧性，使得许多艺术家无所适从。政治话语的危险性和市场的利益诱惑，让波普艺术家不得不小心翼翼地平衡艺术与现实之间的力量对比，并寻找一种利益最大化的模式。陈鸿志的高明之处在于选择了国际性的重大事件和国际性的重要人物作为绘画题材，从而基本上绕过了危险的"雷区"。

在《金字塔》中，陈鸿志表现的是无数形态各异的各国军人，但相同的是他们每人手中都举着枪。枪是暴力的象征，枪也是维护和平的利器，画家要挖空心思营造的现代战争的悲壮与残酷在出生入死的军人和枪的各种形态中充分表达出来。画面弥漫着硝烟，凝固着生命，流淌着鲜血，死亡、暴力、爱欲、生命像起伏的波浪一样漂浮游弋在画面上，作品中的种种扭曲的神情和漠然的目光暗示着作品已经超出了单纯的政治涵义，是对人类虚妄的信仰和价值的反叛。这是苍白的国家主义崩溃之后的心灵景象。想想那些在伊拉克和阿富汗不可一世的美国大兵，陈鸿志的《金字塔》具有强烈的警醒意味。与那些外表气宇轩然，而骨子里却虚弱甜腻的波普作品不同，陈鸿志的作品表现出强烈的批判性。许多政治波普作品往往缺乏对其讽喻对象之真相的理解力，或者缺乏揭示和直面其内在矛盾冲突的勇气，因而总是有意无意地模糊真相的界限。陈鸿志作品的立场是显而易见的。

波普艺术有三个基本的特征：首先它是现实主义，但这个现实主义不同于 19 世纪中期法国的现实主义艺术，它是对现实主义的直观的反映，而且集中在对大众文化和消费文化社会的反映。其次，它是具象的，是用形象来表现的，而不论这种形象是否用传统绘画的形式来表现。最后也是最重要的一点，它是用现成品来制作，或用现成品的观念来制作的。无论是《魔方》还是《金字塔》，都基本符合了这些特点。

除此之外，陈鸿志的《玫瑰系列》和《呼吸系列》也是我比较喜欢的，这些用丙稀画在有机玻璃板上的作品是对当下现实生活的冷思考。画面立意深刻饱满，笔触简洁明了，图象的真实也是生活的真实，展现了他对生活的理解。他不是将图像作为一种简单的表现手法，而是将它们作为自己对生活着的世界的冷峻思考。我想，不管陈鸿志将来在作品中还要表现什么其它的，他的作品的话语价值在于他从当代文化动态的语境中，寻找到了一条适合于自己的独特艺术之路，政治波普也好，艳俗艺术也罢，它都不仅仅只有一种固定的模式，而是多维的，开放的。

陈礼忠：情动于石，手刻人生

福州有名石，叫寿山石。"天遣瑰宝生闽中。"

千百年来，那人见人爱、晶莹脂润的寿山石不知倾倒了多少文人骚客。

时光流转，当寿山石资源越来越枯竭之时，当一些"石贩"在暗中不断炒作烘托寿山石价之时，一些真正对寿山石顶礼膜拜的艺术家却坚守艺术的神圣领域，痴迷于石头，废寝忘食，手刻人生，让原本无语的石头变成一件件巧夺天工的艺术杰作。

"得鱼斋"主人陈礼忠便是其中之一。

陈礼忠话语不多，但格调高雅，作为中国工艺美术大师冯久和的高徒，他始终以一颗平和之心面对物欲横流的现实，他深知夸夸其谈对真正的艺术是一种伤害。他像一泓深流的静水，无言而清澈。在他家小坐，喝他亲手泡的上等的铁观音，看他雕刻的一件件巧夺天工的寿山石雕精品，体味艺术的出尘入化，静品人生的跌宕起伏，是一种美妙的享受。

对"得鱼斋"感兴趣，便问陈礼忠这"得鱼斋"三个字的由来。原来这三个字的来历还有一段生动的故事。陈礼忠现时住的地方叫龙旺花园，地处晋安区。这里原先是岳峰村的地皮，先前是一片河清水秀的鱼塘和小溪，小时候的陈礼忠就住在鱼塘和小溪的边上，算是生于斯、长于斯。陈礼忠常常回忆起童年的快乐时光，在鱼塘和小溪里和小伙伴一起捉鱼捉虾，他至今印象很深的是一次在鱼塘里掏到一个鱼窝，一窝活蹦乱跳的鱼让他乐开了花。掏到鱼窝的印象太深刻了，当那片鱼塘、那条小溪不复存在，当开发商填埋了那片鱼塘、那条小溪，在上面盖起了高楼，陈礼忠不假思索就买了一套房子，于是便有了"得鱼斋"。再细看"得鱼斋"三个字，又有发现，原来还是我的好朋友郑礼阔先生的题字。

陈礼忠告诉我，小时候经常坐在鱼塘边或跳入鱼塘，这里就是他的天地，鱼塘晨昏之际常有水气弥漫，好像薄纱轻轻拉起，远处是夜空若隐若现的鼓山，而鱼塘边上的几棵古老的榕树，总是纵横舒展着那豪气十足的气髯，有时还慢慢地托起那或圆或缺的一轮半轮明月。

陈礼忠说，大自然给我爱抚，教我感受地的多姿，却藏起许多神秘。随着童年的岁月慢慢远去，随着自己年龄渐渐长大，他的心灵深处朦胧着一种冲动。

直到有一天,他认识了一种产自崇山峻岭之中的石头——寿山石。寿山石产自寿山乡,寿山乡地处福州的北郊。这里田畴交错,花木连荫,特别是洞奇壑美,水里田间晶冻斗艳。

早在古代,许多文人骚客和藏石家,便络绎不绝于寿山乡山道之上。当然,那时不像现在这样便捷,汽车直驶,从福州到寿山,二个小时足矣。不过,靠双脚翻山越岭、涉水过溪、途宿村寮农舍,也自有一番返璞归真、投向自然的乐趣。南宋黄榦于绍熙庚年(1190)十月写的一首《寿山纪行》诗:"大溪章溪溪水清,上寮下寮山路平;三山屹立相倚角,百里连亘如长城。仰于云霄不盈天,俯视天高浮寸碧;间云吞吐溢润谷,飞泉喷洒下石壁。"诗中的"上寮下寮"是寿山地名,"三山"是指寿山、九峰山、芙蓉三座主峰。人在高山洞谷、行云流水、飞泉瀑布中漫游,山转景移,水流神汇,心都醉了。

古人已远,对生于1968年的现代人陈礼忠来说,醉的不仅仅是寿山的人间仙界,奇山异水,更有她的美石。


在"得鱼斋"看到书画大师韩天衡书赠陈礼忠的墨宝,上面写着"刀下留情,石中寄魂"。我觉得这八个字很好地概括了陈礼忠雕刻艺术的基本面貌。

由于寿山石目前身价倍增,市面上有许多人玩寿山石,也有许多年轻的艺术家涉足寿山石雕。当我见到一些年轻稍轻的艺术家也在走这条路的时候,我总在担心,怕他们受潮流裹挟没有足够的准备把握不住自己,怕他们随波逐流见利忘义迷失了方向。

而陈礼忠则处乱不惊、泰然自若地游走于自己的雕刻世界之中,他从不跟风,从不装腔作势,他始终坚信石通人性,每一块寿山石都是有血有肉的,有生命有灵性的。面对陈礼忠的雕刻作品,就如同对着巴赫的醉眼,仔细品位他的《无伴奏大提琴组曲》,你就会体味出什么是自由,什么是倾泻,什么是规则下的自由倾泻。

我在陈礼忠的工作室里看到了曾引起巨大轰动的《春声赋》,这是目前世间最大的寿山石雕作品,重约600公斤,宽78厘米,高1.4米,厚56厘米。56只栩栩如生的小鸟或栖或飞,与一凤一凰相映成趣,环绕于一棵郁郁葱葱、挺拔苍劲的不老松上，右上侧是一轮冉冉升起的红日。百花齐放，百鸟和鸣，一片盎然春光跃然石上，如此和谐的世界让人迷恋，让人浮想联翩。

谈起这块巨形鸡母石的来历，陈礼忠至今依旧喜形于色。

那是好几年前的一日，他和朋友一起去寿山村觅石，待傍晚空手而归，在出村的路口偶遇石农告知村中有人挖到一块巨石。当时他坐在朋友的摩托车后座上，因天色已晚，急于下山回城，并未十分再意。但在返城途中，朋友一再鼓动，"过了这村没有那店，不去看看，也许以后会后悔的"。在朋友的极力怂恿下，他们立即掉转车头回到寿山村，找到挖石人，然后打着火把进了山洞，见到了巨石。

什么是"一见倾心"，这就是。时隔多年，陈礼忠仍掩饰不住当年的快意："一看到石头，就有了拥有她的强烈愿望。在洞中昏暗的火光下，立即就萌发了创作的意图，仿佛隐隐约约看出了凤凰的影子。"

在山上，陈礼忠请了16个农民像抬轿子似地把石头抬下山，农民一路叫着号子，引来许多人围观，巨石惊动了整个宁静的寿山村，有的老人说一辈子也没有见过这么大的寿山石。

当时，这块石头几乎让陈礼忠花掉了多年来积攒下来的所有积蓄。

这块一吨多重的鸡母窝石，经陈礼忠五年寒暑的精雕细刻，现在成了一件不可多得艺术精品。这块当年以12万人民币差一点"失之交臂"得来的巨石，如今价值连城。

为这件作品，《福州日报》史无前例为之开展征名活动，作家陈章汉的《春声赋》一举夺得征名活动的头筹。

"早稻抽穗，绿豆生芽；老篁拔节，新树扎根。虽微细消息，乃生命之声。江河开冻兮，其流若瑟；杨柳梳风兮，其响似筝。天籁物语，如霞蔚云蒸，盖缘春而起、应命而生者也……石本无语，而观者觉其存声。信乎雕艺精运，可以乱真矣。施艺者春驻心府，意潜笔端；审势妙构，随色著形……"。

陈礼忠的《春声赋》一炮打红。

时至今日，花拳绣腿、自以为高人一等的艺术家太多太多。陈礼忠却透露出他这个年龄艺术家少有的谦虚和温和。对朋友他总是毫无保留,敞开着心灵。他搬出压籍底的自己收藏的无数颗极品田黄让我欣赏,透过专业的手电筒,通透的田黄,游丝潺动。我摩挲良久,对"黄金万两易得,田黄一颗难求"之说似有所悟。

陈礼忠18岁时受舅舅启蒙开始学习寿山石雕,从刻印钮起步。21岁时,招工进了长城宝石厂,恰逢中国工艺美术大师冯久和借调该厂,由于他悟性好,对寿山石痴迷,又勤奋好学,被冯久和老先生认为是一块可以雕琢的"石头",成为冯大师的门生。师从冯老后,陈礼忠技艺大为长进,秉承了老师注重形式美、讲究造型整体感、将永恒主题表现溶入情与景汇和意与象通境界的艺术创作风格。之后,陈礼忠又得到福建雕刻界另一位中国工艺美术大师林学善的指点,技艺日臻成熟。其间,他还相继请教于中央美术学院关竞教授和著名雕刻艺术家钱绍武先生,专门学习艺术理论知识。

不断在高手身边熏陶,陈礼忠像一块海绵不断吸收着。他的作品渐渐突显出自己的个人面貌。陈礼忠的作品真实而灵动。真实,是因为他的作品都是在一种自在和偶然中发生和经历的,是我们每个人都无法逃避的一种生命体验;灵动,是因为他的作品表现出一种可叙述可延伸的感觉空间,它既是我们用肉眼可以看到的物质空间,又是我们只能用心灵才可以感觉和触摸的空间。他的作品有很强的视觉力量,却又自在真实,就像他目前的自在真实的生活状态一样。

我在陈礼忠的工作室看到他养的两只老鹰,老鹰目光炯炯有神,气度非凡。陈礼忠告诉我,别看老鹰凶猛,其实它对主人怀有一种非常温顺的感情。有一年陈礼忠到新加坡和马来西亚办展览,平日老鹰习惯了陈礼忠喂食,陈礼忠出国后,任何一个人给它喂食都不吃,两只老鹰最终郁郁寡欢,不吃不喝,几个星期后饿死了。

陈礼忠对鹰有一种特殊的感情,他有许多作品都是关于鹰的。他曾经写过一篇文章,题目叫《情系苍鹰刻人生》,其中有这样的一段文字:"鹰是一种喜欢搏击长空的飞禽。它展翅翱翔于太空,得到众生仰视,与苍天相齐,因此人们为之敬仰称其苍鹰。鹰有锐利的眼睛,雄壮有力的翅膀,粗壮锋利的爪子……一身霸气,气势非凡。也许是一种生命的驱使,我与苍鹰就下了不解之缘。"

在陈礼忠的心中，每一只鹰的神情里，都贮存着自己的一份情感和记忆。

十多年来，陈礼忠自己也不知道雕刻了多少只鹰。《家·天下》、《禽王天伦》、《长相厮守》、《呵护》、《风号大树中天立》、《群山尽览》、《雄姿》、《苍海一声啸》、《巢》、《望岳》、《雄风》、《禽侣》等作品里的鹰的形象，极尽鹰的生命传奇气概，又显鹰的柔转百媚，既传神写真，又动人心扉。他的《家·天下》《江山如此多娇》《再造山河》等作品被日本创价学会会长池田大作先生收藏。

好的作品总在情理之中，意料之外。情理之中给人以亲近感，意料之外又使人产生陌生感。亲近给人好感，陌生使人产生好奇心，好感加好奇心是让人在艺术品前长久驻足，流连忘返的理由。

陈礼忠目前创作状态很放松，作品品格和意蕴都处在不经意之间，既激情投入又不失理性，情动于石，手刻人生，正是这一点，深深地吸引了我。

吴建生：艺术百分百让自己舒服

电脑的普及让许多人淡忘了曾经让人怦然心动的书写,键盘代替了毛笔和钢笔,我们与汉字的亲近感越来越淡漠。所以,当我收到吴建生寄来的用毛笔写在"荣宝斋"专用笺纸上的来信时,感到既温暖又亲切——因为我与吴建生同样有这样的"嗜好",我也喜欢并且时常用"荣宝斋"的笺纸给朋友写信。怀念曾经书来信往的年代,再普通的信纸也仿佛飘着沉香的氤氲,有一种久远的气息,而忙碌的现代人忙着上班、应酬、在健身房挥汗,忙着在QQ、MSN上卿卿我我,他们失去了内心优雅和童稚的一面。从这个微小的细节可以看出,吴建生是一个对生活品质有很高追求的有情趣的人。

吴建生,在圈子内,朋友们都叫他阿生,阿生有很好的人缘,每个人与他接触都会留下"豪爽快意"的印象。

在阿生位于厦门市中心的镇海大厦25层的画室,推窗而望,可以看到不远处的绿树环绕着的鼓浪屿上的日光岩,厦门美景尽收眼底。阿生的画室很大,足有60多平方,在这样的画室画画真的是一种至高无上的享受。更让我吃惊的是阿生的画桌,这是一张3.2米×1.8米的鸡翅木的大画桌,十分的气派。阿生告诉我,这张画桌是他2003年到杭州时,根据国画大师陆俨少先生的侄儿提供的陆俨少先生画桌的图纸专门订做的,由于画桌体量巨大,为了这张画桌能够顺利搬到25层,简直绞尽脑汁。刚开始想用铁索吊到上面,但后来想到,如果画桌万一在空中遇到突如其来的强风,那后果将不堪设想,最终此方案作罢。而请民工走楼梯,又无法拐弯。最后,阿生决定从电梯走,但电梯空间又太小,经过反复测量定夺,最终将书桌架在电梯上方,缓缓升到24层,才大功告成。

阿生在讲这张大画桌时充满了感情,随意的眼神在不经意间流露出艺术家特有的精干。

阿生的画室古朴、自然而又现代,画室的博古架上摆放着许多年代久远的古董,还有李可染等大师的书法作品,几十方精品寿山石名章、闲章让人过目不忘,这些都是阿生多年的收藏。我还注意到阿生书橱里的藏书,这里有《全唐诗》、《全宋词》、《二十四史》以及古今中外名家的精装画册。

阿生为自己的画室取名"高瞻阁","高瞻阁"让人浮想联翩,"高瞻阁"的主人同样让人浮想联翩。

在"高瞻阁"与阿生喝着上等的普洱茶,聊艺术,聊人生,有微微的海风徐徐吹来,感觉真的很惬意。

在吴建生身上,没有一个世俗男人身在江湖的世故和老练,他给我更多的感觉是一位温和且有着强烈书卷气的男人。他喜欢艺术,他始终认为,艺术能够百分之百让自己"舒服",这里的"舒服"有两层含义:一种是生理上的,一种是心理上的。

也许你不相信,就是这位看似简单却很有品质的阿生,曾经在商海中"摸爬滚打",而且赢得过一张张漂亮的成绩单。

阿生毕业于集美师专(现今的集美大学)美术系。在考入集美师专之前,阿生曾是厦门原珠笔厂的一名普普通通的工人,但因为他会美术,所以"以工代干",在工厂里专事绘画,在饭都很难吃饱的年代,许多人都对他刮目相看。阿生不无自豪地对我说,他设计的扁头原珠笔是厦门原珠笔厂的"专利"产品,这种原珠笔如今广泛应用于医院药房等窗口行业。

1982年,阿生从集美师专美术系毕业后分配到厦门双十中学,双十中学可是厦门一所响当当的名校。在双十中学,阿生受到校长的器重,按照常规,他完全可以按照既定的方向成为一名名师,然而,就在阿生顺风顺水向前走的时候,不甘寂寞的他放弃了学校马上就要分到手的新房子,婉言谢绝了校长的一再挽留,两手空空地辞职下海,创办了厦门当时为数不多的广告公司之一:"阿生广告公司"。其时是1994年,装一部电话要6000元,两部电话要12000元。他向亲戚借了3万元,广告公司终于注册、开张。

凭着阿生的努力,他的广告公司稳扎稳打,业务不断拓展,一年几十万的收入稳步维持了10年。这10年,是阿生事业的辉煌时期,从无到有,他一步步开创了属于自己的新天地。在厦门改革开放的广告史上,"阿生广告公司"肯定榜上有名,并且可以写上一笔,阿生也成为最早下海"吃螃蟹"的人。

但即使是在生意做得红红火火之时,阿生也没有轻易丢掉自己的画笔。

长久以来,他始终保持一种认真的心态,他知道钱是赚不完的,唯有艺术才可以百分之百让自己舒服。他最喜欢克利的一句话：让心灵随着线条去散步。在毅宏大厦原先他的公司，他为自己特辟一间画室专门用来画画，他深知，对于经商的画家来说，每天杯觥交错是迫不得已的，而庆幸的是，他知道用什么方式可以抚慰自己疲惫的心灵。

从热到静，从喧嚣退回到安宁，他能够游刃有余地对自己进行定位，并且沉淀了岁月和思考。

对于一位艺术家而言，十年的时间不长也不短，阿生在生意越做越大之时，也在积蓄艺术的能量。他始终认为，做生意不是自己的终极目标。

2004年，阿生头也不回地从"海"里游回了"岸"上。

他放弃了以自己的名字命名、十年间投入巨大精力和时间打理的广告公司，他推掉了朋友为他保留的一个不大不小的政府机关的职位，他要全身心地画画。因为他知道10年间自己赚到的钱已足够他画一辈子。

"原来做生意时一天到晚手机被踢爆，现在有时一两天都接不到一个电话，刚开始时也会觉得有些失落，但我很快就将自己的心态调整过来，很快就适应了。"阿生对我说。

他要主动选择自己要走的路。

这几年，阿生潜心读书，时有所得，他觉得书看得越多，就越能发现自己的短处，就越能发现艺术的深不可测。十多年间，阿生经历了许多事，结交了很多人。从前，他以为最大的自由在生活中；现在，他知道自己一直渴望的自由，只是一种艺术的自由，"艺术与想象的世界是如此的精彩，这对

我来说是最重要的。"

在《高瞻阁零言碎语篇》中，吴建生写道："古人云：学而优则仕。些言亦可移挪之，用以绘事之道，曰：学而优则画。学若无法优，则画何以优乎?! 假以画画为生计之动效或用画画求名利。画品则难臻高深。此等作为画虽极尽技能不得要领。或仅局限某种层面转悠矣。学欲有道，由浅显入深遂。点点滴滴，丛三聚五，经年累月，方能似山洪直泻，延绵千里，然采雷雨之灵，吸江山之气，得书海之助。乃绘事之要旨。"

这几年，阿生很努力地在探索一种最适合自己的艺术表达方式和艺术语言。他以水墨写芭蕉，令人耳目一新，画面厚重而又滋润，大气而不乏秀气，仿佛一首朦胧的诗，又像是一首抒情的歌；他画梅花，追求自然性与人文性的整合，把动静、虚实、明暗、色调发挥得非常精到，饶有情趣，引人入胜;他画迎春花,大胆洒脱,不拘传统,在约定俗成的形式中,独辟蹊径,物我相融,把对大自然的感悟和自我生命的冲动表达出来,透射出一份深邃的禅意。

在阿生看来,中国画之所以长盛不衰,在于其唯美达心的意境,中国画始终把宇宙精神、博大胸怀、生命意识、佛心道境作为意境的最高追求。中国画艺术写造化,求神似,超时空,重意境。同时,要求画家注重人品的修为。艺术品味的高低,是由画家的心性、气质、境界所决定的。阿生深谙古人所云:"古之画,或能移其形似,而尚其骨气,以形似之外求其画,此难可与俗人道也"。

这几年,吴建生的作品不断获得各种大奖,像"首届写意中国画"学术大奖,像"第十二届中国花鸟画展"优秀奖,像"2005 全国著名书画家提名奖",像"第十三届中国花鸟画展"优秀奖,像"中国当代实力派国画家提名奖",像"第二届齐白石奖全国中国画展",像"中国美协第 20 次新人新作奖"等等。

作为一位花鸟画家,吴建生通过对花诗化式的关注和内心感悟,找到了生命的感性生活的合理的存在方式和理性价值,通过自己的画面语言表现出来。他力图营造一种纯净的视觉效果,力图创造非客观性的色彩,力图呈现出一种非常个性化的形态。

"水静舟自横,梦暖雪生香"。多年的从艺生涯,使阿生处世更超然,更洒脱。可以预想的是,凭着阿生的执著和努力,他一定可以创作出更多更美的作品,因为对他而言,只有艺术可以百分百让自己舒服。

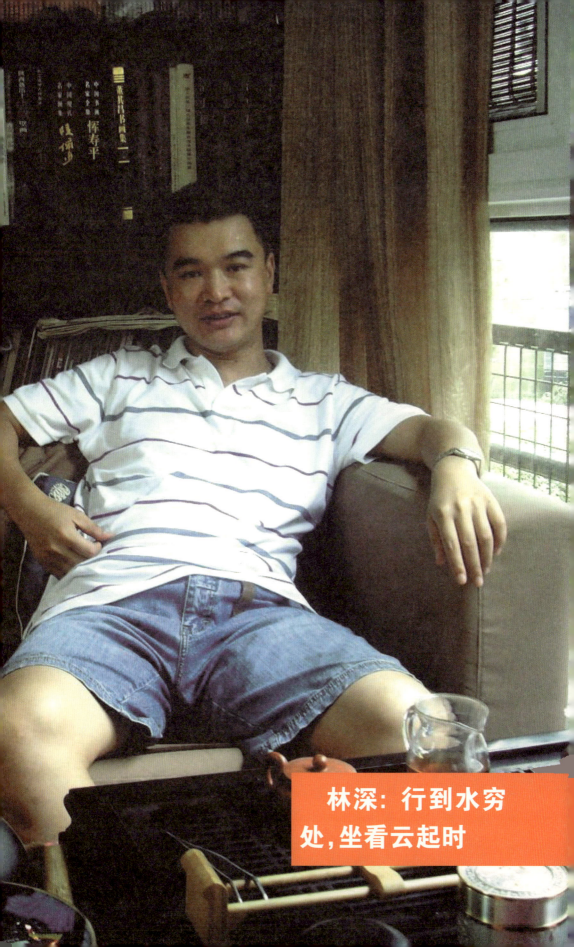

林深：行到水穷处，坐看云起时

我至今想不起来何时何地与林深相识,但林深的那些颇具"林泉高致"的水墨系列作品却给我留下了深刻的印象。他的作品有着迷人的禅味,格调气味处处散发着古人的笔墨气息。从他的作品可以看出他对宁静淡泊的旧式文人雅士生活的追寻和推崇。在我看来,这是一种源自心灵的内心的山水,也是一种源自自然山水的内心的水墨。

　　林深的水墨作品,用笔生动,有气韵,作品所展现的宁静、古典和雅致让人回味无穷,可以看出他对古代文人趣味以及传统山水画法度的继承。当代中国画坛,拾古人遗唾成风,且酿成大势。多数作品,名曰临习传统,实则是创造力枯乏的表现。过度泛滥的传统图像翻版,已让中国画渐入因袭的困顿之局。而读林深的作品,最让我兴味盎然的是他的水墨山水作品的笔法与气韵。

　　中国山水画,自唐宋元明以来,名家辈出,佳作迭现,绘画理论亦因之时有新倡。南朝齐谢赫以"气韵生动"为"六法"之首,南朝宋宗炳以"澄怀味象"为"卧游"之归,北宋郭熙以"三远"为山水立法,明董其昌言"南北宗"为画道分派。清龚贤言之犹详,《柴丈画说·画家四要》云:"先言笔法,再论墨气,更讲丘壑,气韵不可说,三者得则气韵生矣。笔法要古,墨气要厚,丘壑要稳,气韵要浑。又曰:笔法要健,墨气要活,丘壑要奇,气韵要雅。气韵犹言风致也。"柴丈此言可谓泄尽画中之秘奥也。山水画不外乎笔法、墨法、丘壑(即构图)、气韵(即意境)。我虽然没有看过林深所有的作品,但也算看过他的大部分作品,我觉得林深在承继传统方面是颇下苦功的。承继传统需要超越浮躁,只有超越浮躁才能在艺术天地中沉潜自如,从而走向深远和博大。

　　20世纪八十年代以来中国水墨画经历了各种思潮和风格的碰撞,它比任何一个时期都要活跃、复杂和多变,从而为水墨画的现代转型提供了诸多有意义有价值的范本。在这个转型的过程中,传统水墨画与西方绘画成为最主要的两个参照系,对于这两者的选择、吸纳与疏离过程中所表现的不同态度,以及具体地拿来什么、抛弃什么的不同切入点则直接决定了作品风格和面貌的归属。林深的与众不同之处在于,他对传统有异乎常人的热爱。他总是带着内心的笔墨出门,他总是留心身旁景物的细小的变化,他总是关心树木花令于无声处悄然的改变,他总是专注于湖光山色四时晨昏的不同……。他总是以古人的笔墨在自己宽大的画桌上画着内心的山水。内心的水墨好像是不适宜于如油画般反复涂抹的,林深最擅长的是随手挥洒,这是对中国传统水墨精神的感知。

林深的画室叫"渊渊堂"。

"渊渊堂"是林深老师林海钟为他命名的。一次,与老师一起外出,坐在杭州的的士上,林深向老师林海钟提了一个小小要求,要老师为他起一个斋名,林海钟望着窗外,沉思了一会儿,说:"那就叫'渊渊堂'吧。"在老师的心目中,学海无涯,艺术之海是永远也望不到边,见不到底的。之所以用了两个"渊",是为了强调,要学生谨记对艺术要怀着一颗敬畏之心,要努力做一名饱学之士。

林海钟,福建永春人,是中国美术学院资深的年轻教授,他年纪不大,却在中国画这块需要深耕细作、长期耕耘的田园里异军突起。书画界有人甚至称林海钟是上帝送给中国画坛的宠儿。这样的评价正确不正确估且不论,但我想这样的评价是建立于两个前提之上的:其一是建立于"少年得志"的林海钟在中国山水画这块需要长期积淀、出名不易的领域里所显现出来的非凡创造力;其二是建立在他对中国美术史的洞察之上的个人审美追求给浙派山水画带来的希望。

林深的另一位老师是中国国家画院、福建师范大学美术学院教授林容生。回想 1995 年,21 岁的林深第一次出远门来到有着天下无双的美丽西湖的杭州,想进一步深造,手中攥着的一张林海钟的传呼号码,就是老师林容生给的。那一次的经历林深一辈子也不会忘记。第一次到杭州的林深却遭遇了小偷,身份证和钱被偷,林深坐在马路边大哭。他给林海钟挂完传呼,晚上回到昏暗的小旅馆,心中七上八下,没想到林海钟真的来看他了。林海钟看到他惊恐未定的样子,对他说了一句他至今铭刻心底的话:"你收拾一下,住到我那儿去。"

十多年后,林深依然不会忘记那一幕:"我站在那里,眼泪哗啦滚了下来。"

在林深的第一本画册前,有两位恩师写的序。其中林容生在序中这样
写道:

"林深比我年少十余岁,我们相识也有十余年。他已经从一个孜孜不倦
求学的少年成长为有明确的生活理想和艺术追求的青年画家了。生活的历
练和对艺术的思考使他的作品日渐成熟。如果说他的水墨系列作品更多的
是以古典方式的萧疏简淡来追寻宋元古人的山高水远、缥缈无着、静绝尘
寰的理想之境,而近期的工笔重彩系列则以一种脚踏实地的自觉来描绘我
们所熟悉的闽中山水,田地的阡陌纵横、山丘的高低错落以及漫不经心茶
树、翠竹、小溪都散发出宁静、平和的田园诗情。笔下的风景有一种于葱笼
处见清瘦、绚烂处散出荒寒的意韵。不论是写意还是工笔,都能体味到林深

对笔墨内涵的理解和形式构成的把握。从中可以看出,他力图要实践的是把风景中现实视觉因素转换为绘画语言的自觉指向苍古和微茫的意境并以此来呈现作品所具有的文气、才气、地气和灵气。"

在林深画室的正中央,挂着两位恩师为新婚燕尔的林深画的作品,林海钟的作品题目是《琴瑟和谐》,画面是一棵苍劲的老树,树下是一对面对面倾诉着衷肠的男女。而林容生的作品题目是《山高水长》,画面山树相连,水流清澈,意喻地老天荒的永恒。

林深深深地感激两位老师的赠予。


其实,除了写意山水,林深这几年在青绿山水画上投入的时间和精力最多。而林深屡获大奖且为人津津乐道的大都是他的青绿山水巨制。作品《氤氲含翠》获第三届全国中国画展优秀奖(最高奖),并被中国美术馆永久收藏;作品《独寻春偶过溪桥》获首届中国山水画艺术双年奖优秀奖;作品《江路春风夹岸华》入选全国第七届工笔画展;作品《一渠春水赤廊桥》入选2008年全国中国画作品展;作品《永远的廊桥》入选2009年全国中国画作品展……。

众所周知,在山水画成宗独立的一千五百余年间,青绿山水是先于宋元水墨画的成熟画种。写意的水墨讲求平淡天真、萧散简远和率意自我,而青绿山水制作性强,工序复杂,对颜料要求很高。在林深画室,我看到他正在创作的一幅准备参加第十届全国美展的作品,作品有六尺之巨,是直接画在绢本上,由于绢本不会吸水,所以制作程序更为复杂,要求更高。这幅画已画几个月,但林深仍然一遍又一遍地在罩染。时不时,他会站在自己的作品前,静静地揣摩,每一次他都会有自己新的发现,那一刻,他会觉得自己的内心有一种说不出的满足。

在林深的青绿山水作品中,充分突显了福建山水特别是他的家乡永泰山水的特色。无论是廊桥,还是蕉叶;无论是茶园,还是缓坡;也无论是烟岫,还是瓦房,都显示出与众不同的唯美主义的追求,厚重的色彩里有闽人熟悉的温暖的气息,写尽了无尽的时间和尘缘。林深的青绿山水不是对古代青绿山水的复制,而是处处体现出对传统青绿山水的深化,这得益于他对传统的整体把握。他的聪明之处在于他能清晰地感受到传统所蕴藏的丰富内涵。他意识到传统是一个不断被丰富的整体，是在特定历史和文化演进中形成发展的。他觉得无论时代如何变化，山水画中那种内省的、淡泊的、平和的精神，那种自然宁静、幽远清澄、天人合一的美，总是值得去表现的。他的作品总是试图以最简约的画面来传达丰富的意境。

有人说，阅读林深的青绿山水，会怦然心动。这种心灵的悸动是闻到故乡山水气息的喜悦，听到故乡山水呼吸的惬意，触摸到故乡山水脉动的欢喜，更是读到画家缕缕乡愁、寸寸乡思的感动。我相信这是真的，在林深的作品面前，你会感受到那种不尽的乡愁。

林深在《停云笔谈》中这样写道："我出生于闽中永泰，对吾乡淳朴山水有着深厚的情感。乡村景色虽然没有黄山的奇松怪石，泰山的雄伟险绝，也没有其它名山大川的显赫名望，但正是它的平淡、朴厚深深地吸引了我。就是冬天乡野间一棵落尽叶子的老柿树，都会让我感动，那是中国画的意境。乡村的景色静谧而辽远，不是空寂的静，又蕴含着生命的律动，一种包容万物的静，是一种有意境的静，正是这种静，深深地打动着我。走进吾乡，浓重的乡土气息迎面而来，踏上竹荫石道，立刻被静谧的气氛所包围，静的出奇，除了自己的脚步声与偶尔的几声鸟鸣外，时而还可听到的便只有溪水钻过石隙的咕咕声。习惯了都市的喧哗与嘈杂的汽车轰鸣的人，面对这幽静，竟一子有些不知所措，仿佛一个穷人一下子获得大笔的财富，不知道该怎样享用一样。"

林深是一位很讲究细节的人，讲究细节说明了一个人对生活的热爱。你如果去一趟他的画室，便可窥见一二。他画画用最好的纸，用最好的颜料，用最好的墨。那天去他的画室喝茶，他拿出一截古旧的赭石，据说那是一位艺术大家用过剩下的。他还从他的画桌边上取出一个精致的木盒，那里面整齐摆放着他常用的印章，那些印章都是人见人爱的寿山名石并且由名家篆刻的。在我看来，会玩味生活的人总是充满了诗情画意。

林深还很年轻，更重要的是他很努力。"行到水穷处，坐看云起时"，我相信他的潜力，也相信他的未来。

朱卫新：心无羁绊，宁静致远

虽然我与朱卫新认识的时间不长，但我可以肯定地说，他是我认识的朋友中为数不多的真正对艺术达到了痴迷的程度的人。他的身上散发着一种深厚的蕴含了中国儒释道优秀哲学传统的优雅气质和书卷之气。在自觉寻找文化之根、心灵之境上呈现出一种这个浮躁的时代难得的坚持和坚守。

尽管他下海经商多年，但他始终相信古人所追求的"结庐在人境，心远地自偏"的迷人境界，并且固执地认为那是一种中国文人天生的所应具有的品格。于是，在商海打拼多年之后，他拿起了自幼为之神牵梦绕的心爱的画笔。

写朱卫新，如果不写他的父亲朱家陆先生，显然难以完整交代他的作品的"出处"，也难以说明他的作品的精神的"原乡"。在朱卫新的心目中，父亲永远是一座不可逾越的高山，在这座高山下，自己永远是那么的渺小。从小他看着父亲画画长大，年岁及长，他开始和父亲探讨各种艺术话题，父亲的人格魅力和艺术追求让他懂得了艺术的大美和中国传统文人"达则兼济天下，穷则独善其身"的道德追求。

严格地说，我先前对朱家陆先生的艺术成就知之甚少，但我看完由朱卫新提供的分别由荣宝斋出版社和福建美术出版社出版的《朱家陆画集》和与美术界的朋友深谈朱家陆先生作品后，我对朱家陆先生的景仰之情油然而生。完全可以这样说，朱家陆先生的大写意花鸟画是福建美术史上乃至是中国美术史上不可多得的精品。

从来的中国绘画史都是试图客观地叙述按时间进程排列的现象的历史，许多前辈为我们整理出一本本极有价值的历史，我们固然十分需要这样的历史，但是囿于历史的眼光和无法超越的各种时代局限，从来就没有纯粹客观的历史。今人所写的历史往往是今人眼中的历史。中国绘画史实际上主要是指中国卷轴画的历史，或者是文人画的历史，而组成中国文人画的历史，主要是山水画的发展史。人物画和花鸟画的发展远不如山水画的历程那样绵延完整，首尾相应。

从这个意义上说，花鸟画尤其是大写意花鸟画确实是一种常人难以企及，难得其精髓的画种。在风云变幻、大师辈出的二十世纪，也仅仅出现了三位借古开今派的大师吴昌硕、齐白石和潘天寿。

纵观朱家陆先生的作品,给我留下最强烈印象的是,先生的作品既丰富多姿,又不拘一格,开拓了用水墨表现中国艺术精神的新领域。他对传统有独特而多层次的领悟,并且找到了独树一帜的突破口。认真地加以研究,我发现朱家陆先生的这种突破主要体现在对中国传统文化精神方面的突破,诸如"载道"、"畅神"、"天趣"、"自然"等方面。中国笔墨的发展史,其实也是不断地寻求突破原有局限性的历史。

诚如著名美术评论家薛永年在《激情化奇构,笔势走风雷》专门评论朱家陆大写意花鸟画的论文中所写道的:"朱家陆在大写意花鸟画上的突破,得力于现代审美意识关照下的以书入画,特别是以书法结体布白的精诣入画"。他认为朱家陆先生颇受以碑学书法入画的海派诸家的陶融。"始而学小写意,学张熊的古艳,任颐的俊逸;进而由小写意转向大写意,尝试赵之谦的浓郁,追从吴昌硕的苍雄;旁及徐文长、李晴江、齐白石与潘天寿等古今各家,而对自称'画气不画形'的吴昌硕用力尤多。而后则变临画为读画,变'师古人之迹'为'师古人之心',认真分析参悟各大家的气势、神韵、章法与笔墨,从而洞悉了大写意花鸟画艺术思维中'情随笔转,景发兴新,悟解了写意艺术语言以笔墨运动主导布白与造型的奥理。"

我以为薛永年先生的如上分析不仅忠恳而且令人发思。应当承认,无论是从传统笔墨的角度还是从对传统笔墨的突破方面看朱家陆先生,他都不失为一位具有个人笔墨表现风格的大家。范迪安、郎绍君、刘曦林、陈传席、张立辰诸先生对朱家陆作品都有专文进行评论,对朱家陆先生的作品人品都给予很高的评价。

我之所以这样不吝笔墨地品读朱家陆先生,是因为我认为如果没有作这样的铺垫就无法对朱卫新的作品做出一个恰当的评价。

朱卫新的作品不多,但给予我的最深的感受是他总是在用减法,减笔写意,尽量使自己作品的画面构成单纯而简洁。尽管从他的经历、年龄等诸多因素不可能达到他父亲朱家陆用笔的老辣和机敏,但依然深得其父亲的神韵。

庚寅川蘭作于白馬河群

对大写意花鸟画而言,化繁为简需要具备相当深的造诣。在朱卫新的作品中,明显可以看到朱家陆先生的笔墨痕迹,但朱卫新却力图避免与父亲的"面目"过于相似,力图与父亲拉开距离,我以为这种努力的方向是正确的。学父亲之心而不蹈父亲之迹,使朱卫新的作品在沿袭传统大写意花鸟画的人文关怀方式时,表现出颇为个性的人与自然相和谐的意境和虚静澄明的精神境界,营造了纷扰浮躁中清新静谧的精神家园,顺应了城市化进程中抚慰躁动灵魂的渴望,又与传统哲学的空明境界一脉相承。

宁静、优雅、沉淀、修养,这是中国文人孜孜不倦追求的一种品格,这也是朱卫新时时不断提醒自己努力追求的目标。在朱卫新作品中,没有大起大落的视觉张力,却葆有一种温煦的精神的沉淀。无论是《品若梅花香在骨》,还是《荷花忽现我佛相》;也无论是《春在枝头已十分》,还是《老树岁岁生新枝》,都充满了诗意,都呈现出一种自然的意趣。

除了父亲朱家陆,中国近现代画坛巨匠吴昌硕是朱卫新最佩服的画家之一。在杭州西泠印社吴昌硕作品前,他曾看得入迷,久久不愿离去。吴昌硕爱画梅花,生平以梅花为知己,把自己的性格、思想和人品、艺品都融入梅的品性之中,曾留下"十年不到香雪海,梅花忆我我忆梅。何时买棹冒雪去,便向花前倾一杯"的诗句。朱卫新也爱画梅花,他毛笔下的梅花淡雅而清新,心手相忘,随机挥洒,灵变自如,我特别喜欢朱卫新的这一类作品。

吴昌硕在《缶庐别存》中曾经写下:"红梅、水仙、石头,吾谓之三友,静中相对,无势利心,无机械心,形迹两忘,超然尘垢之外,世有此嘉客,焉得不揖之上坐,和碧调丹,以写其真,歌雅什以赠之。"我私下想,这也一定是朱卫新追求的人生境界。

当然,朱卫新作品的缺点也是显而易见的,随机应变的能力有待增强,题字和印章在画面上的呼应还不够老到和恰如其分等,但以他不长的习画时间而言,他对画面的处理以及作品的格调已属难能可贵。

我曾经很认真地问朱卫新为什么要画画,他也很认真地告诉我因为从小耳濡目染的缘故就是从心底喜欢。我相信他的回答是真诚的。他曾经在上世纪九十年代中期背着七幅父亲的作品遍访北京、上海重量级的名家,用自己的真诚打动和说服了他们,并且成功地在中国美术馆举办了《朱家陆画展》，一时盛况空前；如今他又东奔西跑，在福州大学城附近弄了一块依山傍水、山青水秀的地皮，一座颇具现代感的"福建朱家陆美术馆"已经设计完成，呼之欲出。他希望以这种安魂曲的形式为父亲作品的永久保留提供一个最完美的"栖息地"。

王国维在其《宋元戏曲史自序》中写道："凡一代有一代之文学：楚之骚，汉之赋，六代之骈语，唐之诗，宋之词，元之曲，皆所谓一代之文学，而后世莫能继焉者也。"这是他就文学主流文体的历史形态所做的归纳，美术史又何尝不是如此。

在朱卫新看来，每一个时代都有自己的巅峰状态和巅峰人物，所以今人无论怎么画，也无论多么努力，都无法达到吴昌硕、齐白石、潘天寿这些艺坛巨匠的水平。而对于他自己而言，同样无论如何去融汇中西，如何转型，也无论自己如何充满激情和努力再努力，都无法达到父亲朱家陆的境界和水平。

对朱卫新而言，这是一个绕不开的话题，但无论如何，他对艺术的热爱却是永远发自内心的。

心无羁绊，宁静致远。

冯巍：流逝的时间，心灵的屐痕

斑驳的色彩,静谧的天空,悠远的湖光山色,在冯巍的画笔下,大自然总是被赋予了如诗如梦的美妙景致。那流逝的时间,仿佛不经意间被定格,让人格外地缅怀。

时间,是历史的影子;时间,也是心灵的寄托。潜行在时间中的往事往往具有自传式的性质,因为那里印刻着深深浅浅的心灵的履痕。

在福建省画院展厅两次看过冯巍的油画作品,都给我留下很深的印象,同时也认识了这位从长安山下的福建师范大学美术学院走出来的可以称得上为实力派青年油画家的年轻人。

我一直相信,任何一位艺术家的创作和他个人的主体意识、精神结构有着极其密切的联系。同时,艺术家的生存环境以及在此一环境中形成的生活圈子、活动范围和人际关系网络等各种因素对于一位艺术家的选择起着至关重要的作用。相对于许多艺术家不由自主地陷入风风火火的工作状态,显然,冯巍的创作状态十分单纯,也很平和。他似乎没有受到太多的思潮和运动的影响,从一所大学踏入到另一所大学,同样熟悉的校园环境,同样面对无数青春的面孔,在个人身上发生变化的仅是身份和角色的转变——从学生变成老师。

我相信冯巍一定也和我一样喜欢那位自始至终生活在美丽如画的家乡而写出令世人爱不释手的《瓦尔登湖》的梭罗。梭罗在回避了各种各式干扰后回到个人自足的世界,用一种自然的、本质的情怀来面对生活中点滴的感悟和不期而遇的灵感。

在冯巍的油画作品中,似乎并没有和学院以外的当代艺术发生什么确切的关系,他的大部分时间都是在学校度过的。这种与世无争的淡然的生活环境赋予他的作品相对单纯的品质,这种单纯一方面表现为在冯巍的作品中,充满了对大自然发自内心的特殊迷恋,另一方面表现为在冯巍的作品中,既没有那种咄咄逼人的火气,也没有那种故弄玄虚的做作,他的作品温和而又优雅。

在艺术充满了功利、充满了喧嚣的现实背景中,与同年龄的其他年轻艺术家相比,我认定冯巍的创作是严肃的。这种严肃性体现在他的油画作品中总是具有不断推进的图像和不断深化的绘画语言。

冯巍的油画作品以风景为主,有评论家将其归入到具象表现绘画一路。看过冯巍的作品,听了他对自己作品的形式语言、绘画本质追求的阐述之后,我对冯巍的艺术定位有了大致的了解。对于具象表现绘画(figurative expressionism)一词,很多解释都是围绕法国艺术评论家让·克莱尔在 1975 年法国策展中使用的"具象表现绘画"展开的,他用这个词来形容欧洲一批"画家中的画家"。具象表现绘画理论是一个开放的理论体系,它倡导一种观看方式,即将原有的经验和理论悬置,并认定它为无效,而用现象学的思维方式来思考自己所思索的,来实现对原有艺术的超越,也就是试图用一种全新的方式来观察世界,来感受个体精神的力量。在我看来,"具象表现"是艺术家在生活中多次接触、多次感受、多次为之激动的既丰富多彩又高度浓缩的形象,它不仅仅是感知、记忆的结果,而且打上了艺术家情感的烙印,是经过综合了生活中无数单一表现以后,又经过抉择取舍而形成的。

冯巍曾有两年的时间在西子湖畔的中国美术学院油画系具像表现绘画工作室研修，而中国美院恰恰是深度探索具象表现绘画理论与创作的艺术重镇，以许江院长为代表的一批中国当代具象表现代表油画家在中国美术界产生了广泛而深远的影响。

受益于这些多才多艺的中国一流的油画家，受益于天下无双的美丽西子湖，冯巍的艺术天赋被热烈地唤醒，他开始了对具象表现主义绘画的迷恋，并且将自己的创作清晰地定位于具象表现主义。在这一时期，他创作了一批以杭州西湖园林湖岸为题材的油画作品。像《舟》《静静的湖泊》《晨曦·西湖》《黄昏·西湖》《西湖系列》等，这些作品既有情感性的温润记忆，又有故事性的艺术叙事，画面总是安静的，安静得仿佛可以听到西湖湖面那些飞鸟翅膀划过微风的声音。这些作品没有厚重的笔触，而是采用了薄油彩的处理手法，故意制造一种流动的痕迹感，体现了冯巍对具象表现绘画的视觉和精神的追求。在冯巍的这些作品中，对视觉审美的构图匠心独运，他有意识地将画面空间分成错落有致的近乎"平面"的"图案"，但整个画面却让观者读出这是一种"有意味的形式"，从而将掩藏在表象之下的自然宁静含蓄的"真实"的西湖之美得以在恬淡自然的画面中充分展现出来，同时也彰显了艺术家对中国传统山水画精神的借鉴和融通。

我特别喜欢冯巍创作于2006年的《舟》《静静的湖泊》《晨曦西湖》和近期创作的《日光海岸》《这里的黎明静悄悄》等作品，这些作品表面上似乎在"写景"，但实际上已经打破了传统观念上的创作模式，它让绘画创作穿透事物的存在表象而进入更真实、更具精神寓意性的具象视觉世界。这是真实的西湖岸边或鼓浪屿的一个场景，这又不是真实的西湖岸边或鼓浪屿的场景，对观者而言，实际上已经进入了"现象学的看"的再审美的范畴。静泊的小舟，苏堤的绿树，黄色的天空，画面安详而又静谧，图像中的个人故事定格了一段时间的历史，个人的真实身影仿佛就出现在画面的细节之中。尽管冯巍不太谈及他作品中的图像语言，但他的这些油画作品却让我想起瓦格纳的音乐，想起德国浪漫主义画家弗里德里希在黄昏中对于中世纪教堂的断垣残壁的表现，想起他画面中那个站立在群山之巅的诗人。无论是瓦格纳还是弗里德里希，他们似乎同时都指向人类历史上一个共同的时期，在那个时期，人们在急速变化的现实中艰难地守护着自己的内心，追求着某种超越现实的永恒的精神性。也正是在这一点上，我个人认为，冯巍的油画在精神气质上正一步一步接近具象表现主义绘画的本质，他似乎正在寻找象征性语言在我们这个喧嚣时代的可能性。

有人认为具象表现绘画的审美价值取向与中国的文人画意趣情思类同，这种提法不是没有道理。具象表现绘画与中国传统文人画同属于表现主义的绘画，在表现的主旨意趣及外显的绘画语言上显然有许多共通之处。具象表现绘画旨在以"现象学式的看"来探究事物"本真"的面貌，但并非传统的、自然主义的"再现"，而是成为哲学高度的"表现"，摒弃了刻意的形式构图之经营和过度的情感之宣泄。中国文人画历来主张"遗貌求神"，"以逸为上"，重视画家主观意兴和思想感情的抒发。文人画家们还将自己擅长的诗文、书法引入到绘画之中，采用水墨、生宣作画，加强了绘画的文学性和文化品位。他们特别强调笔墨技巧的运用，讲求绘画作品的书法韵味，将书法用笔在绘画中的作用提到了相当突出的地位。可以看出，虽然这两种绘画的旨趣和追求不尽相同，但在脱离重大题材、偏爱小场景和单独的物件或人物，以及构图上放弃宏大场面布局，摒弃传统意义上的完整性和完备性上，具象表现绘画和中国古代文人画有着共同的表征。

冯巍的油画作品很耐看，很耐看是因为在他的作品中处处显露出内心的追求和精神的守望，就像他作品中那天空中的一抹阳光，这抹阳光也许并不耀眼但却是真实的。在充斥着复制符号、迎合市场资本运作、一味跟风而无实际艺术贡献的当代艺术圈，冯巍持之以恒的安静的努力是值得我们赞赏的。

梁峰:一位 70 后自由
艺术家的"剑走偏锋"

第一次认识梁峰的作品是在几年前，我的朋友、艺术策展人、中国美院教授王鸿在福州华侨新村内的玫瑰园举办的一场小型漆作品展，梁峰的几件大红大黑对比强烈的立体漆作品给我留下很深的印象，也让我记住了"梁峰"这个名字。

之后，在有许多艺术家参与的派对等社交场合，经常都会遇见梁峰，那个瘦瘦的、安静的、时常独自坐在热热闹闹场合一隅的年轻人进入了我的视野，我开始有意识地关注他的作品。

凭心而论，刚开始的时候我并不看好梁峰，但后来接触了他的大量作品后，我的感觉发生了变化，我惊讶于他的旺盛的艺术创造力以及天马行空的想象力。

他画油画，他的《失乐园——复乐园》、《爱的游戏》、《多嘴》等系列，以手作为象征符号隐秘地表达了爱与性的欢乐与苦闷。梁峰对手的痴迷、狂热和执着是常人无法想象的。手是人类进化最明显也最重要的表征，人类的一切创造都离不开手，手是希望、是话语权、是生产力，当梁峰充分地认识到手的象征意义后，手成了他表达情绪、宣泄情感、隐藏焦虑的道具。在常人习以为常的手的经验中，梁峰挖掘出的带有自我倾向的个人意义显然值得让人思考。这里有都市欲望的膨胀，这里有颓废的迷情，这里有男女之间秘而不宣的共谋。如果说梁峰的油画作品传达了极富戏剧性的张力并且充满了复杂的含义，那么在我看来，梁峰的油画作品最重要的是其蕴含其中的丰富的个人思想甚至可以说是哲学的思考。

梁峰的摄影作品同样表达了他对周遭世界的思考，他的摄影作品具有某种独特的现场感，废弃的工地、残存的钢筋水泥框架、大吊车、废砖烂瓦、光影暗合的迷离的夜晚、暧昧的人体……，加上饶有兴味的涂鸦，他以某种梦游的姿态喃喃自语，似乎漫无目的，然而深入进去，原来是有其设置的清晰的逻辑通道的。在梁峰的摄影作品中，始终传达着一种极度个人化的日常生活经验，这是一种身体的叙事，他的作品不满足于一般的观感，也不停留在猎奇的层面，他透过一个又一个独特的、彼此之间不能置换的图像，固执地寻找着一种深藏其间的"细节"，这种"细节"散发着不可思议的视觉意味。

再来谈谈梁峰的漆作品，因为这是我最感兴趣的。

梁峰对漆的感觉有一种天性的敏感，他的作品的与众不同之处在于，他毫不掩饰地表现着自我的生命感受，忧伤、恐惧、逃遁、惊悚，甚至是不知所措的茫然。这些作品都来自生命的强烈体验，那种每个经历成长的人都曾体验过的人性在美丽面纱揭开后的痛苦以及对梦想的渴望。

众所周知，目前在漆画界，对绘画技巧的探索已出现一些偏离。例如有些人仅仅重视传统，画面体现的只是传统技法上的考究；有些人把艺术语言简单化，刻意模仿其它画种，使漆画独特的艺术魅力丧失殆尽；更有些人忽视了漆画的特性与材质制作的结合性和统一性，只不过是在油画、国画的基础上罩一层漆就叫做漆画。而面对梁峰的漆作品，你会惊奇地发现，要想从中去寻找一种固定的风格是徒劳的。

江湖侠客比剑，力求出奇制胜，往往有不依常理出招者，称为"剑走偏锋"。而在我看来，梁峰就是一位70后的自由艺术家中有理想、有思想的"剑走偏锋"者。

我尤其喜欢梁峰的一些立体漆雕塑作品，这些作品在表现形式上具有鲜明的个人图式符号,并且兼具艺术语言的当代性。

长期以来,在大多数人眼中,漆就是漆画,就是漆器,对漆雕塑的认识少之又少。其实,对广义的漆画而言,漆画就包括了漆雕塑。漆画可以像版画一样雕刻,像浮雕一样堆起,像镶嵌画一样把硬质材料嵌于画面之上,像中国画、油画一样用色漆彩绘或随意泼洒。

梁峰的立体漆雕塑作品颠覆了传统漆画的制作模式,他以泥塑为胎骨,先雕塑泥,再塑形,然后在泥上刷漆,在漆上裱布,再层层髹漆,打磨,作肌理效果。待大漆入荫干透后,再浸入水中,洗去泥胎,成为脱胎夹纻,即夹纻胎。这是最传统的漆制作,夹纻工艺由于内胎不能反复翻模,只能一次脱胎,所以梁峰的每一件作品都是孤品。

《夜香》系列是梁峰最有创意的一组漆雕塑作品,这是一组变异了的早已失去自身实际功用的古老器物。在梁峰看来,夜壶更多地保留了中国传统文化的母体特性,承载了人性的情感意绪。对梁峰而言,创作《夜香》系列的过程是对人性中最私密的部分的既熟悉又陌生的感知,也是对自己艺术分寸感的拿捏把持的严峻挑战。在这些作品中,梁峰试图让沉重的严肃变得幽默而轻松,让无所不在的禁忌变得直白晓畅并且让人莞尔一笑。

变形的人体器官不再隐秘,而赋于大胆的探索;实验性的造型极为简约有力。这里既有生命的舞动痕迹,又有力与美的激情呈现;这里既有人体各个部分的恣意的优美的组合,又有顽皮而又童趣的展示,既写实又抽象。在我看来,真正的艺术它不是一种逻辑,梁峰的漆雕塑作品更多地是从他个人对世界的一种直觉出发的,他的作品来自于他在创作时的"梦幻",这并非无意识的梦,而是他以艺术家感性的、直觉的方式去理解自己眼中和胸中的世界。

显然,梁峰的创作方式是先有渴望表达的观念,然后再去寻求表现观念的最佳形式。在表达观念的同时,梁峰十分重视作品的视觉形象性和观念表达的明晰性,他并不在乎作品的形式是否是前卫的还是传统的,最重要的是作品能用直观的视觉形象本身说明问题。

梁峰的立体漆雕塑作品大都以黑、红两色为主,这正是中国漆的典型用色,黑如中国的水墨,红如中国的朱砂,它在给人以震撼之余,还会引起观赏者的诸多疑问,因为他的漆雕塑作品隐含着时光与青春的痕迹,就像那《夜香》中爱欲的玫瑰的花蕊,迷人而又令人忧伤,既带着欢乐又可窥见痛苦。

梁峰身材瘦长,眼神忧郁而聪慧,他觉得艺术就是他生活里不可或缺的需要,就像早晨的一碗稀粥、一片面包。

很小的时候他就有很深的艺术情结,画画的种子一旦在心中生根发芽之后便再也不能轻易铲去。从童年时代起,他就梦想当一位画家,之后便拼命地画呀画,他对艺术的执著源自内心的感动。除了1999年在中央工艺美术学院进修过一年,他没有经过严格、系统的专业训练和名家的指导,然而,凭着对艺术的一种忘乎所以的痴迷和热爱,他沉浸在艺术的"泥淖"中不可自拔。

梁峰的作品是其不同时期不同生命体验的结果,他没有预设的立场,而是持之以恒地、艰难地进行着内心的探索。他将一年分为三个阶段,每个阶段都给自己做了规定:油画画一个系列,摄影拍一个系列,漆做一个系列,如此的坚持令人羡慕。他不急于求成,也不急功近利,而是在自己的艺术天地里做自己认为独一无二的作品。

作为体制外的艺术家,梁峰是自由的,自由的代价必须为生活而忙碌奔波。

他敬天敬人,生命中一些往事历历在目。他很感激原福建漆画研究所的所长洪汉语老师,几年前,洪老师在西湖公园对面的一个公司内为他提供了栖身之所,他常常泡在洪老师那里,看他做漆,看着看着,凭着自己的悟性,他很快便看懂了门道。梁峰对漆艺大师王和举老师十分敬重,他想起也是多年前,他抱着一堆自己的写生作品冒冒失失地闯到素不相识的王老师家,王老师不但没有拒绝,而且非常认真地为他进行评点。每每想到这些,他的内心便十分感动。

现在的梁峰住在一位朋友为他提供的一座两层小楼内,这个工作室静谧而又安宁,庭院的铁门咣当一关,便拒绝了身后所有的喧嚣,主人便可以忘我地在艺术的世界里醉心地漫步。工作室外鸟语花香,工作室内堆满了

经年累月四处淘来的各种古玩,佛像、瓷盘、木器等。有朋友来,便围坐在长条桌旁品茗聊天。

　　不久前,一位有眼光的朋友还帮他出了一本画册,画册汇集了梁峰不同时期的代表性作品,这位热心的朋友还在西湖边上为梁峰漆作品设置了一个专门的展厅。

　　忧郁的敏感是梁峰的无可救药的气质,在自由中,这种敏感更毫无拘束地漫延开来。

林肯：寓言化的
色彩世界

在福州这个散漫又悠闲的城市，"老外"并不多，澳大利亚人林肯·亚历山大·米勒和他的那个颇具象征意味的光头很容易让人想起中国当代艺术的"四大天王"之一方力钧作品中的光头形象。在福州，"老外"林肯的生活过得与众不同且有滋有味，这不仅因为他有一位漂亮的中国太太，而且他很随和，那双深凹的眼眶和总是在与熟悉或不熟悉的朋友打招呼时微笑的眼神让人印象深刻。

在一些颇有意思的时尚社交场合和咖啡馆，我总能看到林肯夫妇。2009年3月21日的世界诗歌日，在福州工业路一所废旧的厂房内，林肯夫妇组织了一场具有派对性质的活动，在本土诗人之间口口相传，引起不小的轰动。诗歌日最吸引人眼球的是来自德国、美国、芬兰、爱尔兰、加拿大、日本等地的诗友和来自北京、上海、香港、厦门等地的诗人欢聚一堂，用各种语言朗诵大师、前辈或自己的作品。那一天，林肯像一位快乐的大男孩，他钻进一个白色的大纸盒中，在里边甩着五彩缤纷的颜料，透过纸盒，人们隐隐约约看到他在里边声情并茂地朗诵。一会儿他用手从盒子里向外戳出一个洞，一会儿他又将自己的光头从盒子顶部露出来。最后，他在里头放了一把火，白色的盒子烧起来了，红色的火焰顷刻间将盒子烧尽，林肯"浴火"而现。也许，你可以将之视作为一次形式感特别强的另类有创意的诗歌朗诵，但在我看来，我更感觉它是一场融入了个人体验的行为艺术。"当相爱的黄昏修改了时间的温度，总有一个时刻 / 你将放声大笑，眼里含泪。那时 / 城市的暧昧气息正腐蚀着你的画布，你忘记了 / 透视法是怎样挣脱你的双手。'后天，你将生病'。/ 你看蜡烛油滴进你一个若明若暗的梦里 / 而想像仍然与孩童的啼哭一样轻松自如"……这是一位诗人写的《送给12月的澳州青年 L.A.M》诗中的一段诗句，我相信来自澳州，生活在福州的艺术家林肯的故事一定很多。

在蓝水湾艺术空间提供的关于林肯的艺术简历这样写道：

林肯是一位擅长运用多种材质来进行创作的艺术家。他的大部分作品以油画为主，他的艺术经历体现在13次个人画展和6次联展。他常常以不同的居住环境为创作题材，他的作品反映了他的社会道德观。1997年的画

展"狱中之童",描绘了菲律宾街头的流浪儿童及与成年人关在一起的孩子们。2000 年的画展"扑克机入侵",则深刻反省了在悉尼酒吧和会所里的"扑克机文化"对社会带来的危害。

　　林肯与居住环境的居民有着丰富的交流经验,但同时他也广泛涉足公共空间艺术和大众艺术，从群体雕塑及壁画创作到创办小型的艺术杂志。1998 年的画展"工业谷"，积极地展现了澳大利亚 Latrobe 工业谷的发展，因而获得当地工业界的高度评价。

2002 年林肯来到中国，继续以居住环境及人群为题材进行创作。2003 年广州"蝴蝶的翅膀"画展意在鼓励中国的年轻艺术家。"赤子之心"画展则在广州花地湾的一条街道上举办，在画展期间他将自己也作为一幅作品悬挂了四小时。2004、2005 年在福建福州举办的两次个人画展，引起了福建美术馆的关注。2006 年底他举办了他在福州的第三次个人画展，有五幅作品被美术馆收藏。

2007 年举办的个人画展"观"，以《窗外》系列为代表的水墨作品表达了几年来对中国传统绘画艺术的独特理解及尊重。

2008 年应邀参加在北京、广州两地举办的国际高尔夫球博览会"高尔夫澳洲风情"，并为此创作系列作品《成长三步曲》，通过不同的画面表现、中西方迥异的素材、独特的个体体验与感受，与观者一起分享对高尔夫球运动的热爱，并再一次向人们展示了他的创作才华。

2009 年在福州创办"蓝水湾艺术空间"，以定期展示中外艺术家的各类艺术作品，定期举办结合诗歌、音乐、影像等多种艺术形式的沙龙为方向，与国内外各种艺术、商业机构合作，致力于为中外艺术家提供艺术交流平台。

他特立独行的游走创作经历，关注不同的文化差异，体验普通人群生存状态的创作方式，广泛汲取不同类型的艺术精髓的自由精神状态，使其作品呈现独特的艺术视觉和深刻的思想内涵。

现在我要来说说林肯的绘画作品。在蓝水湾看过林肯的大量绘画作品后，有一天，林肯的太太给我挂电话，说由我给林肯写一段评论最合适。其实，任何对绘画作品的评论往往都带有牵强附会的主观性的成份，对绘画作品的理解往往见仁见智，好的作品本身便会说话。林肯的绘画作品给我最深刻的感受是，这是一个寓言化的色彩世界。

林肯生于 1972 年。且将他的澳大利亚人的身份先搁置一边，从林肯的绘画作品中可以很明显地找到 1970 年代人的许多特征，比如自由的视觉风格,幻觉性的生命体验,形象和颜色的酷感,绝对的"我一代"的自我中心主义。1970年代出生的人不像上一代人那样关心历史、政治和他人,他们沉湎于自己,躲在自我的想象和幻觉里寻找个人绘画与个人情感之间的微妙的平衡。

当8年前林肯来到中国的时候,肯定带着一双惊奇的目光,东方古老的文化让他如痴如醉,这与他大脑中原先固有的西方思维方式和强大的西方文化背景产生了巨大的冲突,这种冲突促使他去思索如何以一种既不同于东方,又有异于西方的创作理念和创作图式进行创作。作品是艺术家思考的结晶,其中包含了他们的思想、对生活的体验、难以言表的情绪等等,这些因素在许多画家的作品中也许我们都能够有所体悟。不过这种体悟大多是基于整个社会大背景下的条件反射,很难挖掘到在这个表面之下更为隐晦的东西,也许只有那才是真正能打动人们心灵的地方。

《天籁之音》是具有整体意味的表达性的作品,它的精神线索颇让人玩味。画面以暖色调的笔触铺陈出一片天马行空般的视觉抑或是听觉的空间,这是由偶然与必然交错的混沌世界,这也是由重复、叠加、穿插构成的时空的记忆,色彩与音符的交融似乎变得不再游离,而是触手可及,它让观者抛弃了惯性般的单向线思考,它带给观者的是众声喧哗的世界偶遇的片刻宁静,带着明显的后现代主义艺术的痕迹。

作为外国人,林肯不可能深度理解从上世纪末开始发生在中国大地上的巨大的经济和社会文化变迁。从那个时间段开始,中国的哲学、文学、艺术甚至人们的思维方式都开始受到后现代主义不同程度的影响,其中又以后现代主义、后殖民主义影响最甚。而中国正是在这个现代的时间断裂层中走向现代,于是传统、现代、后现代、东方西方、后殖民等各种文化便在同一个平台上催发出各种思潮的涌动。在这个大背景下,人们普遍存在着无所适从、漫无目的而又孤独压抑等精神状态,这一方面是由于后现代文化理论引发的无中心、无目的、多元化、解构主义、元叙事等观点的思想碰撞;另一方面也是现实世界中社会经济发展、城市结构改变、信息媒介传播急剧扩张等众多现象导致的结果。

作为一位在中国生活的外国人,林肯不可能不目睹和见证在中国大地发生的这一时代剧变,作为艺术家,他又不能"无所作为",他必须用他的作品"说话",他必须找到自我,找到个人安身立命的价值所在。林肯深知,要想在福州这座城市生活创作,就要了解福州这座城市,她的文化,她的血脉。在福州度过的6年,他认识了宣纸,认识了毛笔,认识了澳洲没有的神秘的绘画材料——大漆。他走访了一位又一位具有独立精神和艺术天赋的福州的艺术家,他们的及时"点拨"让林肯茅塞顿开。

油画《感官2号》是参观完漆艺家汪天亮工作室后的一天深夜创作的。他在油画布上用黑色做底,画面上布满似象非象中文的线条,像儿童的"涂鸦"。未加任何调色的红、蓝、黄的油画颜料随心所欲地游走于画面,这仿佛是他内心与神秘的大漆所做的一次激动人心的交流,也是他第一次为大漆着迷。

油画《漆园》是他在福州北峰山上著名漆艺家唐明修的漆园住了一周后的"收获"。

《东方之门》、《千年以后》、《翻云覆雨》、《无所不在》、《无所不能》以及《中国印象》系列都是林肯在中西文化的夹缝中努力寻求自我寻找突破的尝试。

严格地说,林肯的绘画作品,具有抽象表现主义的内在本质。20世纪80年代以来的抽象艺术主要有两种功能:一种是追求语言上的本体独立,从而创造出一种不同于此前的新的艺术范式;另一种是强调抽象艺术所具有的前卫特质。林肯的绘画作品显然属于后者,它从一个侧面反映了抽象表现主义艺术在中国的传播和接纳程度。面对全球化语境,既便是抽象表现主义画家,也在寻求一种在形式、风格的表现上能体现出具有原创性价值的所在,即作品是艺术家独立思考的结晶,也是艺术家独特的个性化的语言表达。

在林肯的绘画作品中,我特别喜欢他的一系列以高尔夫作为题材的油画作品。这批作品的画面给人以恬静美好、舒适、远离世俗烦恼的美好感受,带有些许浪漫主义的理想色彩,具有浓厚的寓言化的性质。像《远方》、《准备》、《夏天》、《深度》、《海阔天空》、《明天》、《希望岛的一天》、《高尔夫之声》等,这些作品摒弃了传统的学院体系一贯采用的现实主义创作模式,以现代意识的创作手法,在画面中着重对光影变化进行强化,笔触上以迸发式的厚重感、情绪化的色彩,用中国画大写意的手法在孕育力量、光明、希望、阳光、绿色、生命、青春、欢乐等精神元素时,力图通过把可视的形象转化为意象的精神载体进行表述,从而也使林肯的绘画作品主观情感更强,作品内涵更加深刻。在林肯的这些作品中,光影已不再是简单的画面元素,而是他思考与探索的主题,这是对光阴的描绘,也是对时间的释读,笔触恣意、率性,仿佛于不经意间再现阳光下的温暖与感动,画面中的意境使人觉得尘世间的纷扰与忙碌与之无关,而岁月与生命、青春的时光就在这斑驳的静寂光影之间被我们解读出一种别有深味的意蕴。

也许这正是林肯作品的意义所在。

周野：让艺术取悦生活

第一次听我的一位朋友说起周野，我答曰"不识其人"。朋友说他会篆刻，引荐我让周野刻个印章，我随手写了一张小条子，上书"意园时光"。意园是我20年前在福建师大住过的房子，我在我的多本散文集中都写过她，对她情有独钟，因为她见证了我许多"少年不知愁滋味，为赋新词强说愁"的青春故事。

这件事我早就忘了，后来有一次周野向我提起此事，我才恍然忆起。

不过，"意园时光"周野至今还没有帮我刻成，倒是他帮我刻了一枚白文的"观鱼养鹤"的印章。石头和句子都是我自己的，这枚"观鱼养鹤"线条浑厚苍劲，蕴藉有致，刀法自然，有锋芒感，颇有吴昌硕的些许遗韵，成了我近期在宣纸上泼墨时使用频率最高的一枚印章。"纳珍阁"是周野的"客厅"，我后面还会写到。有一日在周野的"纳珍阁"，我读到一本书，书名为《福建印人》，里面赫然有周野的条目。

周野的篆刻作品具有明显的个性，他善于从中国传统篆刻印章史的历史演变中观澜索源，汲取养分；他也善于反复研究揣摩各种流派名家印谱中不同风格的作品，感悟"书从印入，印从书出"的奥秘。因而，从他的篆刻作品中，我们似乎可以隐隐约约看到吴昌硕、陈师曾、陈子奋以及古玺汉印的影子。例如"花开见佛"（朱文），飘逸峻朗，线条富有节奏感，同时又显示出适度的稚拙，仿佛能听见花开的声音；例如"禅茶一味"（朱文），线条棉里藏针，不刻板、不做作、不小气，禅味扑面；例如"墨缘"（白文），刚劲有力，有冲有切，沉实厚重。形式与心灵是双重的世界，当这双重的世界一旦交融，便可以产生出真正的艺术。读周野的篆刻作品，我仿佛可以感觉到周野在挥刀刻印时那种心灵的抒泄和节奏的跃动。

周野至今没有忘记篆刻带给自己的最初的人生磨励。

这位在永泰山野里长大的男孩12岁便开始学习写字画画，他胆子大，自信心强，往往完成作品后马上拿到街上卖，五元或十元一幅。画画写字需要印章，叫那些稍有一点名气的县文化馆的人刻不仅需要钱，而且还要等上一段时间。于是，他干脆自己买石头自己刻，而一迷上篆刻，周野的心便一发而不可收拾。

周野摊开手掌给我看,常年的刻石手指上不仅留下深深的印痕,而且也留下多处因篆刻时刻刀过于用力而戳伤手指留下的伤痕。一堆印石,一把刻刀,伴随他10余年,刻了磨,磨了刻,印石变得越来越薄,篆刻技艺也日益精进。

在周野学习篆刻的道路上,不得不提到他的老师林健先生。

林健先生是当代著名的书法家,也是著名的篆刻家。林健先生曾师从福州艺坛耆宿沈觐寿、陈子奋先生,他的书法、篆刻作品别具一格,书法炉火纯青,篆刻深不可测。更重要的是林健先生的艺品与人品,让周野懂得了"学海无涯"的定理,懂得了为人处世之道。林健先生的学生很多,但他至今认为只有周野才是他唯一的"入室弟子"。

周野1990年毕业于厦门大学中文系,毕业后分配在电力公司。

对一般人而言,这是一份很好的职业,但周野却感觉到心灵没有归依感。

年轻人总是豪情万丈,要做天大的事情,要"三十而立"。周野曾经有过三次跳槽的经历,从电力公司出走,他办过报纸,做过职业策划人,后来又到超大集团担任策划总监和总裁助理,应该说此时的周野顺风顺水,他的职位预示着他未来无限的可能性的发生。

但他并不满足于此,他对这个世界充满了太多的好奇,天天做着白日梦。

他想当作家,并为此努力,写了上百万字的散文作品,出了几本书,还用冰心的名字"婉莹"为女儿取名,寄托了他向往的作家梦;他想当篆刻家,无心插柳,早期买了三四千枚石头,如今这些石头个个都是精品,价值连城;他想当收藏家,收藏了数百幅当代名家的作品,这些作品现在的价格每一年都在上扬;他想当茶叶鉴赏家,一不小心在茶叶界成了可圈可点的人物。

周野的日子总是过得有滋有味,周野的生活方式总是让人艳羡。

梦想的作家成了现实中的作家,他的文章一篇又一篇发表,成了正儿八经的作协会员。他的篆刻家的梦也已经实现,作品屡屡在全国性的大展中获奖。他以收藏家的姿态品鉴每一幅书画作品,不是盲目地跟随市场去

过度炒作,而是懂得艺术的价值所在。他在喝茶中体验人生,享受"茶禅一味"的生活。

　　特别是对茶,周野有独到的理解。其实早在 1999 年,当喝茶还不像今天这样成为时尚的时候,周野就在中山大厦拥有一张硕大无比的鸡翅木桌子,专事喝茶。由此可见周野对茶的钟爱。今年的周野注定特别忙碌,因为中国茶界泰斗张天福将迎来百岁华诞,而周野理所当然地成了这场茶界盛宴的策划主角。

　　我惊讶于周野的朋友之多。

　　我相信每一位与周野接触过的人都会对周野留下深刻印象,他是一位对朋友毫无保留,更不会设防的人,是一位对朋友特别能敞开心扉的人,而朋友也乐于为他做点力所能及的事情。

　　周野性格开朗,气畅意快,是那种与朋友特别能交心的人。有一件事特别能说明周野的这种性格:有一天晚上,我到他那里喝茶,他搬出很多他收藏的书画作品让我欣赏,见我的目光一直停留在一幅潘主兰先生的书法作品上,他脱口而出:喜欢就拿去,见我犹豫不决,他却一定要送给我。潘主兰先生是现当代一位诗、书、画、印俱精的大家,尤其他的篆刻和书法,屈指可数,而周野收藏潘主兰先生多幅朱竹和书法作品。我由此更加喜欢周野的为人。

据说周野的家原先是朋友们聚会的据点,可惜我没有体验过。那里每天人来人往,络绎不绝,有时一个晚上甚至来客十几二十人,而且这些铁杆哥们一旦打开了"话匣子",便滔滔不绝。小区内停车既不方便,夜深人静之时"高谈阔论"又怕影响别人,于是周野干脆在外面租了一个场地,这便是"纳珍阁"的由来。

"纳珍阁"位于福州最时尚去处之一的水调歌头的七楼,周野为朋友们准备了一张大画桌,桌上摆满了笔墨纸砚,有兴趣的朋友随时都可以在那里写字画画。而墙上挂满了周野收藏的名家字画,另外还有两排柜子摆满周野收藏的极品和精品寿山石。"纳珍阁"还摆了一架古筝,时常有周野的朋友在那里弹奏一曲,凭添了一缕书卷之气。

"纳珍阁"每天总是高朋满座,这引起了一墙之隔的一家真宗的茶馆的"妒嫉"——周野这家伙怎么会有那么多客人?我和太太每天晚上散步时常常会从"水调歌头"边上走过,走累了不经意间便会想去造访"纳珍阁",而"纳珍阁"的主人周野早已经备好了上等的好茶等着。

周野喜欢穿各式各样的唐装,戴着劳力士,理着平头,总给人一种干干净净的感觉,像一位闲适的雅士。

让艺术取悦生活,这是周野为他自己设计的一种生活方式,我一直以为像周野这样的人应该活在唐诗宋词的年代。

**图书在版编目（CIP）数据**

艺术福建 / 林公翔著 . -- 福州：福建美术出版社，
2010.11
ISBN 978-7-5393-2432-6

Ⅰ.①艺… Ⅱ.①林… Ⅲ.①美术家－访问记－中国
②美术评论－中国－现代 Ⅳ.① K825.72 ② J052

中国版本图书馆 CIP 数据核字 (2010) 第 209422 号

## 艺术福建——林公翔艺术访谈录

作　　者：林公翔
出版发行：海峡出版发行集团
　　　　　福建美术出版社
责任编辑：卢为峰
装帧设计：朱功瀚
印　　刷：福州德安彩色印刷有限公司
开　　本：787×1092mm　1/16
印　　张：17
版　　次：2010年11月第1版
印　　次：2010年11月第1次印刷
书　　号：ISBN 978-7-5393-2432-6
定　　价：138.00元

如发现印装质量问题，请寄承印厂调换